Kurt A. Körber

DAS PROFIT-PROGRAMM

Ein Unternehmer geht stiften

Hoffmann und Campe

Die Deutsche Bibliothek – CIP-Einheitsaufnahme

Körber, Kurt A.:
Das Profit-Programm: ein Unternehmer geht stiften / Kurt A. Körber
– 1. Aufl. – Hamburg: Hoffmann und Campe, 1992
ISBN 3-455-08466-4

Copyright © 1992 by Hoffmann und Campe Verlag, Hamburg
Schutzumschlag- und Einbandgestaltung: Werner Rebhuhn
Foto: Christa Kujath
Gesetzt aus der Korpus Garamont-Amsterdam
Satz: Dörlemann-Satz, Lemförde
Druck und Bindung: Clausen & Bosse, Leck
Printed in Germany

INHALT

VORWORT

Lange habe ich mir überlegt, ob es nicht an der Zeit wäre, meine Lebensgeschichte, also meine Biographie, zu schreiben und darin die einzelnen Stationen meines Lebens nachzuzeichnen. Erlebtes und Gedachtes, Erfolge und Enttäuschungen, kurz alles, was mich zu dem hat werden lassen, der ich heute bin. Mit diesem Buch möchte ich keine Memoiren schreiben, sondern den Weg aufzeigen, der meinem Naturell entspricht, getreu dem Spruch von Immanuel Kant, dem ich seit frühester Jugend gefolgt bin:

> Je mehr du gedacht,
> je mehr du getan hast,
> desto länger hast du gelebt.

Denn mir ist es in meinem Leben nicht so sehr darum gegangen, die Welt zu interpretieren. Mein Tun und Denken war und ist vielmehr darauf gerichtet, die Welt zu verändern mit dem Ziel, die Lebensumstände für viele Menschen zu verbessern, wenn möglich: humaner zu gestalten.

Ich weiß, dies klingt wie Weltverbesserung, und das ist auch gemeint. Aber ich bin nicht so vermessen zu glauben, durch mein Bestreben mehr bewirken zu können, als hier und da Anstöße zu geben und vereinzelt Beiträge für dieses Ziel zu leisten.

Wer das Ziel nicht kennt, kann den Weg nicht finden. Das ist der Grund, weshalb wir uns Ziele setzen, auch wenn wir sie immer wieder überprüfen und neu formulieren müssen, und deshalb ist es mir wichtig, die Motive meines Handelns und Denkens deutlich werden zu lassen.

Ich will dabei meine eigene Person nicht außen vor lassen, weil sonst Gedanken und Taten blaß und abstrakt bleiben würden. Es soll schon sichtbar werden, aus welchem Holz der Mensch Körber geschnitzt ist, was ihn geprägt und was ihn bewegt hat. Das Buch umfaßt sieben Kapitel. Am Anfang geht es um meine Karriere als Unternehmer, am Ende um den Stifter. Dazwischen berichte ich von meinen Überlegungen und Initiativen zu Ausbildung, Bildung und Erziehung, meinen Erfahrungen mit dem kulturellen Bereich, von meiner lebenslangen Auseinandersetzung mit dem Sozialismus und von ethischen Verhaltensgrundsätzen, die mir wichtig sind.

Erfinder, Unternehmer, Stifter zu sein, das sind die drei Grundelemente meines Lebens.

Der erfolgreiche Stifter setzt den erfolgreichen Unternehmer voraus. Helmut Schmidt hat schon vor Jahren in einer Laudatio über mich gesagt, daß mein Streben als Stifter und Anstifter wenig gebracht hätte, »wenn nicht der Unternehmer Körber jene beträchtlichen Überschüsse erwirtschaften könnte, die dann dem Stifter Körber zur Verfügung stehen, um mit ihrer Hilfe andere Menschen zu neuen Aktivitäten zu führen und damit selbst ein Anstifter zu sein«.

Ich selbst habe dies bei anderer Gelegenheit in einem einfachen Vergleich so ausgedrückt: Am Vormittag widme ich mich mit ganzer Kraft dem Profitmachen, dem Geldverdienen; am Nachmittag überlege ich mir dann, wie ich diese Profite gewinnbringend für die Gesellschaft, für das Gemeinwohl anlegen, ausgeben kann.

Unternehmersein und Stiftersein, das sind zwar zwei verschiedene Schauplätze, auf denen ich agiere, aber beide sind doch in besonderer Weise aufeinander bezogen: Der Unternehmer will und darf den Stifter nicht verleugnen.

Dieses Buch lege ich
dem Leser vor mit
dem Wunsch, daß es
ihm persönlich wie
auch unserer Gesell-
schaft von Nutzen
sein möge.

Kurt Körber

I. Kapitel

KURZE BIOGRAPHIE EINER UNTERNEHMER-KARRIERE

Von der ersten Erfindung zum technischen Manager

Otto Körber, der Bruder meines Vaters, hatte im Jahre 1903 mit einer Wünschelrute auf dem Berg des Kyffhäuser-Denkmals in Thüringen eine Wasserader gefunden und dafür einen Preis erhalten. Mit diesem Geld gründete er die »Sangerhäuser Maschinenfabrik Otto Körber«, die dann auch den Brunnen auf dem Kyffhäuser baute. Von ihm habe ich, der ich am 7. September 1909 in Berlin geboren wurde, sicher »das Unternehmerische« geerbt.

Mein Vater, Paul Körber, ein praktisch veranlagter Mensch, ein guter Techniker ohne unternehmerische Ambitionen, war bei Siemens und Schuckert Spezialist für Verbrennungskraftmaschinen, die sogenannten »Automobilmotoren«, und ging später als Betriebsleiter zu DKW in Zschopau im Erzgebirge, wo die Vorläufer jener Zweitakter erzeugt wurden, die bis 1990 zum speziellen Geruch der DDR beitrugen. Er hat frühzeitig meine technische Veranlagung erkannt und unterstützte meine Neigungen, indem er mir in unserem Hause eine Werkstatt einrichtete, wo ich in jeder freien Stunde Morseapparate, Variometer, Dreh- und Blockkondensatoren, elektromagnetische Schaltgeräte und vieles andere zusammenbastelte. Er sah aber auch, daß ich über die Technik hinaus vielseitiger veranlagt war und darin mehr seinem Bruder Otto nachkam. Deshalb schickte er mich nach Abschluß der Realschule noch auf die Höhere Handelsschule in Chemnitz, wo wir damals wohnten.

Über meine Mutter Rosa, geborene Nickol, zu der ich bis in ihr hohes Alter – sie verstarb 1984 mit 96 Jahren – eine besonders enge Beziehung hatte, will ich mich an anderer Stelle äußern (vgl. S. 130 ff.).

Ein Freund unserer Familie war Dozent an der Höheren Technischen Lehranstalt in Chemnitz, ein Fachmann für Hochfrequenztechnik. Bei ihm lernte ich in jungen Jahren die Grundbegriffe der Rundfunktechnik, ein Gebiet, das Anfang der zwanziger Jahre noch in den Kinderschuhen steckte. Welchen Aufschwung das Rundfunkwesen einmal nehmen würde, konnte ich damals noch nicht ahnen. Mit Radioempfangsgeräten durfte nur jemand experimentieren, der eine staatliche Prüfung beim Zentralamt der Reichspost abgelegt hatte. Auch ich hatte eine solche »Audion-Versuchserlaubnis« beantragt und bestand die Prüfung als Vierzehnjähriger unter zahlreichen Ingenieuren als einer der Besten.

Die mit Anodenbatterien und Akkumulatoren betriebenen »Radioapparate« – Netzanschluß gab es ja noch nicht –, die ich daraufhin baute, verkaufte und bei meinen Kunden auch installierte, wobei ich selbst die Antenne aufs Dach setzte, waren meine erste unternehmerische Leistung. Dafür engagierte ich sogar zwei pensionierte Reichsbahnbeamte, die gegen Entgelt unter meiner Leitung für mein Kleinstunternehmen tätig wurden und an den Geräten weiterarbeiteten, während ich – ihr »Arbeitgeber« – zur Schule ging. Ihre Tätigkeit bestand darin, die von mir vormontierten Bauelemente an den markierten Stellen in Serienfertigung mit Lötverbindungen zu versehen. Mein »Unternehmerlohn« war als Schüler von sechzehn Jahren schon so groß, daß ich mühelos meinen Eltern zu Weihnachten eine Klubsesselgarnitur aus feinstem Saffianleder schenken konnte. Mit den »Gewinnen« aus dieser Produktion finanzierte ich dann in den nächsten Jahren mein Studium.

Als Fünfzehnjähriger machte ich meine erste Erfindung, eine automatisch gesteuerte Sender-Ablese-Skala, die ich nach mühsam zusammengesuchten Informationen ohne Hilfe eines Patentanwaltes in Berlin zum Patent anmeldete. Diesem ersten

Patent folgten über 200 weitere; dafür wurde ich 1965 mit der goldenen Dieselmedaille ausgezeichnet, die gleichzeitig mit mir auch Wernher von Braun für seine Raumfahrtforschungen erhielt.

Während meine »Rundfunkproduktion« weiterlief, begann ich nach Abschluß der Höheren Handelsschule ein Praktikum an der Allgemeinen Maschinenbau-Gesellschaft in Chemnitz und war dort schon nach einem Jahr im Konstruktionsbüro tätig. Anschließend besuchte ich die Ingenieurhochschule in Mittweida.

1931, nach beendetem Studium, ging ich nach Berlin in der Absicht, die Organisation eines Großbetriebes kennenzulernen. Und tatsächlich gelang es mir – mit Geschick, Glück und Findigkeit –, trotz der damals ungeheuren Arbeitslosigkeit eine Anstellung bei den Siemens-Halske-Werken zu bekommen, die bekannt waren für das technische Niveau und die Vielzahl ihrer anspruchsvollen Produkte.

Angesichts von Zehntausenden arbeitsloser Techniker und Ingenieure war mir klar, daß ich mit einem Bewerbungsschreiben nichts erreichen konnte. Deshalb überlegte ich mir einen anderen Weg: Ich trieb zunächst einmal genaue »Marktforschung«; denn ohne eine realistische Einschätzung der tatsächlichen Gegebenheiten verpuffen die besten Ideen. Ich stellte mich also frühmorgens vor das Verwaltungsgebäude von Siemens am Nonnendamm in der Siemensstadt und beobachtete die Menge der Arbeiter und Angestellten, die durch das Eingangstor strömten. Dabei stellte ich fest, daß jeder beim Passieren der Eingangspforte einen Ausweis vorzeigen mußte, ein blaues Stück Karton, auf das der Pförtner von weitem nur einen flüchtigen Blick warf. Das brachte mich auf die Idee, wie ich mir Einlaß in dieses Unternehmen verschaffen konnte.

Ein paar Tage später schritt ich ausgestattet mit einer Aktentasche, darin ein Rechenschieber und ein weißer Kittel, wie man ihn in Konstruktionsbüros zu tragen pflegte, sowie versehen mit einem einfachen Stück blauen Kartons – ohne Text, versteht sich –, das ich mir im Siemens-Ausweis-Format zurechtgeschnitten hatte, hocherhobenen Hauptes und unangefochten durch das Tor. Auf einer Toilette zog ich mir, um nicht aufzufallen, den weißen Berufsmantel an und fragte mich zur Prüfabteilung für Rundfunkgeräte durch. Dann meldete ich mich im Vorzimmer von Abteilungsleiter Oberingenieur Harre an, wobei mir meine Kontaktfähigkeit die Vorzimmerbarriere ohne Schwierigkeit überwinden half.

Bei Harre stellte ich mich kurz und bündig vor und kam ohne Umschweife zur Sache, um die es mir zu tun war: eine Anstellung in diesem Betrieb. Der Herr Oberingenieur war über meine Unverfrorenheit, mit der ich mir bei Siemens Einlaß verschafft hatte, mehr belustigt als empört. Natürlich hatte ich meine Patentunterlagen sowie Zeugnisse und die Audion-Versuchserlaubnis parat und trug ihm meine Ideen vor, wie die Selektivität bei Rundfunkempfangsgeräten verbessert werden könnte. Kurz und gut, Harre ließ sich von mir überzeugen, und ich erhielt nach einigen Tagen eine Anstellung in seiner Abteilung. So beschäftigte ich mich in der Folgezeit zunächst mit dem Bau von Hochfrequenzverstärkern für Sender und Tonfilmaufnahmegeräte.

1933, im Alter von 24 Jahren, habe ich meine erste Jugendliebe, Anna Katharina Hiller, geheiratet, die Tochter eines meiner »Kunden«, den ich als jugendlicher Amateur mit einem »Rundfunkgerät« beliefert hatte und dem ich – nicht ganz uneigennützig – die benötigten Anodenbatterien und Kopfhörer sowie die Installation der Antenne auf dem Dach fast umsonst zur Verfügung stellte. Es war eine Investition, die eine fast 60 Jahre währende beglückende Lebensgemeinschaft zur Folge hatte.

Während meiner Zeit bei Siemens hatte ich unter anderem wesentlichen Anteil an der Entwicklung eines Farbtonkontrollgerätes, das, mit einer Fotozelle ausgestattet, feinste Farbnuancen erfassen konnte (vgl. Abb. 6). Die Erfindung dieser fotoelektrischen Apparatur sollte meinen weiteren Lebensweg entscheidend beeinflussen.

Eines Tages erhielten wir bei Siemens nämlich den Besuch des technischen Direktors der Dresdener Maschinenfabrik »Universelle«, die Produktionsmaschinen und Anlagen für die Zigarettenindustrie herstellte. Er suchte nach einer technischen Möglichkeit, die ovalen Orientzigaretten, die damals in Europa fast ausschließlich geraucht wurden – die runde amerikanische Zigarette fand hier erst nach 1945 Verbreitung –, mechanisch so in die Klappschachtel zu legen, daß die auf der Zigarette aufgedruckte Markenbezeichnung beim Öffnen der Schachtel gut lesbar war – das nannte man die Zigaretten »auf Spiegel legen«. Das Spiegellegen wurde 1935 in Deutschland noch von Tausenden von Mädchen und Frauen per Hand besorgt, eine Tätigkeit, die außerordentlich stupide und weder besonders ökonomisch noch sonderlich hygienisch war. Das von mir entwickelte Farbtonkontrollgerät, welches optische Impulse in mechanische Bewegung umsetzte, wurde die Grundlage für die Konstruktion einer Zigarettenpackmaschine, der sogenannten Spiegelpackmaschine, die in jeder Sekunde 25 Zigaretten wendete und auf Spiegel in die Schachteln legte. Die »Universelle« nahm das neue Gerät in Serienproduktion. Es wurde im In- und Ausland patentiert. 30 Jahre später wurde mein Gerät anläßlich der 175-Jahr-Feier des Österreichischen Tabakmonopols durch eine Sonderbriefmarke ausgezeichnet (vgl. Abb. 4).

Aufgrund dieses Erfolges erhielt ich von der »Universelle« ein großzügiges Angebot – statt der bisher 222 Reichsmark brutto bei Siemens sollte ich jetzt auf einen Schlag 750 Reichsmark verdienen. Mit Einverständnis meines bisherigen Arbeitgebers wechselte ich 1935 nach Dresden über.

In der Folgezeit reiste ich überall umher, in ganz Europa, aber auch bis nach Kairo, um die Montage der Spiegelpackmaschinen zu leiten. Dabei verschaffte ich mir umfassende Einblicke in die technischen und kaufmännischen Interna der tabakverarbeitenden Industrie, die mir später beim Aufbau meines eigenen Werkes in Hamburg zugute kamen.

Zwei Jahre später wurde ich Prokurist der »Universelle« und nach drei weiteren Jahren, 1940, im Alter von 31, stieg ich zum technischen Direktor des 1500 Mitarbeiter zählenden Betriebes auf.

Kurz vor dem Zweiten Weltkrieg geriet die »Universelle« unter erheblichen Druck, wurde als Rüstungsbetrieb reklamiert und sollte für die Wehrmacht tätig werden. Dies hätte das Drehen von Granaten bedeutet, das auch von angelernten Hilfskräften ausgeführt werden konnte. Mir war es aber vor allem darum zu tun, meine qualifizierten Ingenieure und Konstrukteure im Kriegsfall vor einem möglichen Fronteinsatz zu bewahren. Deshalb suchte ich nach einer Entwicklungsaufgabe, die meine Spezialisten unabkömmlich machte. Schließlich wurde ich bei der Seekriegsleitung am Tirpitzufer in Berlin fündig, die dringend ein Schweinwerferleitrichtgerät, ein Vorläufer des Radargerätes, für die Flugabwehr bei der Küstenartillerie benötigte.

Die Produktion dieses Scheinwerferleitrichtgerätes, mit dem auch die angeschlossenen Flugabwehrwaffen auf den anfliegenden Feind eingestellt wurden, war für die Landesverteidigung vom Albert-Speer-Ministerium für Rüstung und Produktion als äußerst dringend eingestuft worden. Das hatte zur Folge, daß ich nicht zur Wehrmacht eingezogen werden konnte. Mit Bezug auf die Geheimeinstufung meiner beruflichen Tätigkeit konnte ich auch eine Position einnehmen, die es mir erlaubte, bis kurz vor Kriegsende um den Eintritt in die Nationalsozialistische Deutsche Arbeiter-Partei (NSDAP) herumzukommen.

Um die Wichtigkeit dieses Gerätes, das später auch von der Luftwaffe für die Flugabwehr angefordert wurde, zu verdeutlichen, will ich nur zwei Zahlen nennen: Bei Kriegsbeginn waren bei der »Universelle«, wie erwähnt, etwa 1500 Mitarbeiter beschäftigt; im letzten Kriegsjahr stieg diese Zahl auf über 4000 an; zum größten Teil Spezialisten, die ich »uk« stellen lassen und damit ihre Einberufung zur Front verhindern konnte.

Johannes Carl Müller, dem Inhaber der »Universelle«, war die Naziherrschaft zutiefst zuwider. Da er aus seiner Einstellung auch nie einen Hehl machte, wurde ihm 1942 – Müller war damals schon über 70 Jahre alt – die Betriebsführereigenschaft abgesprochen, und die Gestapo stellte ihn unter Hausarrest. Müller hatte zu mir unbegrenztes Vertrauen, nicht nur in meine technischen Fähigkeiten – »das ist der Mann, der baut mir, wenn's sein muß, 'ne Straße zum Mond«, pflegte er zu sagen –, sondern er wußte auch, daß ich von meiner Erziehung her dem Nationalsozialismus alles andere als gewogen war, zumal mein Bruder Erich im KZ gesessen hatte. Aus diesem Grunde war er froh, daß ich in der Folgezeit für die Geschäftsführung seines Unternehmens zur Verfügung stand und er auf mich bauen konnte.

Nach dem Krieg erhielt ich vom »Sonderausschuß des Blocks der antifaschistisch-demokratischen Parteien im Bundesland Sachsen« – vertreten durch die Vorsitzenden der KPD, SPD, LDPD und CDUD – eine offizielle Bescheinigung über meine, wie das Dokument besagt, »antifaschistische Betätigung«. Darin heißt es unter anderem: »Für den Beschluß war maßgebend, daß Sie nach einheitlicher Auffassung des Ausschusses einen bewußten Kampf gegen den Nazismus geführt haben.« Und weiter: »Infolge der Berufstätigkeit im Auslande, verbunden mit Ihrer sozialistischen Erziehung, hatten Sie dauernd Differenzen mit dem nazistischen Vertrauensrat und wurden der Gestapo als unzuverlässig gemeldet. Durch Ihren Einsatz gelang es, Antifaschisten vor der Einberufung zu bewahren und sie dadurch der Firma zu erhalten. Sie setzten sich für Juden ein und bewahrten sie vor dem Zugriff der Gestapo.«

Dieses Dokument wurde in der damaligen Ostzone auch von der sowjetischen Besatzungsmacht anerkannt.

Der Neuanfang nach dem Krieg

Die Zerstörung Dresdens am 13. und 14. Februar 1945, der auch die »Universelle« fast völlig zum Opfer fiel, war für mich Ausgangspunkt eines neuen Lebensabschnitts. Ich habe damals nur durch einen glücklichen Zufall überlebt. Mein Terminplan sah für den Abend des 13. Februar eigentlich eine Zusammenkunft mit Zulieferanten der »Universelle« im Hotel »Stadt Weimar« in der Dresdener Innenstadt vor. Kurz vorher erreichte mich jedoch ein Telefonanruf meines langjährigen Freundes Friedrich

Blechschmidt, der auf der Durchreise von der Ost- an die Westfront eine Nacht in Dresden Station machen konnte. Wir verabredeten uns in Dresden-Blasewitz am Elbufer, und ich sagte meinen Termin ab. Vom Hotel »Stadt Weimar« in der Weissenhausstraße ist kein Stein auf dem anderen geblieben, und die Gäste dort gehörten zu den 35 000 Toten dieser Nacht des Schreckens.

Ich selbst wurde bei einem weiteren Bombenangriff am 17. April 1945 mit zahlreichen Mitarbeitern der »Universelle« in einem Bunker verschüttet und erst nach zwölf Stunden ausgegraben. 23 der 40 Verschütteten konnten nur noch tot geborgen werden. Dieses Dresdener Inferno war ein Schlüsselerlebnis für mich, das mein ganzes weiteres Leben entscheidend geprägt hat und der wesentliche Grund dafür war, daß ich mich später mit meinen Stiftungsaktivitäten nachhaltig für die Völkerverständigung eingesetzt habe.

Die letzten Kriegstage und die Zeit nach dem Einmarsch der Roten Armee in Sachsen erlebte ich wie Millionen andere Deutsche im Chaos, mit aller Willkür der Besatzungssoldaten. An eine geregelte produktive Arbeit war längst nicht mehr zu denken. Die »Universelle« sowie der größte Teil von Dresden waren ein Schutt- und Trümmerhaufen (vgl. Abb. 1). Natürlich gäbe es über diese wildbewegte, verworrene Zeit, in der jeder vor allem ans Überleben denken mußte, manche persönliche Begebenheit zu erzählen, was ich mir hier aber versagen will, zumal meine diesbezüglichen Erlebnisse in der »Bergedorfer Offensive« von Martin Beheim-Schwarzbach ausführlich beschrieben worden sind.

Was ich indes berichten will, sind die Gründe und Umstände meiner Übersiedlung nach Hamburg. Im Jahre 1946 stand ich vor der Grundsatzentscheidung, ob ich mich den Kommandostrukturen einer zentral geleiteten Planwirtschaft im Osten einfügen oder mein Glück eher im Westen suchen wollte, wo die Privatinitiative mehr Spielraum zu haben schien.

Die Demontage der »Universelle« als ehemaliger Rüstungsbetrieb war schon wenige Tage nach der Kapitulation von russischer Seite eingeleitet worden. Und zwar sollte der Betrieb von der sogenannten »Trophäen-Kommission« für das »Volkskommissariat Rüstungsindustrie« abgebaut werden. Leiter der Aktion war ein Oberst Judajeff. Da er von Haus aus Ingenieur war wie ich, hatten wir zumindest eine gemeinsame Verständigungsbasis. Darüber hinaus bahnte sich sogar so etwas wie freundschaftlicher Kontakt an, der sich in der Folgezeit noch als außerordentlich hilfreich für meine Bestrebungen erweisen sollte, die Produktion unseres Betriebes wieder in Gang zu bringen.

Judajeff, der auf unserem Werksgelände mit 300 Rotarmisten anrückte, interessierte sich in erster Linie für die Bauunterlagen für das Schweinwerferleitrichtgerät und natürlich auch für unsere Werkzeugmaschinen. Dagegen ließ er die Zeichnungsunterlagen und Vorrichtungen für die Produktion von Tabakmaschinen unangetastet. Er gab mir sogar den wohlmeinenden Rat, mir einen Reparationsauftrag über Zigarettenmaschinen für die Sowjetunion zu beschaffen, um zu verhindern, daß die entsprechenden Unterlagen womöglich von der Trophäenkommission des sowjetischen »Volkskommissariats Tabakindustrie« requiriert würden. Aus diesem Grunde vermittelte mir Judajeff die Verbindung zur Sowjetischen Militäradministration in Berlin. Die Originalunterschrift des sowjetischen Oberkommandierenden General Schukow sicherte mir den ersten Großauftrag über 35 Zigarettenmaschinen zur Lieferung nach Moskau und schützte uns vor weiterer Demontage.

Nach der »Universelle« hatte Judajeff die Technische Hochschule Dresden zu demontieren. Da es ihm an Eisenbahnwaggons für den Abtransport der dortigen Werkzeugmaschinen und Laboreinrichtungen nach Rußland fehlte, schenkte er mir – der deutsche Staat war vernichtet und funktionslos, nur die Besatzungsmacht hatte das Sagen – aus dem Bestand der Technischen Hochschule kurzerhand einige Bohr-, Fräs- und Drehmaschinen, die wir dringend benötigten, um den vorgenannten Reparationsauftrag ausführen zu können. Wir waren also durchaus dabei, unseren Betrieb erneut in Schwung zu bringen. Immerhin hatten sich 500 bis 600 Mann der Belegschaft nach der

Panik der ersten Besatzungstage wieder eingefunden, die beschäftigt werden wollten.

Doch bald drohte uns eine neue Gefahr: die totale Enteignung der »Universelle«. Deshalb entschloß ich mich, den Privatbetrieb »Universelle« mit Hilfe eines alten juristischen Firmenmantels – der ruhenden Firma »Calberla« – und 200 langjährigen Mitarbeitern in die Genossenschaft »Calberla« umzuwandeln. Gegen 20 Prozent der Genossenschaftsanteile übernahm ich von der Firmeninhaberin Frau Schwerin, der Tochter von Johann Carl Müller, die Rechte zum Bau von Tabakmaschinen von der »Universelle«. Während die »Calberla« auf diese Weise den Reparationsauftrag über die vorerwähnten 35 Zigarettenmaschinen ausführen konnte, gelang es mir, die demontierte »Universelle« zu einer Reparaturwerkstatt für Eisenbahngüterwagen umzufunktionieren.

Leider war meiner Firma »Calberla« keine lange Lebensdauer vergönnt. Als 1946 in der Ostzone SPD und KPD zur SED zwangsvereinigt wurden, erhielt ich eines Tages Besuch von einem Mitglied des neuen Zentralkomitees der SED, namens Max Fechner. Der Mann hatte mir klarzumachen, daß ich mit meiner privaten Genossenschaftsgründung der politischen und wirtschaftlichen Entwicklung in der Sowjetischen Besatzungszone nicht entspräche und die Firma wieder auflösen müsse. Übrigens wurde dieser Max Fechner später Justizminister der DDR und nach dem Juni-Aufstand von 1953 selbst zu acht Jahren Zuchthaus verurteilt.

In diesem Zusammenhang möchte ich noch folgende Geschichte erzählen: Als ich 1989, kurz vor der Wende, Erich Honecker, der mich als Initiator des Bergedorfer Kreises und wohl auch als erfolgreichen westlichen Unternehmer zu einem Gespräch eingeladen hatte, die Gründe für meine damalige Flucht aus der Sowjetischen Besatzungszone nannte und ihm die Auflösung der »Calberla« durch Herrn Fechner schilderte, meinte Honecker: Ja, er erinnere sich an Max Fechner; der sei ein vormals führender Sozialdemokrat gewesen. Woraufhin ich ihm die Frage zurückgab: »Wäre die Auflösung meiner privaten

Genossenschaft seinerzeit nicht erfolgt, Herr Staatsratsvorsitzender, wenn Fechner ein Vertreter der kommunistischen Partei gewesen wäre?« Honecker ersparte sich die Antwort.

Die Entwicklung im Jahre 1946 veranlaßte mich, erneut mit Oberst Judajeff Kontakt aufzunehmen, der in Leipzig gerade die Firma Körting demontierte. Er schlug mir vor, mit ihm in die Sowjetunion zu gehen und dort die Leitung eines Industriekombinats zu übernehmen; im Osten Deutschlands würde er an meiner Stelle auf keinen Fall bleiben. Dieser zweifellos erstaunliche Ratschlag eines russischen Offiziers hat letztlich den Ausschlag für mich gegeben, sofort in den Westen überzusiedeln; denn in die Sowjetunion wollte ich unter keinen Umständen.

Unter dem Vorwand, im Westen Kugellager für die Zigarettenmaschinen des Reparationsauftrags für die Sowjetunion zu besorgen, trat ich mit einem Ingenieur und einer Sekretärin eine von der sowjetischen Besatzungsmacht genehmigte Reise in den Westen an: in die Trizone Deutschlands. Wir hatten nach strengen Verhören durch den NKWD in Dresden, Bautzener Landstraße, schließlich unseren Erlaubnisschein, »Propusk«, erhalten. Anfang Juli 1946 fuhren wir zunächst nach Gera, wo ich mich bei der mir befreundeten Zigarettenfabrik Mahalesi mit der damaligen Währung, nämlich Zigaretten, eindecken konnte. Dann ging die Fahrt weiter über Bebra, wo wir durch die Amerikaner wie alle Zonenflüchtlinge mit Insektenpulver entlaust wurden. Und am 13. Juli 1946 trafen wir nach strapaziöser Reise schließlich in Hamburg ein.

Einen Tag später, am 14. Juli, begann ich meine »unternehmerische Tätigkeit« von der Telefonzelle am Dammtorbahnhof aus. Deswegen wird dieser Tag fortan als Geburtstag der »Hanseatischen Universelle« (HAUNI), wie ich mein Unternehmen taufte, gefeiert. Kurze Zeit später fand ich allerdings mein erstes ständiges »Stadtbüro« demontiert; der Telefonhörer war offensichtlich für den Schwarzmarkt requiriert worden.

Statt für das Industriezentrum Ruhrgebiet hatte ich mich für Hamburg entschieden, weil hier die bedeutendsten tabakverarbeitenden Firmen ansässig waren: Reemtsma, British American

Tobacco (BAT) und Kyriazi; hinzu kam noch Brinkmann in Bremen. Trotz aller Zusammenbrüche waren die Zukunftsaussichten der Tabakindustrie enorm günstig, weil die Nachfrage nach ihren Erzeugnissen – Zigaretten und Tabak – nach dem Krieg besonders intensiv war. In solchen Not- und Krisenzeiten hat so mancher eher auf eine Scheibe Brot denn auf seine Zigarette verzichtet. Ähnliches kann man in allen Ländern beobachten, in denen die Menschen Not leiden, wie zum Beispiel in der sich auflösenden Sowjetunion, die, um Unruhen zu verhindern, sogar mit Milliardenbeträgen Zigaretten aus dem Westen importieren mußte. Dies nur als Hinweis auf das Thema »Rauchen und Ethik«, auf das ich an anderer Stelle eingehen werde.

Ich mietete 1946 zunächst bei der »Hanseatischen Lehrenbau GmbH« im Hamburger Vorort Bergedorf ein kleines Büro und die Pförtnerloge sowie ein fensterloses Gelaß im Erdgeschoß als Werkstatt an, sozusagen die Keimzelle der Hauni-Werke (vgl. Abb. 2). In der ersten Zeit fabrizierte ich mit einer Handvoll Leuten neben Ersatzteilen für Zigarettenmaschinen eine von mir konstruierte Tabakschneidemaschine für den Hausbedarf; denn viele Menschen versorgten sich mit Tabak im Eigenbau. Vor der Währungsreform wurden die kleinen Schneideapparate in meiner Bergedorfer Fabrikation in großen Stückzahlen hergestellt und erwiesen sich als Verkaufsschlager der Jahre 1946/47 – jener Zeit der Zigarettenwährung.

Da anfangs noch die Hoffnung bestand, daß sich der Eiserne Vorhang zwischen Ost- und Westdeutschland wieder einmal heben würde, hielt ich es für ratsam, den Kontakt zur »Universelle« in Dresden nicht abzubrechen. Die Firma wurde damals von einem Treuhänder verwaltet. Mit diesem wollte ich einen Lizenzvertrag abschließen, um Erzeugnisse der »Universelle« in Hamburg nachbauen zu können.

Da der Treuhänder Otto Raschke keine Entscheidungskompetenz besaß, sondern nur auf Anweisung der sächsischen Landesregierung tätig werden konnte, empfahl er, daß ich den sächsischen Wirtschaftsminister, den Altkommunisten Fritz Selbmann, aufsuchen sollte. Im Vorzimmer von Selbmann traf ich zu meiner Überraschung Ingenieur Gregor an, einen ehemaligen Mitarbeiter der »Universelle«. Ich sagte ihm, daß ich mit Minister Selbmann über einen Lizenzvertrag für meine Firma in Hamburg sprechen wollte. Als Gregor hörte, daß ich aus Hamburg kam, war er gleich wie elektrisiert und verschaffte mir sofort Zutritt bei Selbmann. Dieser empfing mich sehr freundlich und aufgeschlossen, weil er meine Vermittlungsdienste für eine Sache in Anspruch nehmen wollte, die ihm äußerst wichtig war, nämlich die Einrichtung eines interzonalen Warenaustausches, um wenigstens die wirtschaftliche Kooperation zwischen Ost- und Westdeutschland nicht ganz in die Brüche gehen zu lassen. Ich wurde daraufhin von Minister Selbmann bevollmächtigt, im Auftrag der sächsischen Landesregierung dem Hamburger Wirtschaftssenator Otto Borgner, den er von gemeinsam im KZ verbrachter Zeit her kannte, seinen Plan eines interzonalen Warenaustausches zwischen der Sowjetischen Besatzungszone und der Trizone zu übermitteln. Das war die Keimzelle des späteren Interzonenhandels.

Senator Borgner griff den Plan Selbmanns auf und stimmte sich mit den Wirtschaftsministern der »westlichen Bundesländer«, der sogenannten Trizone, ab. Und auf der Leipziger Messe im Herbst 1947 kamen unter meiner Regie 17 westliche Experten, darunter fast alle Wirtschaftsminister, mit Vertretern des Ostens zusammen. Ihnen zu Ehren fand ein Konzert im Gewandhaus unter der Leitung von Sergiu Celibidache statt. Zu den Ostvertretern gehörte auch Walter Ulbricht, der bei den Verhandlungen abseits saß und sich am Gespräch selbst nicht unmittelbar beteiligte, an den sich aber die östlichen Partner immer wieder Rat suchend wandten.

Um auf das Gespräch mit Selbmann zurückzukommen: Als ich ihn zum Abschluß auf den von mir erbetenen Lizenzvertrag ansprach, verwies er mich großzügig auf Gregor, der dies meinen Wünschen entsprechend regeln sollte. Daraufhin verhandelte Gregor als Vertreter der sächsischen Landesregierung mit mir vor allem über die Höhe der Lizenzen. Ich bot anfangs fünf bis zehn Prozent an; doch Gregor meinte, das würde nicht ausreichen. So einigten wir uns schließlich auf eine Lizenz von 20 Prozent, die ich auf sämtliche Umsätze mit »Universelle«-Erzeugnissen zu leisten hatte.

Mich beunruhigte die Höhe dieser Lizenz in keiner Weise; denn schon zum damaligen Zeitpunkt gab es keine Transferzahlungen von West- nach Ostdeutschland. Ich konnte also die Lizenzgebühren voll auf meine Verkaufspreise aufschlagen und gegenüber der Steuer eine entsprechende Rückstellung vornehmen. Nach der Währungsreform erwiesen sich diese Rückstellungen als Grundlage für die Selbstfinanzierung meines Unternehmens. Denn die zurückgestellten Beträge, die sich in den folgenden Jahren auf mehrfache Millionenhöhe beliefen, konnten von der Finanzbehörde nicht eingefordert werden, weil ja nicht abzusehen war, wie lange der Eiserne Vorhang Bestand haben würde und wer nach der unterschiedlichen Rechtsauffassung zwischen Ost und West Anspruch auf die Lizenzgebühren hatte. Mit diesen Geldern habe ich praktisch den Aufbau meines Unternehmens betrieben und blieb unabhängig von Bankkrediten.

1948 habe ich die letzte Eigentümerin der Dresdener Universelle, Frau Johanna Schwerin, überredet, in die Bundesrepublik überzusiedeln, wo sie ja nicht enteignet war und somit Anspruch auf die zurückgestellten Lizenzbeträge hatte. Wir trafen eine Vereinbarung, derzufolge sie diese Lizenzgelder in meinem Unternehmen beließ und statt dessen eine 20prozentige Teilhabe an den Hauni-Werken erhielt. Mit ihrem Tode im Jahre 1979 wurden vereinbarungsgemäß ihre Erben von mir ausgezahlt und schieden aus meinem Unternehmen aus, womit ich wieder alleiniger Inhaber wurde.

Was meinen Hauni-Werken zusätzlich zugute kam, war die Einrichtung einer Kommission, die im Auftrag der englischen Besatzungsmacht die Belange der Tabakindustrie neu ordnen sollte. Diesem »Advisory Committee for the Cigarette Industry« gehörten unter dem Vorsitz des Rechtsanwaltes Dr. Günther Buch, meinem späteren Freund und internationalen Finanz- und Wirtschaftsberater, je ein Vertreter der wichtigsten Zigarettenfabriken Reemtsma, BAT und Kyriazi an. Als einziger Maschinenbauexperte wurde ich als beratendes Mitglied zu dieser Kommission hinzugezogen. Ihre Aufgaben waren vornehmlich die Verteilung der Tabakkontingente, das Anstreben einheitlicher Verpackungsmethoden, Absprachen über Preisbindungen und anderes mehr. Die Mitwirkung bei der Kommission verschaffte mir einen guten Kenntnisstand über die Bestrebungen der tabakverarbeitenden Industrie.

Viele der zerbombten Zigarettenfabriken im Westen verfügten durchaus über größere Tabakkontingente; was ihnen fehlte, war indes eine ausreichende Anzahl von Produktionsmaschinen, für deren Lieferung sie nicht nur gute Preise zahlten, sondern mir teilweise auch Gesellschaftsanteile an ihren Unternehmen anboten. Ich habe solche Angebote stets abgelehnt, um mir beim Wettbewerb der verschiedenen konkurrierenden Firmen die notwendige Neutralität zu erhalten und mir keinen meiner Kunden zu verprellen.

Sicher hätte ich mit Beteiligungen an Zigarettenfabriken, die höhere Gewinne erzielten als ich mit meinen Maschinen, finanziell noch erfolgreicher dastehen können. Ich habe dies dennoch nie bereut; denn meine Unabhängigkeit und volle Souveränität waren mir wichtiger.

Als 1947 die Hanseatische Lehrenbau GmbH in Bergedorf, wo ich mich eingemietet hatte, von den britischen Besatzern vollständig demontiert wurde, konnte ich den gesamten Gebäudekomplex übernehmen. Was weiterhin wichtig war: Die über hundert Mann starke Belegschaft der Lehrenbau trat geschlossen zu meiner Firma über, womit das Fundament für eine Expansion geschaffen war.

1948, nach der Währungsreform, hatte die Zigarette ihre Rolle als Tauschwährung zwar ausgespielt, aber ihre Geltung als Genußmittel blieb voll erhalten. Die Zigarettenfabriken hatten alle Hände voll zu tun, um die ständig steigende Nachfrage – die Rationierung war inzwischen aufgehoben – zu befriedigen. Die Folge war, daß diese Firmen nach neuen, leistungsfähigeren Maschinen verlangten – eine unerhörte Herausforderung und Chance für meinen jungen Betrieb.

Immerhin beschäftigte ich zu diesem Zeitpunkt – zweieinhalb Jahre nach Unternehmensgründung – bereits etwa 400 Mitarbeiter. Hinzugerechnet werden muß eine große Zahl von Zulieferfirmen, die meine Lieferkapazität entsprechend erweiterten, so daß der Monatsumsatz im Herbst 1948 bereits 500000 D-Mark überstieg. Ein Jahr später hatte sich die Zahl der Mitarbeiter auf nahezu 900 erhöht, zweifellos eine rasante Entwicklung.

Ich hätte den Aufbau des Unternehmens noch rascher vorantreiben können, wenn ich bereit gewesen wäre, die mir von Kundenseite reichlich angebotenen Finanzierungsmittel anzunehmen. Es gehörte aber, wie ich schon dargestellt habe, zu den ehernen Grundsätzen meiner Unternehmensphilosophie, mich von niemandem abhängig zu machen, sondern auf jeden Fall meine Selbständigkeit und damit die Entscheidungsfreiheit zu bewahren. Dieser Grundsatz hat sich ausgezahlt; denn ich habe die Expansion bis zur Größe des heutigen Konzerns mit über 7000 Mitarbeitern und 1,5 Milliarden D-Mark Jahresumsatz nur mit Eigenfinanzierung durchgeführt.

Meine erste Reise in die Vereinigten Staaten

In den Jahren vor 1950 erfolgte also die entscheidende Weichenstellung für den weiteren Ausbau meines Unternehmens. Wie ich dabei vorging, zeigt am ehesten eine Episode, die vielleicht manches deutlicher macht als Daten und Fakten.

Im Frühjahr 1947 hatte ich auf Umwegen die Nachricht erhalten, daß in Istanbul eine große Zigarettenfabrik errichtet werden sollte. Für dieses Projekt arbeitete ich eine umfangreiche Planung mit allen Details aus, die schließlich einen ganzen (blauen) Leitz-Ordner füllte. Über die Schweiz sandte ich das Konvolut an die Generaldirektion des türkischen Tabakmonopols. In einem Begleitbrief führte ich aus, daß mein Unternehmen zwar erst im Aufbau begriffen und noch nicht lieferfähig sei, zumal auch noch keine Exportmöglichkeiten für Deutschland bestünden. Ich hoffte jedoch, sobald sich die internationale Lage wieder normalisiert hätte, mit dem Monopol geschäftliche Verbindungen aufnehmen zu können. Die Türken dankten verbindlichst und revanchierten sich mit einigen Päckchen Rosinen und Pistazien.

Ein Jahr später erhielt ich in Bergedorf Besuch von einem Mr. Anson B. Gardner aus New York, der sich als Bevollmächtigter der Ammafoco vorstellte. Diese »American Machinery and Foundry Company« war ein in der Tabakbranche wohlbekanntes Unternehmen und eine damals übermächtige Konkurrenz meiner erst kleinen Hauni. Mr. Gardner berichtete, daß die Türkei im Rahmen der Marshallplan-Hilfe Gelder von den USA erhalten habe, mit denen man eine moderne Zigarettenfabrik in Istanbul errichten wolle. Verständlicherweise sei die Ammafoco an diesem Auftrag sehr interessiert, aber sämtliche Entwürfe, die man bisher vorgelegt habe, seien von den Türken stets unter Hervorziehen eines blauen Leitz-Ordners beanstandet worden.

Der Ammafoco sei es nun endlich gelungen, die Herkunft dieses Ordners zu ermitteln, und er, Mr. Gardner, sei beauftragt, eine Kopie davon – gegen entsprechendes Honorar versteht sich – zu erwerben. Kurz und gut: Was solle sie kosten? Meine Antwort: »Die Kopie können Sie umsonst haben – unter einer Bedingung: Ich möchte die Ammafoco an Ort und Stelle kennenlernen.« Die Einladung meines Konkurrenten nach New York erfolgte prompt. Ich hatte mir vorgenommen, bei dieser einmaligen Gelegenheit, möglichst viele Unternehmen der amerikanischen Zigarettenindustrie aufzusuchen.

Am 27. Dezember 1948 startete ich zum Flug über den Ozean. Da es zu dieser Zeit noch keine Pässe für Deutsche gab, beschaffte mir Mr. Gardner ein Schreiben von Lucius D. Clay, dem amerikanischen Militärgouverneur, das mich zu einer Reise in die USA autorisierte.

In London hatte ich zwölf Stunden Aufenthalt. Während dieser Zeit durfte ich das Flughafengebäude nicht verlassen, weil ich lediglich ein Permit für Amerika besaß. Um meiner Frau einen Neujahrsgruß zu senden, schrieb ich ihr eine Postkarte. In Ermangelung einer Briefmarke – deutsches Geld war damals im Ausland nichts wert, und Devisen, um mir irgend etwas zu kaufen, hatte ich nicht – füllte ich den Platz für die Frankierung auf der Postkarte in ganz kleiner Schrift mit dem Bekenntnis aus: »I have no money.« Die Karte ist in Hamburg strafportofrei zugestellt worden.

In New York angekommen, übergab ich dem Präsidenten der Ammafoco, Moorehead Patterson, als Dank für die Einladung die heißbegehrte Kopie des Türkeiprojekts. Doch man wollte mehr von mir, nämlich mich für das technische Management engagieren. Dazu unterbreitete man mir ein wirklich verlokkendes Angebot, in einem Unternehmen, das damals etwa 10000 Mitarbeiter beschäftigte, in leitender Stellung tätig zu werden. Auch einen Kooperationsvertrag für die Hauni-Werke bot man mir an.

Ich wollte jedoch weder in dem einen noch in dem anderen Fall meine Unabhängigkeit aufgeben und suchte nach Gründen für eine Ablehnung, ohne meine Gesprächspartner vor den Kopf zu stoßen. Als rettende Idee fiel mir dann eine neue Hochleistungszigarettenmaschine ein, die ich mir längst ausgedacht, aber noch zurückgehalten hatte: Ich mußte nämlich befürchten, daß die Konkurrenz mein Konzept einfach übernehmen würde, da in Deutschland zu diesem Zeitpunkt – und wahrscheinlich auf Jahre hinaus – der rechtliche Patentschutz noch nicht wieder möglich war.

Ich erklärte also den Amerikanern meine Bereitschaft zur Zusammenarbeit, wenn ich das Modell der »Garant«, wie ich meine neue Hochleistungsmaschine nennen wollte, fertig entwickelt hätte. Ich würde der Ammafoco nach Vorlage einer Modellzeichnung eine Nachbaulizenz für den US-Markt einräumen, sobald man sich vertraglich verpflichtete, kein Modell zu entwickeln, das auf meinem neuen Konstruktionssystem beruhte. Nach längeren Verhandlungen erklärte sich die Gegenseite schließlich zur Unterzeichnung einer solchen Vereinbarung bereit. Daraufhin habe ich in der Silvesternacht 1948/49 im

Hotel Russell in der Park Avenue die Modellzeichnung der »Garant« zu Papier gebracht, die Bestandteil des Vertrags wurde. Der Briefbogen des Hotels, auf dem ich diese erste Systemskizze gemacht habe, ist im Hauni-Museum aufbewahrt (vgl. Abb. 3). Die Ammafoco hat sich übrigens, wie ich vier Jahre später feststellen mußte, dann doch nicht an den Vertrag gehalten und eine eigene Maschine nach meinem Prinzip entwickelt. Als man sie auf den Markt zu bringen versuchte, waren unsere vertraglichen Vereinbarungen hinfällig, was für mich den Vorteil hatte, daß ich jetzt auch den amerikanischen Markt frei beliefern konnte. Die Ammafoco hat übrigens, nachdem ich mit meinen Neukonstruktionen Marktführer geworden war, die Produktion von tabakverarbeitenden Maschinen eingestellt.

Während meines vierwöchigen Aufenthalts in den USA habe ich dann noch große Teile der amerikanischen Zigarettenindustrie besucht und – unabhängig von meinen geschäftlichen Verhandlungen – allerlei Erfahrungen gesammelt. Für einen Deutschen war die Situation in den Vereinigten Staaten damals ja keineswegs immer erfreulich, wie das folgende Beispiel zeigt.

In meinem New Yorker Hotel Russell, Park Avenue/Ecke 47. Straße, setzte ich mich eines Abends, um mein Alleinsein ein wenig zu verdrängen, an die Bar. Meine Gesprächspartner merkten natürlich sofort, daß ich kein New Yorker war, und wollten wissen, woher ich käme. Als sie »Germany« hörten, gingen sie sofort auf Distanz und fragten: »Did you come over to overthrow our government?« Obwohl es mir gelang, die aufgeregten Leute zu beruhigen, hielt ich es doch nach kurzer Zeit für zweckmäßig, mit einem »cheque please« meinen Barhocker zu verlassen.

Als Besucher aus Deutschland konnte man aber auch mit »dirty Nazi« angeredet oder als Asozialer bezeichnet und wie ein Aussätziger behandelt werden. Zumindest mußte man gute amerikanische Freunde haben, die einem notfalls zur Seite stehen konnten.

Das wichtigste Ergebnis meines ersten USA-Besuches war jedenfalls die Kenntnis des amerikanischen Marktes für Tabakerzeugnisse und die Kontaktaufnahme zu allen wichtigen Konzernen in dieser Branche. Dabei war es mir gelungen – ich frage mich mitunter auch heute noch, wie das möglich war –, zu den »Bossen« der mächtigen Tabakindustrie vorzudringen. Zu meinen Gesprächspartnern gehörten allen voran Bouman Grey von A. J. Reynolds, Joseph Cullman und Clifford Goldsmith von Philip Morris, J. J. Blacknall von Lorillard und Lojd D. Thompson von Liggett & Myers, um nur einige zu nennen. Und aus einigen dieser ersten Kontakte entwickelte sich im Laufe der Jahre eine wirkliche Freundschaft mit familiären Bindungen. Diese Bosse interessierten sich weniger für das, was ich über meine Maschinen zu sagen hatte – dafür waren ihre technischen Direktoren zuständig. Was ihr spezielles Interesse fand, waren meine unternehmerischen Visionen. Sie wollten beispielsweise wissen, wie ich die Marktchancen ihrer Produkte in Europa einschätzte.

So legte ich ihnen, um ein kleines Beispiel zu nennen, meine Ansicht dar, daß Mentholzigaretten unbedingt in einer grünen Packung auf den Markt kommen müßten. Denn die Farbe Grün, das wußte ich als passionierter Freizeitmaler, vermittelt das Gefühl von Frische. Daß auch der Name eines Markenartikels eine wichtige Kaufanreizfunktion hat, war meinen Gesprächspartnern natürlich bekannt. Was ihnen offenbar neu schien, war die Tatsache, daß der Buchstabe »O« in allen Sprachen der Welt den größten Erinnerungswert hat. Ich denke nur an Coca-Cola, Odol, Ford – oder Juno. »Oh« ist weltweit auch Ausruf der Bewunderung und des Erschreckens. Dieses sind selbstverständlich nur einzelne, nicht allein entscheidende Faktoren, die einen erfolgreichen Konsumartikel auszeichnen.

Mir ging es auch nur darum, diesen Männern zu zeigen, daß ich in der Lage war, mich in ihre Interessen und Probleme hineinzudenken und zu deren Lösung Vorschläge zu machen. Oder mit anderen Worten: Meine Geschichten führten ihnen Aspekte der Wirklichkeit vor, die sie so bisher nicht gesehen und beachtet hatten, die aber erfolgversprechende Perspektiven aufwiesen.

Als Beispiel für nationale Eigenschaften der Konsumenten machte ich deutlich, daß in Ländern mit großen Kolonialerfahrungen ein Zigaretten-Werbeslogan wie z. B. »Duft der weiten Welt« wenig Erfolg haben dürfte. In diesen Ländern habe man reale Vorstellungen von den primitiven Verhältnissen in den Kolonien. Ganz anders dagegen in Deutschland, das kaum Kolonien gehabt hatte. In Deutschland bestehe deshalb bei der Bevölkerung eine große Auslandssehnsucht, die mit »Duft der weiten Welt«-Wunschvorstellungen erfüllt werde und demzufolge werbewirksam sei. (Und tatsächlich war der »Duft der weiten Welt« Jahre später nur ein Bestseller, bis die Deutschen ins Ausland reisen konnten und dort den realen Duft kennenlernten. Danach schlief diese Zigarettenmarke ein.) Ich hatte also immer aufmerksame Zuhörer.

Der eigentliche Durchbruch beim Aufbau meines Unternehmens gelang mir jedoch mit der Entwicklung und Herstellung einer Filteransetzmaschine für eine weniger schädliche Zigarette. Auch dabei kam mir meine genaue Marktbeobachtung zugute. Der einsetzende Wohlstand in der Bundesrepublik Anfang der fünfziger Jahre hatte in der Bevölkerung ein verstärktes Gesundheitsbewußtsein zur Folge. Ich schloß daraus, daß die Menschen eines Tages sich nicht nur gesünder ernähren wollten, sondern auch nach einer weniger schädlichen Zigarette verlangen würden.

Erste Überlegungen zu einer Hochleistungsmaschine für Filterzigaretten stellte ich schon im Jahr 1950 an. Damals gaben führende Zigarettenfabrikanten der Filterzigarette aber kaum eine Chance. Der Raucher, hieß es, wolle den Tabak schmecken und nicht irgendeine Zellulose oder Kunststoff zwischen den Lippen halten. Insofern bedeutete meine Millioneninvestition für die Entwicklung einer Filterzigarettenmaschine durchaus ein hohes wirtschaftliches Risiko. 1954 war die Entwicklung einer serienreifen Maschine, an der wir fast vier Jahre lang gearbeitet hatten, abgeschlossen. Würde sie sich auszahlen?

Da trat ein Ereignis ein, das die neuen Maschinen schlagartig ins Rampenlicht der Öffentlichkeit rückte: Durch die amerikanische Presse ging die Katastrophenmeldung, die für die Zigarettenindustrie verheerende Folgen haben konnte: Es bestehe der Verdacht, das Rauchen, insbesondere das Zigarettenrauchen, fördere den Lungenkrebs. Deshalb verlangte der Raucher nach der Filterzigarette, bei der er auch optisch durch die Verfärbung des Filters feststellen konnte, daß Schadstoffe zurückgehalten wurden. Nun setzte in den amerikanischen Zigarettenfabriken eine stürmische Nachfrage nach Filteransetzmaschinen ein, und die Hauni-Werke waren weltweit die einzige Fabrik, die eine moderne, leistungsfähige Filteransetzmaschine liefern konnte. Bereits im Jahre 1954 habe ich 30 viermotorige Super Constellations (vgl. Abb. 5) gechartert, die meine tonnenschweren Maschinen per Luftfracht in die USA transportierten, um die Nachfrage nach Filterzigaretten decken zu können. Heute werden alle Filterzigaretten in der ganzen Welt nach meinem Produktionsverfahren hergestellt.

Ein derartiger Erfolg war natürlich nur möglich, weil ich bereits bei der Entwicklung und bei der Konstruktion meiner Produkte, so auch bei der Filterzigarettenmaschine, stets für den rechtzeitigen Patentschutz meiner Erfindungen Sorge getragen habe. Trotzdem – und obwohl mir meine Patente im Wettbewerb gegenüber meiner Konkurrenz die Marktführerschaft eingebracht haben – ist das Wichtigste an einer Erfindung nicht die Lösung des technischen Problems, sondern das Aufspüren der Marktlücke, die durch die Erfindung geschlossen werden soll. Denn was nützt die schönste Erfindung, wenn für ihre profitable Auswertung kein ausreichender Bedarf vorhanden ist. Hier liegt das Geheimnis des wirtschaftlichen Erfolgs.

Ich möchte aus dieser Erkenntnis drei Erfolgsfaktoren besonders festhalten, die das »Unternehmerische« betreffen: Erstens die *Intuition* für bestimmte Entwicklungen, aus denen eine Marktlücke sichtbar wird. Zweitens die *Risikobereitschaft* zu Produktinvestitionen, mit denen sich die sich ankündigende Marktlücke schließen läßt. Und drittens die *Strategie*, den Markt, wenn er nach dem neuen Produkt verlangt, mit größtmöglicher Schnelligkeit so weit wie möglich abzudecken, bevor die Konkurrenz zum Zuge kommen kann.

Die erste deutsche Produktionsstätte in den USA nach dem Krieg

Mit meiner Filteransetzmaschine, die ab 1954 massenhaft in die Vereinigten Staaten exportiert wurde, ergab sich immer dringender die Notwendigkeit, eine Servicestation in Amerika einzurichten. Kunden in den USA sollten mit Ersatzteilen, Reparaturen und technischen Dienstleistungen vor Ort ohne den zeitraubenden und kostenaufwendigen Weg über den Atlantik versorgt werden.

Erste Ansätze, in Amerika Fuß zu fassen, gehen schon auf eine frühere Amerikareise im Jahre 1949 zurück. Damals hatte ich durch Vermittlung des Hamburger Bürgermeisters Max Brauer den während der Nazizeit emigrierten hanseatischen Bankier Eric Warburg dafür gewinnen können, als amerikanischer Staatsbürger für mich treuhänderisch die Firma »Catalo« zu gründen, was zum damaligen Zeitpunkt für einen Bürger aus dem besiegten Deutschland noch unmöglich war. Übrigens, der Name »Catalo« war die Adaption einer Ansichtskarte aus Katalonien, die zufällig auf Eric Warburgs Schreibtisch in seinem Büro in Manhattan lag.

Das erforderliche Gründungskapital in Höhe von 3000 US-Dollar stellten mir amerikanische Geschäftspartner zur Verfügung. Mit dieser Firmengründung bin ich vermutlich der erste deutsche Unternehmer nach dem Zweiten Weltkrieg in den USA gewesen.

Die »Catalo« war im Grunde nichts weiter als ein Verbindungs- und Kontaktbüro zu meiner amerikanischen Kundschaft in spe. Denn mir war bei meinem ersten Amerikaaufenthalt, als ich die unbegrenzten Möglichkeiten der riesigen amerikanischen Tabakindustrie kennengelernt hatte, klargeworden, daß der amerikanische Markt auch für mein Unternehmen ungeheure Zukunftschancen bieten würde. Wie richtig meine damalige Einschätzung gewesen ist, zeigt sich allein in der Tatsache, daß die Exporte meines Unternehmens in die USA bis zum heutigen Tag den größten Anteil am Gesamtumsatz auf dem Tabaksektor ausmachen.

Als 1956 die Devisenbewirtschaftung aufgehoben wurde, endete auch die bewährte Treuhänderschaft von Eric Warburg, die wir seinerzeit als echt hanseatische Kaufleute nur per Handschlag eingerichtet hatten.

Schon ein Jahr zuvor, im Frühjahr 1955, faßte ich den Entschluß, in Amerika mit einer eigenen Niederlassung Fuß zu fassen. Als Sitz für diese Firma hatte ich mich für Richmond in Virginia entschieden. Richmond lag gewissermaßen im Herzen der tabakverarbeitenden Industrie; alle bedeutenden amerikanischen Zigarettenfabriken haben in Virginia und in North Carolina ihren Hauptsitz. Entscheidend ist für mich immer die Kundennähe gewesen. Deshalb hatte ich ja mein Stammwerk, die Hauni-Werke, im Zentrum der tabakverarbeitenden Industrie in Hamburg angesiedelt und nicht im Ruhrgebiet.

Da ich ein ungeduldiger Mensch bin und es mir, wenn ich einmal eine Entscheidung gefällt habe, mit deren Vollzug gar nicht schnell genug gehen kann, packte ich auch bei der Gründung von Hauni-Richmond voll zu. Dabei kam es zur folgenden – einer vielleicht typischen Begebenheit: Ich war an einem Samstagmorgen in Richmond eingetroffen und quartierte mich im Jefferson-Hotel ein. Beim Empfangschef erkundigte ich mich sogleich nach einem Grundstücksmakler, erhielt aber zur Antwort: »Heute ist Sonnabend, Sir, da werden Sie in ganz Virginia keinen Makler antreffen.« Bis zum Montag wollte ich jedoch auf keinen Fall warten, da ich vorhatte, dann schon in North Carolina zu sein.

Kurzerhand fragte ich vor dem Hotel einen Taxichauffeur nach der Privatadresse eines Grundstücksmaklers und ließ mich dorthin fahren. Ich traf denselben auch tatsächlich auf seinem Landsitz an, gemütlich im Schwimmbassin planschend. Auch ihm schien mein Ansinnen, unbedingt sofort tätig zu werden, zunächst wenig einleuchtend. »Mein City-Büro ist heute geschlossen, und ich kann keinen meiner Leute erreichen, die sich mit Industriegrundstücken auskennen.« Darauf gab ich ihm zur Antwort: »Wenn Sie ein Geschäft mit mir machen wollen, fahren wir jetzt in Ihr Büro, und Sie versuchen, Ihre Leute dorthin zu bestellen.« Ihm blieb nur der Stoßseufzer: »O Lord, crazy people, these Germans.« Aber offenbar hatte dem Mann meine Hartnäckigkeit imponiert. Jedenfalls setzte er alle Hebel in Bewegung; es fanden sich auch tatsächlich zwei seiner Angestellten ein. Mehrere Objekte wurden ausgewählt, dann auf einer Rundfahrt drei, vier Grundstücke besichtigt, von denen mir eines auf Anhieb zusagte, etwa drei Hektar groß mit einem circa eintausend Quadratmeter großen Lagerhaus. Am Sonntag morgen unterzeichnete ich den noch am Vortag ausgestellten Vertrag, der mich für 75000 Dollar als Eigentümer der Hauni Richmond Incorporated an der Rhoadmiller Street 1728 auswies. Am Sonntag nachmittag war ich bereits mit einem Leihwagen nach Winston-Salem in North Carolina unterwegs.

Aus der Hauni-Richmond ist in den folgenden 35 Jahren ein florierendes Unternehmen geworden, das nicht nur für die Tabakindustrie tätig wurde, sondern sich auch andere Märkte erschlossen hat, zum Beispiel für die NASA spezielle Härteverfahren für die Raumfahrt ausführte und außerdem eine eigene Tampon-Maschine entwickelte und erfolgreich vermarktete.

Ich will es ganz unmißverständlich sagen: Mit einer Einstellung: Kommst du heut nicht, kommst du morgen, sollte man besser nicht Unternehmer werden. Schnelligkeit bedeutet nicht Unüberlegtheit und Hektik. Ich habe immer genau gewußt, was ich wollte, und mir dann den bestmöglich erscheinenden, schnellsten Weg zum Ziel gewählt.

Entwicklung zum Konzern Körber AG

Was mir aus meiner Unternehmerlaufbahn noch wichtig ist – meine vielfältigen Stiftungsaktivitäten klammere ich hier vorerst aus, da die in den nachfolgenden Kapiteln behandelt werden –, betrifft die Entwicklung der Hauni-Werke (vgl. Abb. 7, 8 und 9) vom führenden Unternehmen in der Produktion von Anlagen und Maschinen für die tabakverarbeitende Industrie zum Konzern Körber AG, der heute auf folgenden Feldern mit eigenständigen Unternehmen tätig ist:

- Ausrüster der Tabakindustrie
- Papierverarbeitende Maschinen
- Werkzeugmaschinen, vor allem modernste Schleiftechnik
- Steuerungs- und Automatisierungstechnik
- Abfülltechnik für die Getränkeindustrie.

Bis in die sechziger Jahre hinein hatte die stürmische Entwicklung auf dem Tabaksektor meine ganze Konzentration auf diese Branche erfordert und mir schließlich die Marktführerschaft eingebracht. Ich wollte dabei jedoch nicht stehenbleiben; denn es war frühzeitig erkennbar, daß in den Industriestaaten, vor allem in den USA, die Zigarettenindustrie wegen der gesundheitsschädlichen Wirkung des Zigarettenrauchens gesellschaftlich zunehmend unter Druck geraten würde.

Deshalb begann ich mir in den sechziger Jahren verstärkt Gedanken darüber zu machen, wie ich das unternehmerische Risiko auf verschiedene Standbeine verteilen könnte. Das entscheidende Stichwort lautete: Diversifikation. Viele meiner Großkunden aus der Tabakindustrie hatten diesen Weg in der Zwischenzeit beschritten: Reemtsma in Deutschland, Reynolds und Philip Morris in Amerika hatten sich beispielsweise in der Getränkeindustrie beziehungsweise in der Nahrungs- und Genußmittelindustrie engagiert.

Für mich stand fest, daß ich mich nur mit der Herstellung von Investitionsgütern beschäftigen wollte, nicht mit Konsumgütern. Ich ging und gehe nach wie vor davon aus, daß die Arbeitszeitverkürzung mit fortschreitender Industrialisierung weitergehen und die Rationalisierung vorantreiben wird. Deshalb konzentrierte ich mich ausschließlich auf die Schaffung von Betriebsmitteln, die die produzierende Wirtschaft zur Senkung ihrer Produktionskosten benötigt. Ich wollte meine Unternehmensgruppe nur mit Produkten erweitern, die höchste Ingenieurleistung mit ausgeprägter Präzision verband und die geeignet waren, möglichst weltweit die Produktionskosten bei der Herstellung von Bedarfsgütern zu senken.

Ehe ich meine ersten Schritte auf dem Wege zum diversifizierenden Konzern schildere, noch eine Vorbemerkung: In dem Kapitel über meine Aktivitäten auf dem Bildungssektor werde ich aufzeigen, daß ich schon in den fünfziger Jahren wegen der von mir angestrebten höchsten Ingenieurleistungen ständig mit Bildungs- und Ausbildungsfragen konfrontiert wurde. Und als ich 1961 den Bergedorfer Gesprächskreis gegründet hatte, wurde in nahezu sämtlichen dieser Expertengespräche darauf hingewiesen, daß die Zukunft unserer sich immer rascher verändernden und technologisch sich immer höher entwickelnden Industriegesellschaft ohne große Investitionen auf dem Bildungssektor nicht zu bewältigen sei.

Bildung als Grundlage für wirtschaftliches Wachstum und Wohlstand war im übrigen nicht nur in den entwickelten westlichen Industrieländern von grundlegender Bedeutung, sondern hatte weltweit Gültigkeit. Es war mir auch auf meinen Reisen durch die Sowjetunion Anfang der sechziger Jahre aufgefallen, in welchem Ausmaß die Menschen dort ihren Bildungshunger wegen der damit verbundenen Aufstiegschancen zu befriedigen suchten.

Als ich 1970 erfuhr, daß die Firma E. C. H. Will zum Kauf angeboten wurde, die Maschinen für die Papierverarbeitung, insbesondere Schulheftstraßen, herstellte, zögerte ich keinen Moment: Hier war ein Markt, der enorme Zukunftschancen verhieß; denn der Bedarf an Schreibheften und ähnlichen Papiererzeugnissen würde mit zunehmenden Dienstleistungen und der damit verbundenen Bürokratisierung mit Sicherheit auf der ganzen Welt wachsen.

Hinzu kam, daß in der papierverarbeitenden Industrie ähnliche Konzentrationsprozesse zu erkennen waren, wie ich sie von der Tabakindustrie her kannte, die einen Trend zu immer größeren und leistungsfähigeren Produktionsstätten zur Folge hatten. Außerdem wollten die betreffenden Firmen nicht nur Papier herstellen, sondern dieses zugleich auch in großem Stil zu Fertigprodukten wie Formularen und Vordrucken etc. verarbeiten. Hierfür würden Maschinen und Anlagen gefragt sein, die bei hoher Produktionsgeschwindigkeit die komplette Verarbeitung von der Papierrolle bis zum fertig verpackten Endprodukt gewährleisten konnten. Das heißt, es wurden Produktionsmittel verlangt, die große Materialmengen flexibel bewältigen und damit alle Rationalisierungsmöglichkeiten nutzen konnten. Der Erfolg hat mir recht gegeben. Die rund hundertköpfige Belegschaft der E. C. H. Will, die 1970 einen Umsatz von etwa zwölf Millionen D-Mark zustande brachte, ist bis heute auf 1500 Mitarbeiter angewachsen, die in sechs Unternehmen in Deutschland, den USA und Italien einen Umsatz von 400 Millionen D-Mark erzielen und Komplettlösungen für die Herstellung von Schreibwaren, Kopiererpapier, Laserprinterpapier und anderen Erzeugnissen liefern.

Ganz anders erfolgte mein Einstieg in die Werkzeugmaschinenbranche. In unmittelbarer Nachbarschaft der Hauni-Werke produzierte die Firma Blohm technologisch hochwertige Flachschleifmaschinen, von denen ich einige auch in meiner Fertigung eingesetzt hatte. Als dieses Unternehmen 1978 in Konkurs geriet – auch finanzielle staatliche Stützungsmaßnahmen hatten die Pleite nicht verhindern können –, war es mir zunächst nur um die Übernahme der qualifizierten Fachkräfte gegangen, die ich für die weiter expandierenden Hauni-Werke benötigte.

Dann aber erkannte ich in Gesprächen mit den von Blohm übernommenen Ingenieuren sehr schnell, daß für eine hochwertige Schleiftechnik ein bedeutender Markt vorhanden war – insbesondere für Profilschleifmaschinen, die die Flugmotorenindustrie zur Herstellung von Turbinenschaufeln benötigte. Die dort produzierten Investitionsgüter entsprachen auch genau den Kriterien, an denen ich meinen Konzernaufbau orientierte.

Schleifen gehört zu jenen Verfahren der Metallverarbeitung, die höchsten Genauigkeitsansprüchen genügen müssen. Die immer schneller laufenden und immer leistungsfähigeren Maschinen und Aggregate erfordern Fertigungsteile und Baugruppen von enormer Präzision. Dafür eignet sich die Schleiftechnik in besonderer Weise.

Schon zu Blohm-Zeiten hatte es erste Kontakte zur Luft- und Raumfahrtindustrie gegeben, die aber nicht weiter verfolgt worden waren, weil man die wachsende Bedeutung dieses Marktes für den Einsatz einer Höchstleistungsschleiftechnologie nicht erkannt hatte. In dieser Richtung setzte ich hingegen den technologischen Schwerpunkt für den neuen Produktionszweig meiner Unternehmensgruppe.

Um auch hier das unternehmerische Risiko deutlich zu machen: Ich habe zunächst an die 100 Millionen D-Mark investiert, um den Flugmotorenherstellern eine technisch zufriedenstellende Lösung zu präsentieren, die es ihnen erlaubte, in größeren Stückzahlen jene kleinen hochpräzisen Turbinenschaufeln zu produzieren, die die Funktionsfähigkeit der Flugmotoren hundertprozentig garantieren. Vier Jahre lang wurde ohne Kundenauftrag auf mein eigenes Risiko an den Aggregaten zur Herstellung von Turbinenschaufeln entwickelt, konstruiert und gefertigt, bis wir unseren künftigen Kunden – Rolls-Royce in England, Pratt & Whitney und General Motors in den USA, MTU in Deutschland – eine Anlage mit einem völlig neuartigen Produktionsverfahren vorführen konnten, die alle bisherigen Herstellungsverfahren hinsichtlich Genauigkeit und Rentabilität in den Schatten stellte und uns eine Reihe von Großaufträgen sicherte.

Als ich 1978 die Firma Blohm übernahm, erreichte die neue Schleifmaschinenabteilung im ersten Jahr mit 40 Mitarbeitern einen Umsatz von sechs Millionen D-Mark. Heute stellen gut 1100 Mitarbeiter in vier produzierenden Unternehmen in Hamburg, Stuttgart und den USA Werkzeugmaschinen und Produktionsanlagen im Wert von über 260 Millionen D-Mark pro Jahr her.

Weitere Ansätze in meinem Konzern mit nunmehr über 20 Produktionsstätten weltweit, 7000 Beschäftigten und eineinhalb Milliarden D-Mark Jahresumsatz gibt es auf den Gebieten der Sicherheitstechnik, der Steuerungs- und Automatisierungstechnik sowie der Abfülltechnik für die Getränkeindustrie.

Ich hoffe, mit den vorstehenden Schilderungen meinen unternehmerischen Lebensweg deutlich gemacht zu haben. Meine eigentliche unternehmerische Leistung sehe ich – das wird manchen vielleicht überraschen – zum geringeren Teil in meinen technischen Erfindungen. Für viel wichtiger halte ich meine Fähigkeit, Entwicklungen, die in der Luft liegen, intuitiv zu erfassen und dann jene qualifizierten Menschen für mich zu engagieren und zu motivieren, die in der Lage sind, meine Intuitionen in die Praxis umzusetzen.

Wenn ich als Mann an der Spitze meiner Firmengruppe auch über die Richtlinienkompetenz verfüge, so ist der erfolgreiche Aufbau der internationalen Körber-Gruppe doch letzten Endes das Ergebnis der kooperativen Zusammenarbeit mit meinen unmittelbaren Mitarbeitern. Durch diese Zusammenarbeit wurde ein Führungsverhalten entwickelt, das den Menschen in den Mittelpunkt stellt, ihm den nötigen Freiraum verschafft und zur Leistung anspornt – immer unseren erfolgsorientierten Leitsätzen folgend: motivieren, zuhören, kommunizieren. Diese Teamarbeit hat sich zur tragenden Säule für kooperatives Verhalten entwickelt und damit eine vorbildliche Unternehmenskultur geschaffen.

Jenen Mitarbeitern, die sich durch Pionierleistungen in den Aufbaujahren meines Unternehmens hervorragende und bleibende Verdienste erwarben, habe ich einige Gedächtnispreise gewidmet. Sie werden alljährlich von einer Firmenjury an Mitarbeiterinnen und Mitarbeiter vergeben, die sich durch ihre Arbeitsleistung, insbesondere aber auch durch ihr persönliches Verhalten hervorgetan haben. Diese Preise sind aber auch als Ansporn für die nachfolgende Generation gedacht.

Gegenwärtig sind fünf dieser »Hauni-Pioniere« Gedächtnispreise gewidmet. Diese Pioniere stehen stellvertretend für eine große Zahl kreativer, fleißiger Mitarbeiter aus den Jahren des rasanten Wachstums meines Unternehmens.

Ulrich Riegger (1907–1967), als Diplomingenieur langjähriges Mitglied der Geschäftsleitung. Der »Ulrich-Riegger-Preis« wird für die beste patentierte Erfindung eines jeden Jahres vergeben.

Horst Kochalski (1914–1988), erster Direktor der Produktion. Der »Horst-Kochalski-Preis« wendet sich an die Mitglieder unseres M³-Clubs der betrieblichen Führungskräfte, die die Synthese aus Mensch, Material, Maschine durch kooperative Zusammenarbeit am gelungensten verwirklicht haben.

Max Pollmann (1887–1976), ein äußerst kreativer und erfolgreicher Entwicklungsingenieur. Der »Max-Pollmann-Preis« wird für loyale Verhaltensweise, Zuverlässigkeit und Hilfsbereitschaft vergeben.

Adalbert Zielinski (1898–1972), Schlosser und erster Betriebsratsvorsitzender. Der »Adalbert-Zielinski-Preis« wird an Lehrlinge vergeben, die sich durch besondere Leistungen hervorgetan haben.

Willy Rudszinat (geb. 1921) war langjähriger Leiter des technischen Außendienstes. Der »Willy-Rudszinat-Preis« richtet sich an jene Außendienstmitarbeiter, die vor Ort unter oft schwierigsten Bedingungen unsere Maschinen und Anlagen zur Zufriedenheit des Kunden aufgestellt haben. Diese Preisträger werden mit dem FSM-Emblem (Foreign-Service-Men) ausgezeichnet.

Die Würdigung der Hauni-Pioniere wäre unvollständig ohne die Handschrift einer Frau, deren Lebensleistung ich mit Achtung und Respekt betrachte und der ich mich in dankbarer Verbundenheit verpflichtet fühle, *Annemarie Smaczny, geb. Kämpfe*. Sie war bei der Gründung der Hauni-Werke 1946 im Team und hat sich in den Folgejahren als sachkundige, hochqualifizierte, dabei durchsetzungsfähige Chefin des Vertriebs große Verdienste erworben.

In der gleichen Wertschätzung fühle ich mich *Ingeborg Felsmann* verbunden, die mir in den stürmischen Aufbaujahren der Hauni-Werke fast vier Jahrzehnte lang treu zur Seite stand. Sie sah ihre Lebensaufgabe darin, mir eine erstklassige Sekretärin zu sein, was ihr zu meiner vollsten Zufriedenheit und damit im Interesse der Hauni-Werke auch vortrefflich gelungen ist.

II. KAPITEL

ALS UNTERNEHMER IN DER
MARKTWIRTSCHAFT

Der Schumpetersche Unternehmer

»Gottfried, tell them once more the story of the man from Hamburg«, wurde der renommierte Baseler Wirtschafts- und Sozialwissenschaftler Prof. Bombach während eines Studienaufenthalts an der Stanford University einmal gebeten. Er gehörte einem Wissenschaftlerteam an, das sich die Aufgabe gestellt hatte, das wirtschaftliche Wachstum in den großen westlichen Industrieländern und in Japan zu untersuchen. In Kalifornien diskutierte er damals gerade mit amerikanischen Fachkollegen.

Professor Bombach erzählte die Geschichte anläßlich des 25jährigen Jubiläums der Hauni-Werke und des zehnjährigen Bestehens des Bergedorfer Gesprächskreises, um meine Rolle als industrieller Unternehmer zu skizzieren. »Zum Mann von Hamburg«, sagte er, »ist Kurt A. Körber an der Stanford University für die Wachstumstheoretiker geworden, wenn sie Wachstumsimpulsen nachspüren, die sie in der Welt ihrer Modelle nicht finden.« Und er fuhr dann fort: »In unseren Gesprächen habe ich die Tatsache, daß das deutsche Wachstumswunder nicht zu erklären ist ohne die besondere Geschichte der Entwicklung einzelner Unternehmen, oft illustriert am Beispiel ›Körber‹. Es ist dies der Paradefall eines Schumpeterschen Unternehmers. Ein Mann kommt mit einem Rucksack und ein paar technischen Skizzen aus Dresden nach Norddeutschland. Er beginnt in der Ecke einer fremden Werkstatt mit Reparaturarbeiten, ohne Kapital. Er ersteht alte Maschinen, startet langsam eine eigene Produktion. Es folgt in großen Zügen die Geschichte der Hauni-Werke, endend in einem mächtigen Werk, das in seinem Sektor ›Filterzigarettenmaschinen‹ den größten Teil der Weltproduktion für sich bucht – alles erreicht ohne jegliche Fremdfinanzierung.

Insofern allerdings ist Körber kein Schumpeterscher Unternehmer: der braucht Fremdkapital, ›venture capital‹, bedarf eines wagemutigen Bankiers (den Schumpeter in Wien selbst einmal als Chef einer Bank zu spielen versuchte, und zwar sehr erfolglos). Hauni kam ohne risikofreudige Bankiers aus. Die wie ein Roman klingende Geschichte hat auf die Gesprächsteilnehmer stets nachhaltigen Eindruck gemacht. Man mißverstehe mich nicht: Das Wachstumswunder wäre nicht möglich gewesen ohne ganz bestimmte einmalige makroökonomische Rahmenbedingungen, zu deren Erklärung die moderne Wachstumstheorie wesentlich beizutragen vermag. Aber eine wirkliche Erklärung ist auch nicht möglich ohne die Analyse des Aufstiegs von Werken wie das von Bergedorf.«

Essentials für einen erfolgreichen Unternehmer

In den biographischen Notizen meiner Karriere habe ich die Grundelemente des Unternehmerischen bei mir verschiedentlich anklingen lassen. Aufgrund meiner persönlichen Erfahrungen will ich nun versuchen, mein »Erfolgsrezept« näher zu beschreiben, ohne dafür Allgemeingültigkeit zu beanspruchen.

Zum unternehmerischen Erfolg gehört, das will ich gleich zu Beginn unmißverständlich sagen, der Profit. Das technische Produkt, das ich herstelle, ist stets nur Mittel zum Zweck, nie Selbstzweck – das unterscheidet es beispielsweise von einem Kunstwerk, das seinen Wert in sich selbst hat.

Bekanntlich gibt es verschiedene Möglichkeiten, sein Geld zu verlieren: die angenehmste Art besteht darin, es mit einer schönen Frau durchzubringen; die schnellste ist, es im Roulette zu verspielen. Die sicherste aber ist, einem Techniker in seinem

Erfindungsdrang freien Lauf zu lassen. Mit anderen Worten: Der Unternehmer muß sich bei all seinen Entscheidungen stets bewußt sein, daß er sein Produkt einzig und allein für den Markt produziert. Wenn er für seine Erzeugnisse keine Käufer findet, nützt ihm die beste technische Erfindung gar nichts. Deshalb habe ich bei all meinen Unternehmungen stets als erstes äußerst gründlich den Markt analysiert, für den ich produzieren wollte. Ich habe also Ausschau nach einer Marktlücke gehalten, die ich gewinnbringend besetzen konnte und für die ich dann das passende technische Produkt finden mußte.

Eine »chronische« Marktlücke in unserer Gesellschaft hatte ich schon frühzeitig entdeckt: den Zwang zur Rationalisierung. Ich ging dabei von der Erkenntnis aus, daß die Verkürzung der Arbeitszeit ein dieser Gesellschaft inhärenter und langfristiger Prozeß ist, der dem Ziel dient, die Lebensqualität des einzelnen zu erhöhen. Das Weniger an Arbeitszeit ist ökonomisch nur dann durchsetzbar, wenn es gelingt, die Arbeitsproduktivität zur Erhöhung des Sozialproduktes zu steigern. Das eben bedeutet in der Regel: optimale Rationalisierung.

Der Rationalisierungsprozeß setzt die Schaffung von entsprechenden Produktionsmitteln voraus – Investitionsgüter im weitesten Sinne –, die in ihrer Rentabilität kostensenkend wirken. Diese zukunftsorientierte langfristige Entwicklung auf dem Investitionsgütersektor ist nicht so starken Schwankungen unterworfen wie der von wechselnden Bedürfnissen und Modeerscheinungen abhängige Konsumgütersektor. Das ist der Grund, warum ich mich dafür entschieden habe, nur Investitionsgüter und keine Konsumgüter herzustellen.

Meine ganze Unternehmerphilosophie läßt sich letztlich in einem Satz zusammenfassen:

Das »Richtige« als erster zum »richtigen Zeitpunkt« tun.

Was das »Richtige« ist, darüber entscheidet letztlich der Käufer, der Markt – deshalb ist Kundennähe für mich ein so wichtiges Kriterium. Ich muß mein Ohr immer am Markt haben, die Bedürfnisse meiner Kunden aufspüren. Dabei kommt es darauf an, ihnen nicht nur ein fertiges Produkt anzubieten, sondern ihnen mit Problemlösungen zu helfen, die ihren eigenen Intentionen und Interessen dienen. Den »richtigen Zeitpunkt« herauszufinden ist die eigentliche unternehmerische Leistung; darin liegt auch das unternehmerische Risiko. Ich muß nämlich – und das steht nur scheinbar im Widerspruch zu dem Vorhergesagten – gewissermaßen vorhersehen, ja, ich muß heute ahnen können, welche Bedürfnisse meine Kunden morgen haben werden.

Ich will das noch einmal am Beispiel meiner Filteransetzmaschine deutlich machen: Bevor ich mich für die Entwicklung meines neuartigen Verfahrens entschied, habe ich mich intensiv mit meinen wichtigsten Kunden über zukünftige Marktchancen für ein solches Produkt unterhalten, insbesondere mit dem damaligen »Papst« der Zigarettenindustrie, Philipp Reemtsma. Er riet mir – das war 1950 – dringend davon ab, mein Geld in eine solche Entwicklung zu stecken, für die noch gar kein Markt vorhanden war. Nicht nur er, sondern auch andere Marktbeobachter der Zigarettenbranche waren der Ansicht, der Raucher will kein »Hospital« zwischen den Lippen, sondern Tabak schmecken. Ich hatte jedoch die Ahnung, daß ein wachsendes Gesundheitsbewußtsein die Raucher eines Tages veranlassen würde, nach der Filterzigarette zu verlangen. Deshalb entschied ich mich, gegen alle gutgemeinten Ratschläge auf eine künftige Marktentwicklung zu setzen, um dann, wenn es soweit ist, als *erster* am Markt zu sein und damit einen Vorsprung gegenüber meiner Konkurrenz zu haben, der mir einen Renditebonus garantierte. Auf eigenes Risiko, ohne Kundenauftrag investierte ich damals Millionen in die Filterzigarettenmaschine.

Natürlich liegt darin immer ein beträchtliches Risiko; denn wenn ich mich getäuscht habe und der Markt sich anders entwickelt, als ich es angenommen habe, ist meine Investition umsonst gewesen, kann das zur Zahlungsunfähigkeit und damit zum Bankrott des Unternehmens führen. Damit muß ich als ein umsichtiger Unternehmer immer rechnen. Das ist der Grund, warum ich nie alles auf eine Karte gesetzt, sondern stets darauf gesehen habe, daß das Risiko kalkulierbar blieb. Mit anderen

Worten: Die Sicherung meines Unternehmens hatte stets Vorrang vor der Wahrnehmung von Gewinnmaximierungschancen. Ich habe jedenfalls die möglichen Gefahren immer sehr ernst genommen und zugleich nach Ausweichmöglichkeiten im Falle eines Scheiterns des jeweiligen Projektes gesucht.

Darin zeigt sich die Ambivalenz des Unternehmerischen: Wenn ich nichts wage, kann ich keinen Erfolg haben. Aber das Wagnis muß berechenbar bleiben – aus Verantwortung gegenüber dem Unternehmen und seinen Mitarbeitern.

Ein entscheidendes Kriterium für das Abwägen von Risiko und Chancen ist für mich bis zum heutigen Tag: Ich halte unabdingbar an dem Grundsatz fest, keine Schulden zu machen, also keine Kredite aufzunehmen, um neue Produkte zu entwikkeln, deren Absatzchancen in einer ungewissen Zukunft liegen. Ich habe stets nach dem Prinzip gehandelt: Sicherheit geht vor Rendite. Diese Devise habe ich mit den Worten in Marmor schlagen lassen: »*Damit wir souverän und unabhängig bleiben, werden wir keine Expansion mit fremdem Kapital betreiben.*«

Aber ich will auch deutlich sagen: Um als Unternehmer erfolgreich zu sein, dazu braucht es Fortüne. Daß Glück auf die Dauer nur dem Tüchtigen gebührt, ist eine alte Volksweisheit. Ohne jenes Quentchen Glück jedenfalls wartet selbst der Tüchtigste auf den Erfolg vergeblich. Ich bekenne daher gern: Ich habe mich stets auch ein wenig als Liebling der Götter gefühlt.

Ich halte es übrigens für einen weitverbreiteten Irrtum, daß der Unternehmer in seinem Betrieb alles besser wissen muß als seine Mitarbeiter. Im Gegenteil! Der erfolgreiche Unternehmer muß natürlich wissen, was er will, aber er soll Menschen um sich scharen und für die gemeinsame Aufgabe motivieren – Menschen, die alles das wissen und können, was er selber nicht weiß und kann. Ich betrachte es als eine meiner größten Fähigkeiten, die richtigen Mitarbeiter erkennen zu können und ihrer Qualifikation entsprechend einzusetzen. In diesem Sinne bekenne ich gern, ein »Ausbeuter« zu sein, nämlich mich jener menschlichen Qualitäten zu bedienen und sie zu Hochleistungen zu motivieren. Ich behaupte, Menschenführung ist eine der wichtigsten Aufgaben für eine Unternehmerpersönlichkeit. Heute kann eine arbeitsbezogene Haltung bei den Betriebsangehörigen nur mit der Befriedigung ihrer menschlichen Grundbedürfnisse erzielt werden.

Diese fünf Grundbedürfnisse sind:

1. das Bedürfnis nach Sicherheit des Arbeitsplatzes,
2. das Bedürfnis nach Anerkenntnis; die Anerkennung ist der innere Motor für kreative Impulse,
3. das Bedürfnis nach Gerechtigkeit, insbesondere bei der Lohnfindung,
4. das Bedürfnis nach Freiheit im Verantwortungsbereich und
5. das Bedürfnis nach rechtzeitiger Information; der Mensch will wissen, was ihn erwartet.

Mit unzufriedenen Mitarbeitern, die ihre »innere Kündigung« ausgesprochen haben, ist ein Unternehmenserfolg nicht zu gewährleisten.

Insofern ist die Qualität der zwischenmenschlichen Beziehungen Voraussetzung für ein funktionierendes innerbetriebliches Teamwork, an dem weite Kreise der Belegschaft beteiligt sind. Aus diesem Grund halte ich die Eindämmung von innerbetrieblichen Reibungsverlusten durch Intrigen, Neid, Mißtrauen, Machtkämpfe, Vorurteile für eine wichtige unternehmerische Aufgabe. Anders ist auch jene Schnelligkeit nicht zu erreichen, die es braucht, um mit meinen Produkten als erster auf dem Markt zu sein. Dafür ist die Kooperation der ganzen Mannschaft erforderlich.

Ich bin häufig gefragt worden, welche Bedeutung ich dem Wachstum meines Unternehmens beziehungsweise meines Konzerns beimesse. Meine Antwort ist: Quantitatives Wachstum ist für mich nie ein vorrangiges Unternehmensziel gewesen. Das mag seltsam anmuten angesichts der rasanten Entwicklung, die mein Unternehmen vor allem in den siebziger Jahren genommen hat, was in steigenden Umsatz- und Mitarbeiterzahlen, beträchtlich erweiterten Produktionsflächen sowie durch den Einstieg in neue Märkte zum Ausdruck kam. Dennoch habe ich nie nach der Devise gehandelt: »Wir müssen immer größer werden.«

Das Kriterium für Wachstum ist für mich allein die langfristige Erhaltung meiner Souveränität und Unabhängigkeit. Hinzu kommt die Überschaubarkeit und Steuerbarkeit als kritische Größen der Unternehmenspolitik. An dieser Stelle halte ich eine weitere Erkenntnis für außerordentlich wichtig. Ich spreche in diesem Zusammenhang von der Notwendigkeit zur »Regionalisierung«. Ein Unternehmen ist ein ökonomischer Zweckverband, dessen wichtigste Handlungsmaximen Effizienz, Schnelligkeit, Flexibilität mit dem Ziel hoher Ertragskraft sind.

Mit zunehmender Größe eines Unternehmens wachsen unvermeidlich die bürokratischen Strukturen, die es braucht, um die organisatorischen Abläufe kontrollierbar und transparent zu machen. Eine leistungsstarke Administration ist dafür unverzichtbar. Diese Entwicklung hat jedoch gleichzeitig zur Konsequenz, daß die vorgenannten Handlungsmaximen eingeschränkt werden. Schnelligkeit und Flexibilität werden durch bürokratische Richtlinien behindert. Darunter leiden dann auch Effizienz und Ertragskraft, vor allem läßt die Motivation der Mitarbeiter nach.

Ich habe daraus die Konsequenz gezogen, innerhalb meiner Unternehmensgruppe überschaubare Bereiche in Form von eigenständigen Betrieben zu verselbständigen, um auf diese Weise schlagkräftige kleinere Einheiten zu schaffen. So besteht zur Zeit meine Unternehmensgruppe aus über 20 selbständigen Unternehmen in mittlerer Größe. Diese Unternehmen werden vom Vorstand der Körber AG kontrolliert.

Wichtigstes Ziel ist es, für die Mitarbeiter eine »corporate identity« zu schaffen, die es ihnen ermöglicht, sich mit »ihrem« Betrieb zu identifizieren und sich persönlich für ihn einzusetzen. Ohne die Identifikationsmöglichkeiten für den einzelnen gehen entscheidende »Produktivkräfte« und das individuelle Selbstverständnis verloren, auf die das Unternehmen dringend angewiesen ist.

Die internationale Körber-Gruppe

Produktionsstätten		
Tabak- verarbeitungs- technik	**Papier- verarbeitungs- technik**	**Werkzeugmaschinen und Produktionstechnik**
Körber AG* Hamburg / BRD	E.C.H. Will Hamburg / BRD	Schaudt Stuttgart / BRD
Decouflé Chilly Mazarin Frankreich	Pemco Sheboygan, WI / USA	Sheffield Schaudt Miamisburg, Ohio / USA
Heinen Varel / BRD	Pagendarm Hamburg / BRD	Blohm Hamburg / BRD
Hauni Richmond* Richmond, VA / USA	Kugler Automation Riederich / BRD	Hauni Elektronik* Hamburg / BRD
Hauni South Manufact.* Kapstadt / Südafrika	Womako* Nürtingen / BRD	Baltic Elektronik* Grevesmühlen / BRD
LNI Electronics* Genf / Schweiz	E.C.H. Will Manufact.* Lee, MA / USA	Baltic Metall* Grevesmühlen / BRD
Universelle* Hamburg / BRD	Wrapmatic Bologna / Italien	Alfill* Hamburg / BRD
Topack-Verpackungs-* maschinen Schwarzenbek / BRD	Famar Bologna / Italien	

Vertriebsgesellschaften
In Argentinien, Brasilien, England, Hongkong, Italien, Schweiz und USA.

Agenturen
In 34 Ländern.

Die mit einem * versehenen Produktionsstätten habe ich gegründet,
die übrigen wurden zur Ergänzung des Produktionsprogramms dazuerworben.

Genau dies zeichnet ja die Überlegenheit unseres marktwirtschaftlich orientierten Systems gegenüber einer zentralen Verwaltungswirtschaft aus: daß es die individuellen Kreativkräfte freisetzt und die persönlichen Leistungen prämiert. Insofern ist für mich das Individuum Prinzip und Ziel unserer Gesellschaftsordnung. Von daher sind Ökonomie und Humanum eng aufeinander bezogen: Ohne die Leistungsbereitschaft der vielen einzelnen kann es auf die Dauer keine leistungsfähige Wirtschaft geben, die wiederum Voraussetzung ist, um jenen »Wohlstand für alle« zu schaffen, der das gesellschaftliche Postulat Ludwig Erhards gewesen ist.

Diese starke Betonung des »Regionalisierungsgedankens« mindert nicht die Bedeutung des Zusammenhalts in einem Konzern. Die Konzernpolitik hat dafür zu sorgen, daß Ziele und Produktionsmethoden der Einzelunternehmer kompatibel bleiben, daß ein optimaler Erfahrungsaustausch gewährleistet ist und daß nicht zuletzt eine Verteilung des Risikos auf verschiedene Standbeine stattfindet.

Unter derartigen Prämissen habe ich auch die bereits erwähnten Diversifikationsentscheidungen in meinem Konzern getroffen. Einem breiten Spektrum von Produktionsmöglichkeiten habe ich von Beginn an Vorrang vor der Konzentration auf ein besonders gewinnträchtiges Produkt gegeben.

Im Zusammenhang mit dem Thema Eigenständigkeit und Regionalisierung will ich noch darauf hinweisen, daß diese Bestrebung nicht nur in der Wirtschaft förderlich ist. Sie entwickelt ihre Dynamik auch in der politischen Struktur weltweit. Dies gilt in der ehemaligen Sowjetunion, in Nordirland, in Spanien oder in Osteuropa, in der ČSFR und am meisten in Jugoslawien. Die Völker suchen im Zuge der Demokratisierung ihre nationale Identifikation, sie suchen ihre Identität in ihrer seelisch-kulturellen Heimat. Ich vermute, daß uns in Zukunft diese Regionalisierungsbestrebungen in Europa noch sehr große Sorgen bereiten werden. Sorgen, die in der europäischen Realität größer sind als die, die wir in der Vergangenheit zwischen den Blöcken der Weltmächte hatten.

Grundprinzipien der Marktwirtschaft

Auf jeden Deutschen wäre nur alle zwölf Jahre ein Paar Schuhe, nur alle fünfzig Jahre ein Anzug gekommen, nur jeder fünfte Säugling hätte in eigenen Windeln liegen können, ja, nur jeder dritte Deutsche hätte die Chance gehabt, in einem eigenen Sarg beerdigt zu werden – wenn die Marktwirtschaft in den westlichen Besatzungszonen von den Siegermächten nicht zugelassen worden wäre. Diese Feststellung traf Ludwig Erhard am 13.Oktober 1973 in Minden auf einer Tagung des Internationalen Kontaktkreises (IKK), den ich bereits 1959 in Hamburg gegründet hatte und für den ich den Schöpfer der Marktwirtschaft als Referenten hatte gewinnen können.

Welches sind die Grundprinzipien der sozialen Marktwirtschaft, die Ludwig Erhard damals so vehement propagierte? Tausende von Büchern sind darüber geschrieben worden. Aus meiner Sicht ist dabei der entscheidende Gesichtspunkt, daß die soziale Marktwirtschaft aus dem Gedanken »verantworteter Freiheit« wächst. Sie versucht den Egoismus, den Philosophen als eine Schwäche des Menschen ansehen, in den Dienst des Gemeinwohls zu stellen. Gedeihen kann eine soziale Marktwirtschaft nur im Umfeld von Freiheit und Demokratie.

Zu den Grundprinzipien gehören die Akzeptanz von Privateigentum und die Risikofreude, es zu mehren, wobei der Staat mit seiner Gesetzgebung darauf zu achten hat, daß der Wettbewerb nicht verzerrt oder gar aufgehoben wird. Während das Preisgefüge durch Angebot und Nachfrage geregelt wird, bestimmt sich das Lohngefüge in der Tarifautonomie von Arbeitnehmer- und Arbeitgeberorganisationen. Eine unabhängige Notenbank muß dafür sorgen, daß der Geldwert stabil bleibt; denn Inflation zerstört Vertrauen und Optimismus, die für eine funktionierende Marktwirtschaft unerläßlich sind. Im sozialen Bereich hat die staatliche Gesetzgebung darauf zu achten, daß jeder »menschenwürdig« leben kann, wobei die öffentlichen Leistungen nicht die Eigenverantwortung und den Willen zur Sicherung des eigenen Lebensunterhaltes ersticken dürfen.

Schließlich lebt diese Wirtschaftsordnung davon, daß ihre Voraussetzungen immer neu gesichert und ihre Prinzipien, ihre Instrumente und ihr Ethos ständig vervollkommnet werden. Dazu gehört insbesondere die Erhaltung der Lebensbedingungen auf unserem Planeten, also die Umweltfrage im weitesten Sinne. Aus diesem Grund bedarf die soziale Marktwirtschaft heute der Ergänzung durch die ökologische Komponente.

Die Antriebskraft unseres freiheitlichen Gesellschaftssystems ist der Wettbewerb: in der Politik in den Grenzen der Rechtsstaatlichkeit mit ihren geistigen und ethischen Voraussetzungen, in der Wirtschaft im Rahmen der Privateigentumsordnung. Es ist ein durch und durch dynamisches System. Die Wandlungsprozesse vollziehen sich in faszinierender Geschwindigkeit, was unsere ganze Phantasie und Tatkraft herausfordert. In dieser Entwicklung muß sich der arbeitende Mensch von heute bewähren. Das geschieht, indem er ein Höchstmaß an Leistungsfähigkeit anstrebt; zugleich aber soll er in Kooperation mit anderen Herr seiner selbst werden. Innerhalb der Zusammenarbeit, die sachlich auf allen Produktionsstufen zu leisten ist, soll ein Maximum an freiwilligem Engagement und aus der Kooperation der Beteiligten der entsprechende Nutzeffekt sowohl für den einzelnen als auch für die Gesamtheit – des Betriebes und der Gesellschaft – erzielt werden. Die Solidarität aller ist hierfür unbedingte Voraussetzung.

Das Zusammenspiel der unterschiedlichen Kräfte, die am Wirtschaftsprozeß beteiligt sind, hat nicht zuletzt den ungeheuren Erfolg der Marktwirtschaft in der Bundesrepublik nach 1945 begründet. Es hat vor allem dafür gesorgt – ich halte das für eine der großen Errungenschaften unseres Systems –, daß sich die Arbeitnehmerschaft bei ständig steigendem Einkommen und damit immer stärkerer Kaufkraft ständig selbstbewußter als wichtiger Teil der Gesellschaft empfand und nicht mehr als Proletarier, als Angehörige einer besitzlosen »Klasse« am Rande oder sogar außerhalb dieser »bürgerlichen Gesellschaft« sah. Vielmehr wurde sie Teil der die Gesellschaft tragenden »Mittelschichten«.

Widerspricht diese Deutung nicht der Revolte der »Achtundsechziger«, jenem Aufstand junger Intellektueller? Ich meine nein. Vielmehr bestätigte sie etwas ganz anderes: Materielles Wohlergehen hat noch nie eine junge Generation davon abgebracht, nach Ideen zu suchen, für die es zu leben und zu kämpfen lohnt. Der Wiederaufbau unseres Landes hatte die Kriegsgeneration so in Anspruch genommen, daß die geistige Formung der Gesellschaft dabei zu kurz gekommen war. Diejenigen, die den Mangel gespürt hatten, waren durch die Aushöhlung vieler Werte in der Folge des Dritten Reiches zumeist so verunsichert, daß sie sprachlos geblieben waren. Die Bundesrepublik Deutschland drohte in den sechziger Jahren in plattem Materialismus zu erstarren.

Die »Achtundsechziger« fanden also auf eine richtige Frage nur die falsche Antwort. Die Lehre aus dieser Zeit lautet: Keine Gesellschaft kann auf Dauer existieren, wenn sie nicht von Ideen getragen wird. Wenn Wohlstand auch die Grundlage aller höheren Kultur ist, kann er doch niemals ihr Ziel sein.

Hier findet auch der Kapitalismus seine Begrenzung, insofern er auf der Grundidee des Eigennutzes aufbaut, also auf jener Antriebskraft, die die Menschen veranlaßt, Leistung ohne Zwang zu vollbringen. Menschen, die nur für das eigene Wohl arbeiten, sind noch nicht Träger einer sittlichen Idee oder Mitgestalter einer Kultur. Worauf es für den langfristigen Erhalt unseres Systems entscheidend ankommt, ist, den Eigennutz so zu lenken, daß das Gemeinwohl nicht zu kurz kommt.

Ich bin nun der Auffassung, daß den Unternehmern in der modernen Industriegesellschaft, die unter einem unerhörten technischen, wirtschaftlichen, sozialen und kulturellen Veränderungs- und Modernisierungsdruck steht, eine überaus wichtige Rolle zufällt. Darum halte ich es für notwendig, an dieser Stelle einige grundsätzliche Überlegungen zur Situation des Unternehmers in Staat und Gesellschaft anzufügen, Gedanken, die ich bereits 1965 in einem Vortrag an der Universität Hamburg geäußert habe.

Die Rolle des Unternehmers in Staat, Wirtschaft und Gesellschaft

Walter Rathenau – nicht nur ein erfolgreicher Unternehmer, sondern auch ein fähiger Politiker – hat einmal über den Unternehmer gesagt: »Die größte geschäftliche Stärke und eigentlich die einzige ist der Vorsprung – im Gegenstand, in Beziehungen, in technischen Erfahrungen, in Organisationen, in Arbeitsweise. Befasse dich heute mit den Geschäften, die andere in einem Jahr machen werden, und du bedarfst keiner Kunstgriffe, keiner Diplomatie, keiner Verhandlungskunst.«

Ich meine, diese Feststellung mit meiner eigenen Unternehmerkarriere hinreichend belegt zu haben. Dazu gehört, daß der Erfolg eines Unternehmers nicht nur auf Preis und Qualität seiner Produkte, sondern vor allem auf der Schnelligkeit bei der Markteinführung im Vergleich zur Konkurrenz beruht.

Wie kaum ein anderer steht der Unternehmer im Spannungsfeld divergierender Kräfte. Jede betriebspolitische Maßnahme muß der ökonomischen Forderung nach Produktivität und Rentabilität Rechnung tragen sowie die Gesetze von Angebot und Nachfrage beachten. So muß ich mich als Unternehmer aller Mittel bedienen, die mir im Wettbewerb nutzen, oder sie mir – als Ingenieur – erst schaffen. Überwinde ich diese Zwänge nicht, so wird mein Unternehmen überwunden.

Neben den ökonomischen Sachgesetzen gelten die Bedingungen und Ansprüche der Belegschaft sowie die Forderungen der Gesellschaft und des Staates. Technik in den verschiedensten Anwendungsformen – bis hin zur Automation und Datenverarbeitung – muß in den Entscheidungsraum des Unternehmers genauso einbezogen werden wie die sozialpolitischen, konjunktur- und steuerpolitischen Maßnahmen des Staates und die Ergebnisse verbandspolitischer Auseinandersetzungen, beispielsweise zwischen den Sozialpartnern. Der freie unternehmerische Entscheidungsspielraum wird also durch
- staatliche Maßnahmen
- gesellschaftliche Forderungen und Entwicklungen

- wirtschaftliche Fakten
- wissenschaftlich-technische Notwendigkeiten

eingeengt. Aus diesen Gegebenheiten erklärt sich die eigentümliche Struktur unserer freien und sozialen Marktwirtschaft. Diesem Ordnungssystem liegt die freie Entscheidung des einzelnen als Voraussetzung für jegliche Entfaltung von Initiative zugrunde. Mit ihr steht und fällt das System. Die Initiative privater Unternehmer war zumindest in der ersten Phase des industriellen Systems die treibende Kraft des Fortschritts. Fortschritt hieß: Fortschritt der Industrie und der ihr gemäßen Lebensformen. Fortschritt drängte zu allgemeinem Wohlstand, zu gehobenem Lebensstandard, zum größten materiellen Glück der größten Zahl.

Die geschichtliche Rolle des Unternehmers, des sogenannten »Pionierunternehmers«, hat in der Öffentlichkeit ein bestimmtes negativ eingefärbtes Unternehmerbild entstehen lassen. Häufig sah und sieht man in ihm nicht die treibende Kraft, den schöpferischen Gestalter, sondern nur den Profitmacher. Die gesellschaftliche Anerkennung des Unternehmertums ist erst wieder in den achtziger Jahren und besonders jetzt nach dem Scheitern des Sozialismus vorangekommen.

Mit dem Beginn der Industrialisierung hat der dynamische Unternehmer, der die Ablösung der Handarbeit durch die Maschine zum Prinzip seines Denkens und Handelns erhob, zur Überwindung des überkommenen Feudalsystems beigetragen. Das Wort »Unternehmer« – neben »Fabrikant« – ist wohl damals schon gebraucht worden, aber noch nicht mit der negativideologischen Vorstellung vom Kapitalisten belastet gewesen wie bei Marx. In diesem Zusammenhang muß vor allem Graf Saint-Simon, einer der bedeutendsten Frühsozialisten (1760 bis 1825), erwähnt werden, weil die Rolle, die der Industrielle im weiteren Verlauf der industriellen Entwicklung spielte, von ihm am klarsten erkannt wurde. Für ihn war der Industrielle der Produzent und kein Kapitalist. In dem Begriff des Industriellen lag eine bewußte Unterscheidung zu den Händlern und Kaufleuten, die auch große Unternehmer waren. Jedoch steht der Industrielle für ihn im Vordergrund der Betrachtung. Demzufolge sind die Industriellen die produktiven Kräfte der kommenden Gesellschaft, und die industrielle Klasse ist diejenige, die den Rest der Gesellschaft ernährt.

In der berühmtesten Schrift des Marxismus, sozusagen seiner Geburtsurkunde, dem Kommunistischen Manifest von 1848, zeichnet Karl Marx zunächst ein ähnliches Bild von der Wirksamkeit des Industriellen, bevor er ihn zum Weltfeind der proletarischen Revolution erklärt. Karl Marx wollte aus der Figur des Bourgeois, des Wirtschaftsbürgers, letztlich des Kapitalisten, einen Feind des Menschengeschlechts machen, um damit der proletarischen Revolution ein Angriffsziel zu geben. Die negative Charakterisierung der politischen Rolle des Unternehmers durch Marx war außerordentlich wirksam und hat bis in die siebziger Jahre unseres Jahrhunderts hinein bei großen Teilen der Gesellschaft, insbesondere bei den Intellektuellen, im wesentlichen die Einschätzung des Unternehmers bestimmt.

Ungeachtet dieser ideologischen Ausdeutungen ist jedoch festzuhalten, daß die Rolle des Unternehmers seit Beginn der Industrialisierung in ihrem Kern umwälzend und revolutionär war, wobei ich unter Revolution hier etwas anderes verstehe als die marxistische Philosophie. Die industrielle Revolution, auf die ich mich beziehe, hat diesen Namen in der Tat verdient. Sie hat nicht nur die Wirtschaft, sondern auch die Gesellschaft in tiefgreifender Weise verwandelt. Das eigentlich Revolutionäre lag in der Dynamik und Mobilität, die damals durch die unternehmerischen Initiativen aufbrachen und die heute noch keineswegs ihr Ende gefunden haben.

Der Unternehmer hat die Dynamik der Wirtschaftsgesellschaft entfesselt und dem technischen Fortschritt zum Durchbruch verholfen. Diese Entwicklung konnte nur infolge des Vorhandenseins freier individueller Initiativmöglichkeiten in Gang kommen. Dafür gab der Staat zwar Ordnungsgarantien, enthielt sich aber weitgehend der Eingriffe in das wirtschaftliche

Geschehen – mit allen sozial negativen Folgen, die sich im Liberalismus einstellten. Dieses Laisser-faire-Prinzip ist durch die Übernahme von Kontroll- und Sozialfunktionen seitens des Staates korrigiert worden, die notwendigerweise eine Einschränkung des unternehmerischen Entscheidungsspielraumes zur Folge hatten, jedoch nicht die individuellen Initiativmöglichkeiten aufhoben.

Wir können heute im Grunde von drei Ordnungsprinzipien unserer Marktwirtschaft sprechen: Das liberale ist durch das soziale und das ökologische Prinzip ergänzt worden. Diese Symbiose aus Sozialökonomie und Ökologie ist ein Ergebnis der geschichtlichen Entwicklung. Die Einheit unseres Wirtschaftssystems ist aber nur dann lebensfähig, wenn alle drei Merkmale in ihrer Eigengesetzlichkeit gewahrt und dennoch in ihrer Wirkeinheit begriffen werden. Die Marktwirtschaft, die infolge der motorischen Kraft der privaten Initiative der Unternehmer viel schneller und wirksamer ist als jede staatlich betriebene Wirtschaft, trägt unauflöslich eine sozialpolitische und eine ökologische Verpflichtung in sich. Das wiederum bedingt, daß wirtschaftliche und gesellschaftliche Zielsetzungen heute in Übereinstimmung gebracht werden müssen. Es kann das Problem des Gemeinwohls aus einem Prinzip allein nicht mehr beantwortet werden. Jeder monistische Harmonieglaube liberalistischer wie kollektivistischer Prägung ist von der geschichtlichen Entwicklung verabschiedet worden.

Wenn wir als relevante Merkmale für den Unternehmer die Fähigkeit zur Initiativdurchsetzung und die Bereitschaft zur Risikoübernahme ansehen, dann stellen wir fest, daß man soziologisch von dem Unternehmer gar nicht sprechen kann; denn diese idealtypische Vereinfachung des Unternehmerbildes entspricht nicht mehr der gewandelten gesellschaftlichen Wirklichkeit der Gegenwart.

Initiativ begabte Unternehmer treten heute überall in der Wirtschaft in den verschiedenartigsten Positionen auf: Unternehmer ist zum Beispiel der Generaldirektor eines großen Konzerns, der als junger Chemiker in ein Industriewerk eintrat und im Laufe seiner Karriere auch Honorarprofessor an einer Universität wurde. Unternehmer ist ebenso der kleine Einzelhändler, der die Volksschule besuchte, vielleicht eine Lehre absolvierte und nun sein Leben lang die Kundschaft bedient. Sein Einkommen wird manchmal nicht viel höher sein als das des Facharbeiters. Unternehmer ist auch der Kapitän eines Fernlastzuges, der sich einen eigenen Lkw, später einen zweiten kauft und sich dann mit Recht als Fuhrunternehmer bezeichnen kann. Weiterhin gibt es jenen Unternehmertyp, der aus eigener Initiative ein bedeutendes Unternehmen entwickelt hat.

Grundsätzlich kann man wohl drei Unternehmertypen unterscheiden:

1. Den Pionierunternehmer, der die Frühphase der industriellen Entwicklung bestimmte, aber in einer entwickelten Industriegesellschaft mehr und mehr an Bedeutung verliert, wiewohl sie ihn nicht entbehren kann.

2. Den selbständigen Unternehmer unserer Zeit, bei dem Kapital und Führung in einer Hand liegen, wenn auch nicht mehr in so umfassender Weise wie beim Pionierunternehmer. Er wird auch als Eigentums-Unternehmer bezeichnet. Dies können Großunternehmer sein; vor allem aber betrifft es die Hunderttausende von selbständigen Unternehmern im Bereich der Klein- und Mittelbetriebe.

3. Den Typ des Manager-Unternehmers, den wir vor allem in den Großbetrieben antreffen. Besonders bei diesem Unternehmertyp zeigen sich die Wandlungen des Unternehmerbegriffs am deutlichsten, da sie ihren Ausdruck in der Trennung von Unternehmensführung und Kapital finden. Er ist rein juristisch ein Angestellter, in seiner Funktion aber ein Unternehmer.

Welche sozialen Konsequenzen ergeben sich aus dieser vielschichtigen Situation?

1. Die Unternehmer bilden keine gemeinsame »Klasse« oder Schicht. Der Generaldirektor, der kleine Einzelhändler, der Fuhrunternehmer und so weiter sind nicht einmal eine in sich geschlossene Gruppe, weder was die objektiven Merkmale

1 Zerstörtes Dresden nach dem 13./14. Februar 1945.
Nur durch einen glücklichen Zufall bin ich diesem Inferno entronnen

2 Mein erstes Büro als »Keimzelle« der Hauni-Werke

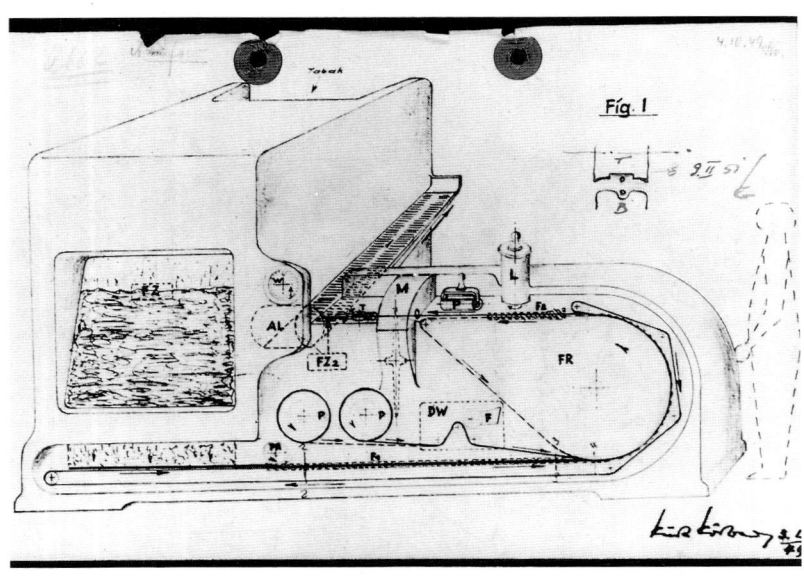

3 Meine New Yorker Systemskizze der »Garant«-Maschine

4 Auf einer österreichischen Sonderbriefmarke
verewigt: meine Spiegelpackmaschine

5 Bereits 1954 flogen 30 Super Constellations
meine Filterzigarettenmaschinen in die Neue Welt

6 Der Jung-Ingenieur Kurt A. Körber
an seinem Arbeitsplatz 1936

7 Die Hauni-Werke – das Stammhaus der Körber AG

8 Montage der Zigarettenherstellungslinie
»Protos« in der Körber AG

9 Körber AG Hauni-Werke – ein Industriebetrieb im Park

10 Fachhochschule für Produktions- und Verfahrenstechnik in
Bergedorf, 1967 mit meinem Gründungskapital errichtet

11 Bekam einen Ehrenplatz in meinem Werk: ein Raketensplitter für den Frieden

Splitter der ersten in Kasachstan
vernichteten SS-12-Rakete aufgrund des
INF-Vertrages über die Reduzierung
von Mittelstreckenwaffen zwischen
den USA und der UdSSR.

In Würdigung
der jahrzehntelangen Bemühungen
des Bergedorfer Gesprächskreises
für Frieden und Abrüstung
Dr. Kurt A. Körber als Delegationsmitglied
des Staatsbesuches von Bundeskanzler Kohl
in Moskau überreicht.

President
Soviet Peace Committee

Moskau, den 26. Oktober 1988

12 »Mann mit Mikrometer« von Edwin Scharf

einer Gruppe anbelangt (Statusgleichheit und Verhaltens-konformität), noch was das Bewußtsein des einzelnen betrifft, sich mit den anderen in einer gemeinsamen Gruppe zu befinden. Vor allem bestehen keine sozialen Beziehungen zwischen diesen verschiedenen Typen von Unternehmern, die sich auf alle Schichten unserer Gesellschaft verteilen. Das heißt: Weder die gesellschaftlichen Verpflichtungen noch Vermögen, noch Bildung, noch irgendwelche anderen Merkmale sind diesen Unternehmern gemeinsam.

2. Die Solidarität der Unternehmer ist selbst dann, wenn sie gemeinsam organisiert sind – und das ist in vielfältiger Weise der Fall –, nicht vergleichbar mit der Solidarität anderer Verbände, beispielsweise der Gewerkschaften. Ursachen der fehlenden Solidarität sind nicht nur die Unterschiedlichkeit der Betriebs- und Unternehmensgrößen, nicht nur die Verschiedenartigkeit der Branchen und Marktinteressen, sondern auch die Konkurrenz zwischen den Unternehmern selbst. Diese Konkurrenzsituation, die wir Unternehmer als eine der Voraussetzungen der freien Marktwirtschaft bejahen, erstreckt sich nicht nur auf den Wettbewerb, den Prozeß von Angebot und Nachfrage, sondern heute – wenn qualifizierte Fachkräfte rar sind – auch auf den Arbeitsmarkt.

3. Aus dem bisher Gesagten folgt, daß die Unternehmer auch keine politische Führungsschicht in der Gesellschaft bilden. So gewiß es ein Streben nach persönlicher Einflußnahme gab und gibt, so wenig war es den Unternehmern um einen politischen Herrschaftsanspruch zu tun. Ich betone das nicht deswegen, weil ich ein Alibi suche, sondern weil in diesem gesellschaftlichen Faktum schwerwiegende Probleme liegen. Wenn die Rolle der Unternehmer bei der Entwicklung der modernen Gesellschaft zu dem, was sie heute ist und was sie morgen sein wird, so ausschlaggebend war und ist, ist es fast unverständlich, daß sich daraus keine direkte, auf die politische Gestaltung stärker Einfluß nehmende Funktion ableitet. Das ist sicherlich keine Frage des Wollens oder des Desinteresses. Es erklärt sich vielmehr daraus, daß die Unternehmer ganz auf die

Aufgaben konzentriert sind, die ihnen Betrieb und Absatzmarkt stellen und von denen sie sich nur schwer lösen können. Die moderne Unternehmensführung verlangt ein Höchstmaß an organisatorischer Tätigkeit, an Marktkenntnis, an technischem und psychologischem Wissen, an sozialpolitischer und finanzrechtlicher Aufmerksamkeit, und zwar vom Großbetrieb bis hinunter zum Kleinbetrieb. Der moderne Unternehmer muß zur Sicherung seines Unternehmens bei den immer schärfer werdenden Wettbewerbszwängen durch optimale Bewältigung der anstehenden Sozialprobleme eine innere Bereitschaft aller Betriebsangehörigen für eine erfolgreiche Zusammenarbeit gewährleisten.

Neben dieser betrieblichen Tätigkeit mit der Verantwortung für das Unternehmen und für die Menschen, die darin arbeiten, bleibt wenig Zeit für andere Fragen, vor allem nicht für persönliche Einflußnahme in der Politik, die heute viel mehr Aktivität erfordert als früher.

Als Schlüssel zum Verständnis für die Situation des Unternehmers in Staat und Gesellschaft möchte ich die Ambivalenz der gesellschaftlichen Position des Unternehmers aufzeigen. In einer Gesellschaftsordnung, die ihre wesentlichen Impulse und Initiativen aus dem Wirtschaftsprozeß erhält, mit allen Vorteilen und Problemen, die sich daraus ergeben, ist der Unternehmer im weitesten Sinne Symbol, Repräsentant dieser Gesellschaftsordnung. Diese freie Gesellschaftsordnung ist ohne freie Unternehmer nicht vorstellbar, weil sie die Prämissen, auf denen sie beruht, sonst aufgeben müßte.

Andererseits fehlen diesem Unternehmer jedoch die Statussymbole, das heißt jene konstitutiven Schichtmerkmale, die ihn – unabhängig von Betrieb oder leitender Funktion – charakterisieren. Ein Professor behält seinen Status als Professor, auch wenn er längst emeritiert ist und an keiner Hochschule mehr lehrt. Wenn ein Unternehmer Konkurs macht oder seinen Betrieb aus anderen Gründen einstellen muß, dann gibt es keinen gesellschaftlichen Status, an den er sich halten kann und der ihn hält.

Aber gerade darin liegt auch eine große Chance, das Antriebsmotiv für den Unternehmer. Weil er mit den Zwängen des Wettbewerbs fertig werden muß, kommt er nicht darum herum, Initiativen mit der Bereitschaft zur Risikoübernahme durchzusetzen, er muß dynamisch operieren, um sein Unternehmen sicher in die Zukunft zu bringen.

Er ist keinem Hierarchiezwang unterworfen; er ist nicht, wie zum Beispiel ein Beamter oder ein Funktionär, von Vorgesetzten und übergeordneten Instanzen abhängig. Eben weil er keinen derartigen Status besitzt, ist er einer der wenigen Menschen in diesem Zeitalter, der sozusagen optimale Handlungsfähigkeit hat. Handlungsfähig sein heißt, daß man das, was gesellschaftlich bedeutsam, ökonomisch wichtig, sozialpolitisch dringlich ist, was politisch diskutiert werden muß, von sich aus tut. Das heißt: was man aus eigener Initiative in die Tat umsetzen kann. Diese Initiativchance macht unsere Gesellschaft zu einer offenen Gesellschaft, das heißt frei zum Experiment und zum Ergreifen neuer Möglichkeiten. Ökonomisch und technisch gesehen bedeutet es, daß neue Ideen, neue Erfindungen auf dem Markt auftauchen und die alten verdrängen. Das ist letztlich die treibende Kraft des Fortschritts. Dieser Prozeß ist durch keine Form der Planung zu ersetzen.

Wenn der Unternehmer seinem Wesen nach der freie einzelne ist, wenn gerade darin die Initiativchance liegt und damit die Kräfte frei werden, die diese Gesellschaft vorantreiben, dann ist aber auch klar zu sagen, daß die Tätigkeit der Unternehmer auf Demokratie angelegt ist. Nur in einer demokratischen Gesellschaft kann sich das Unternehmerische voll entfalten. Genauso wie eine funktionsfähige Demokratie in einer Massengesellschaft ohne unternehmerische Persönlichkeiten, ohne Initiative, Risikobereitschaft und Durchsetzungsvermögen nicht bestehen kann, können umgekehrt Unternehmer nur in einer demokratischen Gesellschaftsordnung zur Geltung kommen.

Im Sozialismus jedenfalls hat sich das Unternehmerische nie entfalten können, weil es ideologisch verteufelt wurde. Ich sehe darin einen der Gründe für das Scheitern der sozialistischen Wirtschafts- und Gesellschaftsordnung.

Das Prinzip der politischen Gleichheit, der Rechtsgleichheit, läßt sich aus der modernen Wirtschaft nicht eliminieren. Der Wirtschaftsprozeß verlangt, daß es keine Privilegien gibt, daß neue Ideen und Initiativen sich durchsetzen, daß veraltete Unternehmungen vom Markt verdrängt werden, daß die Leistungsfähigkeit allein entscheidet.

Ich übersehe keinesfalls, daß der Staat immer wieder zu Interventionen gezwungen wird, wenn zum Beispiel dieser oder jener Wirtschaftszweig auf Grund veränderter internationaler Konkurrenzsituationen oder auch auf Grund der durch die innere Dynamik des Wirtschaftsprozesses veränderten Bedingungen in unverschuldete Schwierigkeiten gerät, was dann soziale Härten zur Folge hat. Das darf aber nicht dahin führen, daß ein einzelner Unternehmer nach dem Vater Staat rufen kann, wenn er mit seinem Unternehmen in Bedrängnis gerät.

Interventionen dürfen immer nur Übergangscharakter haben, um bei den oft sehr diffizilen Anpassungsprozessen Hilfestellung zu geben. Immer wieder muß ich auf die positiven Gegensätzlichkeiten aufmerksam machen, die den weiten Rahmen unseres Wirtschaftssystems abstecken: Auf der einen Seite ist die Leistung das Bauprinzip unserer Sozialstruktur; es ist zugleich Ausleseprinzip, weil es den Leistungsfähigen eine bevorzugte Stellung einräumt. Auf der anderen Seite wird jedoch der Wirtschaftsprozeß immer mehr von Faktoren bestimmt, die vielfach außerökonomischer Natur sind und, vom einzelnen unbeeinflußbar, in die Wirtschaft eingreifen. Hier muß der Staat regulierend intervenieren, obwohl die Übergänge oft fließend sind und man die Grenze staatlicher Einflußnahme nur schwer bestimmen kann. Als Beispiel hierfür sei nur an die Integration unserer Landwirtschaft in den europäischen Markt erinnert.

Gleichzeitig verstärkt sich im modernen Wohlfahrtsstaat die Tendenz zum sozialen Versorgungsprinzip. Es steht außer Frage, daß dieses Prinzip eine notwendige Ergänzung zur Leistungsauslese darstellt.

Die eigentliche Funktion des Unternehmers in der demokratischen Wirtschaftsgesellschaft liegt in seiner Rolle als Initial-faktor. Die großen sozialen Konflikte hat unsere industrielle Gesellschaft hinter sich gelassen, ihre noch anfallenden sozial-politischen Spannungen müssen ausgetragen werden, aber ohne Explosionen. Das revolutionierende Element, das die Unter-nehmer darstellen, hat in der heutigen Sozialordnung gewisser-maßen ein festes Gehäuse gefunden. Wir leben in einer entwik-kelten Industriegesellschaft, die einen hohen Reifegrad erreicht hat. Das Wachstum der Wirtschaft ist synchronisiert mit der Umverteilung des Sozialproduktes durch Steuerpolitik, Subven-tionen und anderem. Diese Umverteilung macht heute den Kern der Gesellschaftspolitik aus. Sie bestimmt darüber hinaus die Gruppierung der Interessenverbände, also die pluralistische Organisation unserer Gesellschaft.

Die Kompliziertheit und die immer größere Abstraktion dieser Zusammenhänge sind auch Ursache für das mangelnde Verständnis breiter Schichten, ja, selbst vieler Politiker für die Situation des Unternehmers. Unsere Gesellschaft hat in den Fragen, die den Bestand und den Fortschritt unseres Ordnungs-systems betreffen, kein genügend entwickeltes Bewußtsein. Wenn die Leistungsfähigkeit der gesamten Gesellschaft erhal-ten und gesteigert werden soll, ist es notwendig, daß die Situa-tion des Unternehmers und seine Stellung in Staat und Gesell-schaft durch eine breite Öffentlichkeitsarbeit verdeutlicht wird.

Die Position des freien Unternehmers in dieser Wirtschafts-gesellschaft wird daher entscheidend davon abhängen, ob für Initiativmöglichkeiten genügend Raum bleibt, um in der Ge-samtgesellschaft unternehmerische Kräfte zu wecken. Wenn unser System seinen Experimentiercharakter verleugnet, wird jede Proklamierung von Freiheit zur Phrase, und der verplante totale Versorgungsstaat ist die unausbleibliche Folge. Zum an-deren zeigt der Ruf nach unternehmerisch denkenden Persön-lichkeiten in den östlichen Ländern nach dem Scheitern des realen Sozialismus, daß sie mit ihrer Zentralverwaltungswirt-schaft und den verstaatlichten Produktionsmitteln nie in der Lage waren, aus ihren Versorgungskrisen herauszukommen.

Unternehmerisches Handeln ist eben nur möglich, wenn man zur notwendigen und zügigen Anpassung an die Marktbedürfnisse auch das volle Verfügungsrecht über die Produktionsmittel besitzt.

Die Bedeutung des Unternehmers für die Gestaltung unserer Gesellschaft wird häufig unter ethischen Gesichtspunkten betrachtet, was zu vielfachen Mißdeutungen, falschen Erwartungen und ungerechtfertigten moralischen Ansprüchen führt. Das Schlagwort vom profitsüchtigen Unternehmer ohne Moral oder von der nackten Erwerbsgier, die die menschlichen Werte im »eiskalten Wasser egoistischer Berechnung« ertränkt, ist ebenso einseitig wie die immer wiederkehrende Behauptung, daß Kühlschränke, Fernsehapparate und Autos Ausdruck eines verderblichen Materialismus seien. Es hat jahrhundertelanger Anstrengungen bedurft, um wenigstens in den westlichen Industriegesellschaften den meisten Menschen ein lebenswertes Dasein zu sichern. Warum soll auf einmal diese materielle Besserstellung von Übel, warum soll die Kraft, die diese Möglichkeiten geschaffen hat, verderblich sein? Ethisch hat der Unternehmer vor allem in den sozialen und ökologischen Bereichen besondere Pflichten. Darauf werde ich an anderer Stelle eingehen.

Es gilt also, uns vorurteilsfrei und pragmatisch die Stärken, aber auch die Schwächen unseres Systems bewußtzumachen und die Probleme realistisch anzugehen, so wie sie sich in unserer Gesellschaft stellen. Die Gesellschaft kann einerseits den Unternehmer nicht zwingen, Partner im außerökonomischen Bereich zu sein, also eine Partnerschaft zwischen Kultur und Kapital einzugehen. Andererseits bedarf sie jedoch in erhöhtem Maße der Mitgestaltung durch den Unternehmer, der im Vergleich zu den meisten anderen Mitgliedern unserer Gesellschaft einen erheblich größeren Handlungsspielraum besitzt. Es bedarf dieser Mitgestaltung um so mehr, als sich Wirtschaft, Gesellschaft und Staat in einem ständigen Durchdringungsprozeß befinden. Dieser Handlungsspielraum gründet nicht nur in den zur Verfügung stehenden Mitteln, sondern auch darin, daß ich mich als Person, als einzelner öffentlichkeitswirksam äußern kann. Der Unternehmer ist gewissermaßen von seiner Funktion her ein Nonkonformist.

Von dieser privaten, persönlichen Situation her gedenke ich, mir Gehör zu verschaffen, Kontakte herzustellen und mich in einem möglichst großen Umkreis von Menschen freimütig über alles zu orientieren, was mir gesellschaftlich wesentlich und politisch bedeutsam erscheint. Ich verweise in diesem Zusammenhang auf den internationalen Bergedorfer Gesprächskreis zu Fragen der freien industriellen Gesellschaft, der auf Grund unternehmerischer Initiative von mir 1961 ins Leben gerufen wurde und über die Kernprobleme unserer Gesellschaft kontrovers diskutiert. Es geht mir dort nicht darum, Lösungsvorschläge zu unterbreiten, die den Unternehmern mehr soziales und kulturelles Prestige verschaffen, sondern um die Einsicht, daß die Unternehmer selbst größtes Interesse daran haben sollten und der gesellschaftliche Freiheits- und Initiativraum nicht auf die ökonomischen Zweckdimensionen eingeengt wird. Es handelt sich heute nicht nur um die Förderung kultureller Aufgaben, sondern vordringlich um die Erziehung zu geistig aufgeschlossenen Menschen. In diesem Zeitalter sind erstmals die großen Massen in den Kulturprozeß als Mitspieler und nicht nur als Objekte eingetreten, und die Wertigkeit unseres gesellschaftlichen Zustandes wird zunehmend von dem Niveau der großen Zahl mitgeprägt.

Wenn unsere Gesellschaft ein klares Bewußtsein ihrer Entwicklung, ihres Zustands, ihrer Gefahren und Chancen haben will, dann muß sie selbst unternehmerisch denken. Ich meine das nicht im engen Sinne des Homo oeconomicus; diese Gesellschaft muß vielmehr wissen, welches Experiment sie mit sich selbst zu unternehmen hat. Sie muß ihr Wagnis wie ihr Risiko zu begreifen und zu kalkulieren lernen. Deshalb braucht die industrielle Gesellschaft eine größere Motivation, eine größere Verantwortungsbasis. Sie muß sich neue Ziele setzen, daß heißt, den Reichtum ihrer materiellen Mittel mit einem Reichtum an geistigen Zielsetzungen verbinden.

Deshalb habe ich mir, als die Aufbauleistung für mein Unternehmen getan war, die Frage gestellt: Ist dies alles? Kann es für mich das einzige Lebensziel sein, ein Unternehmen zu einem beachtlichen und erfolgreichen Faktor in meiner Branche zu entwickeln? Darf sich ein Unternehmer in einer Zeit engster Verflechtung von Wirtschaft und Gesellschaft auf sich selbst beschränken? Hat er darüber hinaus nicht weitergehende soziale und kulturelle Pflichten?

Daß ich mit meinem Unternehmen gutes Geld verdienen konnte, daran war nicht zuletzt unser westliches Gesellschaftssystem beteiligt, das die Voraussetzungen und Rahmenbedingungen für meinen Erfolg geschaffen hatte. Von daher begründet sich meine Verpflichtung gegenüber der Gesellschaft über die normalen Steuerzahlungen und Sozialleistungen hinaus. So wuchs in mir der Gedanke, nach der wirtschaftlichen Absicherung mit jenen Erträgen, die über den Investitionsbedarf hinausgingen, gesellschaftliche Aufgaben wahrzunehmen.

Neben direkten Förderungen, Spenden und Hilfen schien mir das Rechtsinstitut der Stiftung besonders geeignet, solche Aufgaben zu erfüllen. So rief ich seit den fünfziger Jahren eine Reihe von Stiftungen ins Leben. Über Ergebnisse und Erfahrungen auf diesem Gebiet berichte ich an anderer Stelle dieses Buches.

Die Bank der Sozialpartner

Um die Wirtschaft zu veranlassen, mehr Kapital für soziale und ethisch motivierte Aufgaben freizumachen, habe ich 1963 den Vorschlag einer »Bank der Sozialpartner« ausgearbeitet.

Anfang der sechziger Jahre begann in der Bundesrepublik eine ernsthafte Diskussion über die inflationstreibenden Tarifverhandlungen, die bekanntlich nach dem System des levantinischen Teppichhandels geführt wurden. Das heißt, die Arbeitnehmer fordern zum Beispiel zehn Prozent mehr Lohn, dagegen bieten die Arbeitgeber etwa fünf Prozent. Schließlich einigt man sich nach längerem Herumpokern in der Mitte; sagen wir bei sieben Prozent.

Hinzu kommt, daß die Gewerkschaften natürlich immer die gewinnträchtigste Branche, zum Beispiel die Metallindustrie, als erste in die Tarifverhandlungen schicken, um auch für die anderen Gewerkschaften eine höhere Zielvorgabe zu haben. Dabei besteht die Gefahr, daß für ertragsschwache Branchen Tarife erzielt werden, die nicht durch die Produktivität der Betriebe getragen werden können und damit die Inflation anheizen.

Um diesen inflationstreibenden Faktor abzubremsen und um der Preis-Lohn-Politik einen stärkeren volkswirtschaftlichen Charakter im Interesse der Gesamtgesellschaft zu geben, habe ich die Idee einer »Bank der Sozialpartner« entwickelt. Diesen unorthodoxen Vorschlag zur Gründung eines nationalen Fonds durch die »Bank der Sozialpartner« habe ich 1963 in einer Schrift »Kann unser Wohlstand gehalten werden« veröffentlicht.

Der nationale Fonds als Ausgleichsfaktor in den Tarifverhandlungen sollte wie folgt gespeist werden: Wenn sich die Tarifpartner zum Beispiel auf sieben Prozent geeinigt haben, sollten die Arbeitnehmer zugunsten des Fonds auf ein Prozent verzichten und die Arbeitgeber gleichfalls für den Fonds noch ein Prozent dazulegen. Das heißt, die Arbeitnehmer erhalten nur eine Aufbesserung von sechs Prozent, während von den insgesamt acht Prozent zwei Prozent in den nationalen Fonds gehen. Der Fonds wird von der »Bank der Sozialpartner« verwaltet, deren Vorstand und Aufsichtsrat selbstverständlich paritätisch von den Sozialpartnern zu besetzen ist.

Mit den Mitteln des Fonds, dem bei diesem System der Tarifverhandlungen jährlich hohe Milliardenbeträge zufließen, sollten sowohl soziale als auch ethisch motivierte gesellschaftliche Aufgaben erfüllt werden. Um für diesen Modus der Harmonisierung der Lohnpolitik die Zustimmung der Bevölkerung zu gewinnen, sollte die »Bank der Sozialpartner« mit einem Teil ihrer Einkünfte, gewissermaßen als List der Vernunft, eine Fondslotterie durchführen, an der alle Arbeitnehmer gegen kostenlos ausgegebene Fondszertifikate beteiligt sind.

Ich bin nach wie vor der Meinung, daß eine Fondsbildung durch die Tarifpartner auch heute noch bedenkenswert ist. Interessanterweise hat Georg Leber diesen Gedanken im Zusammenhang mit der deutschen Vereinigung in modifizierter Form wieder aufgegriffen, indem er anregt, einen Fonds der deutschen Einheit zu schaffen, aus dem Investitionen in der Wirtschaft oder der Bau von Wohnungen finanziert werden. Auf diese Weise würden nach Lebers Meinung jährlich bis zu 70 Milliarden D-Mark zusammenkommen, die als Investitionskapital in den neuen Bundesländern verwendet werden könnten. Worauf es mir damals wie heute ankommt, ist, mit Hilfe neuer Ideen, wie zum Beispiel mit der »Bank der Sozialpartner«, Bewegung in die festgefügten Denk- und Verhaltensstrukturen zu bringen, um mehr materielle Erträge für soziale und ethisch motivierte Aufgaben zur Verfügung stellen zu können.

»Marktlücke Bankraub«

Als 1978 die Banküberfälle besonders stark anstiegen und tagtäglich die Bevölkerung in Unruhe versetzten, sprach mich der damalige Präsident der Deutschen Bundesbank, Dr. Karl Klasen, an, ob ich nicht eine Idee hätte beziehungsweise etwas schaffen könnte, was Banküberfälle unmöglich machen oder zumindest eindämmen würde.

Ich griff die Anregung auf und bildete in meinem Unternehmen mit einigen jungen begeisterungsfähigen Ingenieuren einen Arbeitsstab, um die Bedingungen zur präventiven Verhütung von Banküberfällen zu erforschen. Eine der ersten Aufgaben dieses Arbeitsstabes bestand darin, beim Bundeskriminalamt in Wiesbaden in Erfahrung zu bringen, was besonders typisch für Banküberfälle war.

Bei unseren Recherchen kam etwas ganz Simples heraus: Alle Banküberfälle, sofern sie nicht mit Geiselnahmen verbunden waren, hatten eines gemeinsam: Kein Überfall dauerte länger als zwei bis drei Minuten. Schnelligkeit ist somit beim Bankraub die wichtigste Voraussetzung, weil sonst die Polizei bereits vor der Tür steht und den Täter empfängt.

Mithin galt es, als erste Maßnahme des Arbeitsstabes ein System zu entwickeln, das den Bankräubern die Zeit für ihren Überfall wegnahm. Zu diesem Zweck konstruierten wir einen Tresor mit Zeitsperre, der erst nach minutenlanger Verzögerung die Geldbestände freigibt und als Kompaktkasse »Timelock« auf dem Tisch im Kassenraum der Bank montiert wird. Durch das elektronisch gesteuerte System des »Timelock« wird der bislang offen liegende Bargeldbestand erheblich reduziert. Dagegen liegt der große Geldbestand, das eigentliche Ziel des Bankräubers, zeitverschlossen in kleinen Kammern, die je nach Höhe des Geldwertes unterteilt sind. Die Kammern sind mit stabilen Metallrollos verschlossen. Bei größerem Geldbedarf der Bankkunden wird durch Tastendruck an der jeweiligen Kammer nach einer programmierten Sperrzeit – nach zwei bis maximal fünfzehn Minuten – das Rollo zur Geldentnahme automatisch geöffnet.

Als präventive Maßnahme gegen Bankraub weist ein Plakat in der Bank darauf hin, daß der Kassenraum mit einer Zeitsperre für Geldausgabe ausgerüstet ist. Damit ist schließlich dem potentiellen Täter sichtbar gemacht, daß ihm für seinen beabsichtigten Raub die Zeit gestohlen wird. Sollte dennoch ein ahnungsloser Täter kommen, braucht der Bankangestellte an der Kasse nur zu sagen: »Bitte, bedienen Sie sich, hoffentlich haben Sie genügend Zeit.«

Viele tausend »Timelocks« im In- und Ausland haben bereits zur Verhütung von Banküberfällen beigetragen. Dieser Sachverhalt hat dazu geführt, daß Kassenräume mit zeitgesperrter Geldausgabe für die Bankkunden gegen Überfälle sicherer sind und nicht mehr mit der sehr teuren durchschußhemmenden Verglasung versehen werden müssen.

Die erfinderische Leistung lag weniger in der technisch konstruktiven Ausführung, die heute mit den zur Verfügung stehenden elektronischen Elementen fast unbegrenzt möglich ist. Die

Qualität der Ingenieurarbeit lag vielmehr in dem Ideenkonzept, wonach dem Täter für sein beabsichtigtes Tun nur die Zeit wegzunehmen ist. So einfach ist das!

Nicht alle Blütenträume reifen

Der Alltag zeigt sich mir oft so unvollkommen, so reformbedürftig, daß ich stets nach Lösungen suche. Wenn ich etwas beobachte, das nicht in Ordnung ist und mir verbesserungswürdig erscheint, drängt es mich, nach neuen Mitteln und Wegen zu suchen. Und das führt dann gelegentlich zu »kleinen Erfindungen«.

Es ist ganz natürlich, daß nicht alle meine Erfindungs-Blütenträume reiften, manches geriet mir zum Flop. Von einem solchen Fall soll hier die Rede sein.

Am Tegernsee, meiner zweiten Heimat, habe ich seit vielen Jahren ein Stammlokal, die »Waldschenke«. Dessen Spezialität sind Forellen. Dafür ist das Lokal weithin bekannt. Ich saß mit Freunden in Erwartung einer »Forelle blau«, als mich plötzlich ein gellender Schrei in die Küche lockte. Gustl, Frau Wirtins reizende Tochter, mußte zum ersten Mal Forellen zubereiten, »und das Töten der Fische«, erklärte mir ihre resolute Mutter, Auguste Eberl, »bringt sie einfach noch nicht übers Herz«. Die Forellen wurden mit einem Knüppelschlag getötet und dann der Bestellung entsprechend zubereitet.

Die Lösung schwebte mir sofort vor, schließlich war ich examinierter Elektroingenieur. Eine elektrische Fischtötungsmaschine sollte es sein. Mit einer Systemskizze gab ich diesen Auftrag an die Entwicklungsingenieure meines Hamburger Unternehmens weiter.

Eine Zeitlang hörte ich nichts. Voller Ungeduld begab ich mich in das physikalische Labor. In zwei riesigen Bottichen schwammen Forellen und Karpfen. Während meine Mitarbeiter mit Stromstärken und Frequenzen tüftelten, wurde ein »Versuchsobjekt« nach dem anderen per elektrischen Schlag kurz und schmerzlos vom Fisch zur Schlemmerspeise umgewandelt. Ich gewann den Eindruck, daß sich sämtliche Familien meiner erfindungsreichen Techniker Forelle und Karpfen satt auf ihren Speiseplan gesetzt hatten.

Endlich hatten wir die Lösung – ein kleines elektronisch gesteuertes Wasserbecken. Ab damit nach Bayern! Frau Wirtin und Tochter waren glücklich. Als »Ehrengast« wurden mir und meinem Freund Gert Fröbe dann in der »Waldschenke« Forellen serviert, die in meinem Elektrobecken ihren letzten Kiemenschlag getan hatten. Fröbe überbrachte diese frohe Kunde seiner Schauspielerkollegin Luise Ulrich, deren Mann, Graf zu Castell, bekanntlich eine Forellenfarm besaß, und berichtete mir kurz darauf: »Die Ulrich will deine kleine Maschine zu einer Großanlage ausbauen lassen.«

Bei einem meiner nächsten Besuche in der »Waldschenke« schaute ich wieder einmal in die Küche – und traute meinen Augen nicht. Auguste Eberl an der Arbeitsplatte, in ihrer Linken die Forelle im festen Griff, in der Rechten den Holzknüppel. Mit einem Gesicht wie ein ertappter Sünder berichtete sie mir: »Ja, lieber Herr Körber, so praktisch Ihre Maschine auch war, aber die Forellen schmeckten meinen Gästen nicht mehr so gut wie früher.«

Das war das Aus für meine Forellen-Tötungsmaschine, das Aus für Luise Ulrichs Großanlage. Ich muß gestehen, ich habe die Forellen nach beiden Tötungsarten sehr genossen und keinen geschmacklichen Unterschied festgestellt. Bin ich jetzt ein Mensch ohne »Geschmack«?

.

III. KAPITEL

BILDUNG IN DER INDUSTRIEGESELLSCHAFT

>»Es ist keine Schande, nichts zu wissen,
>wohl aber, nichts lernen zu wollen.«
>
>*(Sokrates)*

Ziele der Ausbildungsförderung

Der Spruch von Sokrates ist an mehreren Stellen in meinem Unternehmen angebracht. Natürlich ist er vor allem als Leitsatz für die Lehrlingsausbildung gedacht. Zugleich soll er aber meine Mitarbeiter davon überzeugen, daß die Herausforderungen der sich rapide verändernden Industriegesellschaft nur durch eine ständige Bereitschaft zur Aus- und Weiterbildung zu meistern sind.

Die Bildungs- und Ausbildungsnotwendigkeiten, die in den fünfziger Jahren in der Bundesrepublik immer stärker zutage traten und wachsende Defizite auf diesem Gebiet anzeigten, waren schließlich der Ursprung meiner vielfältigen Stiftungsinitiativen. So wie als Unternehmer habe ich auch als Stifter nach – in diesem Fall gesellschaftlichen – Marktlücken Ausschau gehalten. Stiften bedeutet für mich – das wird bei meinen vielfältigen Stiftungsaktivitäten immer wieder deutlich werden – nicht einfach, Gutes zu tun, sondern tatsächliche gesellschaftliche Bedürfnisse aufzuspüren und Anstöße zu geben, um diese möglichst effizient zu befriedigen und damit die erkannten Marktlücken, etwa im Bildungsbereich, zu schließen.

Als Anfang der fünfziger Jahre mit den ersten größeren Exportaufträgen meine Maschinen und Anlagen auch in Entwicklungsländer geliefert wurden, traten die dortigen Kunden mit dem Wunsch an mich heran, ihnen für ihre Betriebe mit meinen Maschinen auch Führungskräfte zu »liefern«, die auf Dauer in ihren Unternehmen bleiben sollten, weil in diesen Ländern für derartige Managementaufgaben keine Ausbildungsmöglichkeiten vorhanden waren.

Diesem Verlangen meiner Kunden konnte ich mich nicht entziehen, und zwar aus zwei Gründen:

1. »Seine Majestät« der Kunde muß zufriedengestellt werden.
2. Eine Führungskraft aus meinem »Stall« ist auch meine Vertrauensperson beim Kunden für zukünftige Geschäfte.

Um diese beiden Voraussetzungen zu erfüllen, beschloß ich, neben meinen Hochleistungsfabrikaten auch hochqualifizierte Ingenieure zu »produzieren«. Dafür mußten die Voraussetzungen geschaffen werden, um einen theoretisch versierten und zugleich praxisnah denkenden Ingenieurnachwuchs auszubilden. Dabei handelte ich auch aus der Erkenntnis heraus, daß die Förderung und Bildung des geistigen Potentials genauso wichtig ist wie die Akkumulation von Kapital.

Tabak Technikum Hamburg

Es hatte sich nämlich gezeigt, daß mit der fortschreitenden Entwicklung der Technik der technische Nachwuchs in der produzierenden Wirtschaft im allgemeinen und in der tabakverarbeitenden Industrie im besonderen überall auf der Welt vor Aufgaben gestellt wurde, denen auf die Dauer nur mit einer fachspezifisch ausgerichteten umfassenden Ausbildung entsprochen werden konnte.

Ingenieure, aber auch die mittleren Führungskräfte, deren Wissen sich auf allgemeine Kenntnisse beschränkte, waren immer weniger in der Lage, die Anforderungen zu erfüllen, welche durch die schnelle technische Entwicklung, durch den permanenten Fortschritt in Rationalisierung und Automation an sie gestellt wurden. Neben umfangreichen Kenntnissen der technischen Gegebenheiten und Möglichkeiten wurde in zunehmendem Maße ein gut fundiertes Verständnis für die Probleme der betrieblichen Menschenführung und für betriebswirtschaftliche Aufgaben verlangt. Erst auf der Grundlage einer solchen Ausbildung konnte nach meiner Auffassung die volle Nutzung des künftigen technischen Fortschritts und damit die wirtschaftliche Weiterentwicklung sichergestellt werden.

Aus diesem Grunde richtete ich auf dem Gelände der Hauni-Werke in einem eigens dafür zur Verfügung gestellten Gebäude mit zweckmäßig ausgestatteten Hörsälen und modernsten Laboreinrichtungen das »Tabak Technikum Hamburg« (TTH) ein, als private Ingenieurschule, weltweit die einzige Institution dieser Art, die sich primär die Heranbildung des ingenieurmäßigen Führungsnachwuchses und die Weiterbildung qualifizierter Kräfte der tabakverarbeitenden Industrie zur Aufgabe gestellt hatte.

Im Sommersemester 1958 begannen die ersten Studenten ihr sechssemestriges Ingenieurstudium in der »staatlich genehmigten Ingenieurschule TTH«. Für diese private Fachschule konnte ich hervorragende Dozenten aus Hochschulen und Industrie als Lehrbeauftragte gewinnen. Das Ausbildungsziel war, den Absolventen ein breitgefächertes Wissen zu vermitteln, das deutlich über das Fachangebot der staatlichen Schulen hinausging.

Der Ingenieur, wie ich ihn auch in meinem Unternehmen benötigte, brauchte nicht nur solide technische Kenntnisse, sondern mußte sich auch in Disziplinen auskennen, die bis dato an keiner anderen Ingenieurschule gelehrt wurden. Dazu gehörten beispielsweise betriebswirtschaftliche Kenntnisse, um im Unternehmen die Koordination von Konstruktion, Produktionstechnik und organisatorischen Abläufen schneller und rationeller durchführen zu können. Des weiteren Arbeitswissenschaft, Menschenführung, Sozialkunde, Rhetorik, die notwendig waren, um das Verhältnis von Vorgesetzten zu Mitarbeitern, also Anordnung und Ausführung, besser als bisher in den Griff zu bekommen. Nicht zuletzt sind in der exportorientierten Industrie Sprachkenntnisse für technische Abstimmungen, Auftragsverhandlungen und Vertragsabschlüsse unumgänglich. Deshalb wurden an meiner Schule »Technisches Englisch« als Pflichtfach über sämtliche sechs Semester sowie Spanisch und Französisch als Wahlfächer eingeführt.

Ende der fünfziger Jahre war auch schon deutlich erkennbar, daß die Datenverarbeitung nicht nur Erfolgserlebnisse für Mathematiker und Physiker brachte, sondern es war mir als Ingenieur klar, daß speziell auf dem Sektor Elektrotechnik und zunehmend auch in der Elektronik die EDV sehr schnell ihren Einzug in die Industrie halten würde. Deshalb wurden am TTH alle mechanischen Rechenhilfsmittel abgeschafft und das Fach »Elektronische Datenverarbeitung« verbindlich eingeführt. Neben einer soliden theoretischen Ausbildung sollte aber auch die Praxis nicht zu kurz kommen. Aufgrund meiner guten Kontakte zur Industrie konnte ich erreichen, daß für alle Studenten vier- bis sechswöchige Industriepraktika vermittelt wurden, die sie während ihres Studiums dreimal absolvieren mußten. Auf diese Weise konnten sich die Studierenden Einblick in die gesamten Arbeitsabläufe mehrerer Betriebe verschaffen und praktische Erfahrungen sammeln. Außerdem erhielt fast jeder Student die Gelegenheit, ein solches Praktikum im Ausland zu absolvieren. Ergänzt wurde dieser praktische »Beipack« durch mehrtägige Exkursionen mit eingehenden Betriebsbesichtigungen in diversen Branchen in der Bundesrepublik und im damaligen West-Berlin.

Gemeinsame Besuche kultureller Veranstaltungen ergänzten die Ausbildung, um die Allgemeinbildung zu erweitern und das menschliche Zusammengehörigkeitsgefühl zu verstärken.

Durch Senatsbeschluß der Freien und Hansestadt Hamburg vom 2. Juni 1964 wurde das TTH zur »Staatlich anerkannten Ingenieurschule Hamburg-Bergedorf, Verfahrenstechnik-Tabaktechnologie« angehoben. Von da an erhielten die Absolventen also ihre Ingenieururkunden mit staatlichem Siegel. Die Zeugnisse des TTH hatten somit von diesem Zeitpunkt an das gleiche Gewicht wie die der staatlichen Fachhochschulen.

Nach erfolgreichem Studienabschluß und der Graduierung zum Produktionsingenieur wiesen die Absolventen meiner Ingenieurschule eine Qualifikation auf, die sie befähigte, als hochwillkommene Fach- und Führungskräfte in die produzierende Wirtschaft des In- und Auslandes einzutreten.

Auf diese Weise erreichte ich es, daß überall auf der Welt bei meinen Kunden und potentiellen Käufern meiner Anlagen und Maschinen technisches und kaufmännisches Führungspersonal anzutreffen war, das in meiner »Alma mater« ausgebildet worden war und mein Unternehmen und dessen Hochleistungsprodukte sehr genau kennengelernt hatte. Ich brauche nicht zu betonen, daß mir diese Tatsache einen nicht zu unterschätzenden Vorsprung gegenüber meiner nationalen und internationalen Konkurrenz sicherte.

In den ersten fünf Jahren finanzierte ich die Ingenieurausbildung am TTH aus eigener Tasche, was nicht unbeträchtliche Kosten verursachte, die sich nicht unmittelbar nur für mein Unternehmen auszahlten, sondern Firmen in Europa und Übersee zugute kamen. Das Interesse, speziell der tabakverarbeitenden Industrie, an dieser Aus- und Weiterbildungseinrichtung für qualifizierte Führungskräfte war so groß, daß diese Unternehmen mir nach einigen Jahren eine weitgehende Kostenbeteiligung an meiner Ingenieurschule anboten.

Zu diesem Zweck gründete ich 1963 den »Verein zur Förderung der Tabaktechnologie«, dem neben den Hauni-Werken 16 weitere Tabakkonzerne des In- und Auslandes angehörten.

Fachhochschule für Produktions- und Verfahrenstechnik

Mit dem »Tabak Technikum Hamburg« und dem »Verein zur Förderung der Tabaktechnologie« hatte ich verständlicherweise eine eher branchenspezifische Fachausbildung im Auge, wenn auch die dort vermittelten Qualifikationen der Ingenieurausbildung generell zugute kamen.

Ende der fünfziger Jahre wurde mir jedoch immer klarer, daß die deutsche Ingenieurausbildung, die besonders bis zur Zeit vor dem Zweiten Weltkrieg weltweit als führend galt, Gefahr lief, die Zeichen der Zeit zu verkennen und im internationalen Vergleich ins Hintertreffen zu geraten.

Nun hatte ich in den fünfziger Jahren aus Produktion und Verkauf besonders meiner Filterzigarettenmaschinen gute Gewinne erwirtschaftet, die mich zu grundlegenden Überlegungen veranlaßten. Meine Absicht war, sowohl meine Mitarbeiter am Wirtschaftserfolg zu beteiligen, als auch die Gesellschaft partizipieren zu lassen. Mir war bewußt, daß mein Unternehmenserfolg nicht nur auf meine Leistung und den Einsatz meiner Mitarbeiter zurückzuführen war, sondern ganz wesentlich von der volkswirtschaftlichen Gesamtsituation unseres marktwirtschaftlichen Systems abhing, in die mein Unternehmen eingebettet war, zum Beispiel auch von den Arbeitsleistungen in jenen gesellschaftlichen Dienstleistungsbereichen, die keine Gewinne erzielen konnten, wie Behörden, Schulen, Universitäten, Krankenhäuser und vieles andere mehr. Ich hielt es daher für sozial ungerecht, daß nur diejenigen an meinem Erfolg teilhaben sollten, die das »Glück« hatten, bei mir beschäftigt zu sein. Ich entschloß mich also, von den zehn Millionen D-Mark, die ich ausschütten wollte, nur ein Drittel an meine Belegschaft zu geben, während ich mit den übrigen zwei Dritteln, also mit über sechseinhalb Millionen D-Mark, eine Stiftung gründete, die Kurt A. Körber-Stiftung, die die Aufgabe erhielt, eine private Fachhochschule für Produktions- und Verfahrenstechnik für etwa 350 Studierende zu errichten.

Als der zuständige Senator für das Bildungs- und Hochschulwesen, Wilhelm Drexelius, von meinen Plänen Kenntnis erhielt, beschloß der Hamburgische Senat, meine zukunftsweisende Initiative zu nutzen und anstelle meiner privaten eine staatliche Fachhochschule mit meinem Lehrprogramm für 1200 Studierende zu bauen. Das Grundkapital von 6,6 Millionen D-Mark, das ich zur Verfügung gestellt hatte, wurde staatlicherseits um weitere 50 Millionen D-Mark aufgestockt, um den Bau der Bergedorfer Fachhochschule für Produktions- und Verfahrenstechnik, heute Fachbereich 8 der Universität Hamburg, zu ermöglichen (vgl. Abb. 10).

In seiner Laudatio anläßlich der Verleihung der Freiherr-vom-Stein-Medaille an mich 1977 in der Aula eben jener Fachhochschule, brachte Bürgermeister Herbert Weichmann zum Ausdruck: »Körber war und ist der Vorstellung verfallen, fortlaufend Neues zu gebären, Anstöße zu geben, die weiterwirken, und zuweilen listigerweise dabei auch andere oder Vater Staat zu veranlassen, mit möglichst noch mehr Kasse ihrerseits anzutreten. Er war auf diese Weise auch, wie ich seinerzeit als Finanzsenator bei der Gründung der Fachhochschule für Produktions- und Verfahrenstechnik bemerkte, ein sehr teurer, das heißt den Fiskus sehr teuer zu stehen kommender Mäzen.«

Die Grundsteinlegung erfolgte am 20. September 1967, wobei der feierliche Akt mit einer Urkunde, die mich als Anreger zur Gründung der Fachhochschule auswies, besiegelt wurde.

Nachdem die staatliche Fachhochschule ihren Lehrbetrieb aufgenommen hatte, wurde 1973 das TTH aufgelöst und dessen Lehrprogramm in die neue Fachhochschule integriert.

Damit entfielen auch die Voraussetzungen für den international besetzten »Verein zur Förderung der Tabaktechnologie«, der ja die laufende Finanzierung des TTH mitgetragen hatte. Um jedoch die bestehenden internationalen Kontakte in diesem Gremium auch zukünftig zu erhalten, wurde der Förderverein in »Internationaler Kontakt Kreis« (IKK) umbenannt, der seit 1973 jährlich an wechselnden Orten des In- und Auslandes zusammentrifft, um Themen von gesamtwirtschaftlicher Bedeutung zu erörtern. Die erste Veranstaltung des IKK 1973 in Minden, auf der Ludwig Erhard über die Grundprinzipien der freien und sozialen Marktwirtschaft referierte, wurde bereits genannt (vgl. S. 53).

Solche Initiativen machen deutlich, daß dauerhafter wirtschaftlicher Erfolg nicht allein durch technische und kaufmännisch-organisatorische Leistungen zu gewährleisten ist, sondern daß zu den Rahmenbedingungen eines erfolgreich operierenden exportorientierten Unternehmens ganz wesentlich die Pflege zwischenmenschlicher Beziehungen im Rahmen internationaler Kontakte gehört.

Die Geburt des Bioingenieurs

In diesem Zusammenhang ist noch zu erwähnen, wie es in Deutschland zur Schaffung eines neuen Ausbildungsfaches, des Bioingenieurs, kam.

Mich interessierten ganz allgemein auch Problemlösungen auf Fachgebieten, die fernab der Tabaktechnologie lagen, so zum Beispiel auf medizinischem Gebiet. Dazu verhalfen mir meine freundschaftlichen Kontakte zu Professor Heinrich Bartelheimer, Chef der Universitätsklinik Hamburg-Eppendorf, der mich häufig um Hilfe bei der Lösung technischer Probleme in Verbindung mit medizinischen Fragestellungen ersuchte.

So empfahl er mir einen seiner fähigsten Assistenten, Norbert Heisig, der mit der Aufgabe betraut war, bestimmte Beobachtungen an der Bauchspeicheldrüse von Kaninchen durchzuführen. Zur Gewebeuntersuchung dieses Organs nach erfolgter Injektion der entsprechenden Medikamente mußten die Tiere getötet werden, damit man die Reaktion der Drüse feststellen konnte. Mit Hilfe meiner Ingenieure gelang es Heisig, ein »Spezialfenster« in die Versuchskaninchen zu implantieren, das dem Forscher die wesentlichen medizinischen Erkenntnisse ermöglichte und nicht den unmittelbaren Tod der Kaninchen erforderte. Der Assistent von einst ist heute ärztlicher Direktor des Krankenhauses St. Adolf-Stift in Reinbek.

Eines Tages führte mich Bartelheimer durch die Behandlungsräume seiner Klinik für Nierenkranke. Wie in einer Alchimistenstube sah es dort aus. Bei den primitiven Gerätschaften, die zur Dialyse mit Hilfe eines Krankenhaushandwerkers zusammengebastelt waren, handelte es sich um eine Apparatur zur Peritonealdialyse, die im Gegensatz zur gebräuchlichen Hämodialyse bei Patienten mit bestimmten medizinischen Indikationen eingesetzt wird, wenn die Gefahr eines Nierenversagens droht. Hierzu wird Dialyseflüssigkeit in den Bauchraum gegeben und nach einer bestimmten Verweilzeit zusammen mit Wasser und Giftstoffen wieder abgelassen. Dieser Vorgang muß mehrfach wiederholt werden, was eine sehr belastende Behandlung für den ohnehin stark geschwächten Patienten darstellte. Zudem war es wegen der manuellen Bedienung der behelfsmäßigen Meßinstrumente für den Flüssigkeitsdurchlauf eine höchst ungenaue Methode und daher ein risikoreicher Eingriff.

In enger Kooperation zwischen den Eppendorfer Medizinern und meinen Ingenieuren gelang es, ein fahrbares Gerät in der Größe eines Teewagens zu entwickeln, das sowohl den Dialysedurchsatz erhöhte, als auch höchste Meßgenauigkeit garantierte. Dabei erwiesen sich Erfahrungen aus der Regeltechnik als nützlich, die in meinem Unternehmen hochentwickelt war.

Bei einer anderen Gelegenheit berichtete Bartelheimer von der Schwierigkeit, für bestimmte Harnuntersuchungen Urinproben kontinuierlich über den gesamten Entleerungsvorgang zu bestimmen. Die sogenannte »Drei-Gläser-Methode« zur Ermittlung des »Mittelstrahls« sei doch recht unzuverlässig, da die Patienten sehr unterschiedliche Urinmengen ablieferten. Ich nahm diesen Hinweis auf und entwickelte in meinen Unternehmen ein Verfahren, das wir scherzhaft »Pinkelkarussell« nannten, ein intermittierend rotierendes Aggregat mit 36 Reagenzgläsern, in die der Patient über einen Trichter und Schlauch seinen Harn abgab. Auf diese Weise war der »Mittelstrahl« unfehlbar herauszufinden. Ein Gerät, das sogar Differentialanalysen ermöglichte.

In allen Fällen der Zusammenarbeit meiner Ingenieure mit Medizinern hatte ich eine wichtige Erkenntnis gewonnen: Die jeweiligen Arbeitsgruppen hatten zunächst erhebliche Verständigungsprobleme zu überwinden, die nicht nur unterschiedliche Fachausdrücke betrafen. Was Mediziner beispielsweise als »Krankenmaterial« bezeichneten, waren nicht etwa Organe oder Gewebeproben, sondern der Patient, ein Mensch.

Als Unternehmer, der speziell Produktionsmaschinen entwickelt, habe ich erfahren, wie wichtig es ist, daß die Kenntnisse von den Maschinen und dem zu bearbeitenden Material in einer Person vereinigt sind. Da der kranke Mensch als Patient immer mehr zum »Bearbeitungsobjekt« der modernen Heilungsmaschinerie wird, ergibt sich immer dringender die Notwendigkeit, daß diese Maschinerie von Technikern konstruiert und bedient wird, die sich auch mit den Problemen kranker Menschen auskennen. Der technische Fortschritt – auch und gerade in der Medizin – erforderte deshalb den medizinisch »angebrüteten« Ingenieur als Klinikhelfer, der sowohl Kenntnisse auf dem Gebiet der Technik wie auch der Biologie und Medizin erworben hat.

In meiner vorerwähnten Ingenieurschule (TTH), in der ich Generationen von Ingenieuren für den Bereich Tabaktechnologie ausgebildet hatte, begann ich deshalb einen Parallelstudiengang »Bioingenieur«, auch mit Medizinern als Dozenten, einzurichten, und am 3. März 1970 wurde der Startschuß für den neuen Studienzweig an der Fachhochschule Hamburg, die Fachrichtung Bioingenieurwesen, gegeben. Um das Kind auf feste Beine zu stellen, habe ich den ersten sechssemestrigen Studiengang aus eigenen Mitteln voll finanziert.

Heute, nach über zwanzig Jahren, ist das Einsatzfeld des Bioingenieurs weit. Es reicht von der Entwicklung chirurgischer Instrumente und Geräte zur Unterstützung oder Übernahme lebenswichtiger Körperfunktionen bis hin zur Planung und Entwicklung technischer Versuchsanlagen in der medizinischen, pharmakologischen und biologischen Forschung. Insbesondere ist dem Bioingenieur als »Gesundheitsingenieur« ein weiterer wichtiger bedrohter Patient hinzugewachsen: die Umwelt. Und diesem »Patienten« kann – neben veränderten menschlichen Verhaltensweisen – nur durch den Einsatz von Technik geholfen werden, die den Besonderheiten dieses »Patienten« Rechnung trägt, nämlich die Biotechnik.

Noch heute amüsiert mich die Erinnerung an jenen Tag, als ich das Lehrprogramm für diesen bundesweit ersten Studiengang Bioingenieurwesen einem hochkarätigen Auditorium aus Medizin, Wirtschaft und Politik vorstellte.

Im Bergedorfer Schloß hatte ich unter den anderen medizinischen Geräten auch das beschriebene »Pinkelkarussell« aufgestellt. Das »Pinkelkarussell« wurde nicht, wie im Krankenhaus üblich, demonstriert, sondern genüßlich mit einer guten Flasche trockenem Frankenwein vorgeführt. Mit den gefüllten Reagenzgläsern, die im Auditorium verteilt wurden, stießen wir dann auf den neuen Studiengang und auf den 52. Geburtstag des anwesenden Präsidenten der deutschen Ärztekammer, Professor Dr. Ernst Fromm, an. Natürlich auf appetitliche, bekömmliche Weise.

Lehr- und Forschungsinstitut für industrielle Koordinierung

Während das TTH und die spätere Fachhochschule für Produktions- und Verfahrenstechnik die Erstausbildung von jungen Ingenieuren zur Aufgabe hatten, fehlte es nach meiner Einschätzung auch an geeigneten Weiterbildungsmöglichkeiten für bereits in der Industrie tätige Ingenieure, die sich für Führungsaufgaben als Manager qualifizieren wollten, wofür in der produzierenden Wirtschaft Anfang der sechziger Jahre in der Bundesrepublik ein ausgesprochener Bedarf spürbar wurde.

Diese angehenden Topmanager benötigten nicht nur eine Fortbildung auf den Gebieten der Naturwissenschaften und der Technik, wie es bisher üblich war, sondern darüber hinaus eingehende Unterweisung auf so wichtigen Gebieten wie Personalführung, Kommunikation und Information, Unternehmensplanung, Absatz- und Finanzierungspolitik, Werbung und Public Relations, aber auch der Volkswirtschaft, Soziologie und Psychologie.

Es ging darum, in der Wirtschaft tätigen Ingenieuren Aufstiegschancen in gesamtverantwortlichen Führungspositionen im oberen Management zu eröffnen. Dafür bedurfte es nach meiner Erfahrung der Durchdringung aller Bereiche der Wirtschaft nicht nur mit den Erkenntnissen der Natur- und Ingenieurwissenschaften, sondern auch der Geistes-, Sozial- und Wirtschaftswissenschaften. Führungskräfte der Wirtschaft müssen fähig sein, sowohl die Zusammenhänge der Wirtschafts-

und Sozialordnung wie auch die ökologischen Erfordernisse und Verpflichtungen der Unternehmen zu erkennen, um die vielseitigen, einander zum Teil widersprechenden politischen, wirtschaftlichen, sozialen und einzelmenschlichen Interessen aufeinander abzustimmen.

Mein Erfolg als Unternehmer in der produzierenden Wirtschaft ist zweifellos auch darauf zurückzuführen, daß ich für meinen unmittelbaren Arbeitsstab stets hochqualifizierte Mitarbeiter gewinnen konnte. Dieser Auswahl von Führungskräften lag jedoch die Erfahrung zugrunde, daß fachliches Wissen bei einem Vorgesetzten allein nicht ausreicht, um innerhalb einer Arbeitsgruppe optimale Teamarbeit und kooperatives Verhalten zur Lösung der gestellten Aufgaben zu bewirken. Für eine erfolgreiche Zusammenarbeit muß der Vorgesetzte durch seine charakterlichen Verhaltensweisen Vorbildfunktionen bei den ihm unterstellten Mitarbeitern auslösen. Fachliche Lücken bei einer Führungskraft sind durch Beistellung eines Experten leicht auszugleichen, hingegen sind charakterliche, menschliche Schwächen nicht zu überbrücken.

Ich habe daher stets danach getrachtet, sowohl beste fachliche als auch charakterlich einwandfreie Vorgesetzte zu berufen. Wenn bei der Auswahl mehrere Kandidaten mit gleichen Qualitäten zur Verfügung standen, habe ich deren Lebenspartner »unter die Lupe genommen«, um festzustellen, ob der Partner der Karriere des zu Berufenden auch gewachsen ist.

Daß im Führungsstab der Unternehmen der Körber-Gruppe höchster Wert auf vorbildliche Charaktereigenschaften gelegt wird, zeigt die leistungsstarke Zusammenarbeit, in der Reibungsverluste durch Intrige, Neid und Mißgunst keinen Platz haben. Das dadurch ökonomisch erfolgreiche Teamwork wird auch in den jährlichen Geschäftsberichten sichtbar.

»Die wissenschaftlich-technische Entwicklung hat die Arbeitsverhältnisse hinsichtlich der Arbeitsformen und -abläufe grundlegend verändert. Menschen und Maschinen stehen in einem Organisationsverband, der sich keineswegs von selbst reguliert, sondern bei den schnellen wissenschaftlich-techni-

schen Entwicklungen den humanen Erfordernissen erst durch
eine menschlich wie organisatorisch qualifizierte Besetzung in
den Führungspositionen gerecht wird. Die Anforderungen an
die Führungskräfte sind im gleichen Maße gewachsen, wie Rationalisierung und Automatisierung voranschritten. Es mag
paradox erscheinen, daß gerade die technische Vervollkomm-
nung das Problem der menschlichen Qualifikation so deutlich
werden läßt. Weniger in der technischen Beherrschung, die
durch Spezialausbildung ausreichend gelöst erscheint, als vielmehr im Erfassen der menschlichen Bedingungen liegt heute
der Engpaß. Ein guter Spezialist muß über sehr gute Fachkennt-
nisse verfügen. Diese allein reichen aber nicht aus, auch eine
menschliche Führungsrolle einnehmen zu können, weder im
industriellen noch im gesellschaftlichen oder im politischen
Bereich. Die verstärkte Ausbildung des Industrienachwuchses
und die Heranbildung einer Industrieführungsschicht ist eine
Aufgabe, die die Industrie nicht nur dem Staat überlassen darf.
Hier muß sie selbst Initiative ergreifen und, wo sie kann, auch
Mittel zur Verfügung stellen.«

Daß die Investition in die Weiterbildung allgemein eine wichtige Aufgabe zur Zukunftssicherung darstellte, hatten bereits
viele Unternehmensführungen erkannt. Bei der Fortbildung
und Qualifizierung von Führungskräften jedoch waren ausge-
sprochene Defizite erkennbar, da mit wachsendem Grad der
Verantwortung und Entscheidungsbefugnis auch die Anforderungen an Weiterbildungsmaßnahmen qualitativ und quantita-
tiv überproportional anwachsen. Das gilt insbesondere für die
Förderung von Ingenieuren zu Führungskräften, für die es bis
dahin an einer geeigneten Fortbildungsstätte fehlte.

Das veranlaßte mich 1965, das »Lehr- und Forschungsinstitut
für industrielle Koordinierung« zu gründen und zehn Jahre lang
mit Millionenbeträgen voll zu finanzieren. Das Institut arbeitete
mit hochqualifizierten Dozenten aus Hochschule und Industrie
zusammen und bildete in diesem Zeitraum nahezu 300 Absolventen für Führungspositionen aus.

Mitte der siebziger Jahre zeigte sich, daß für dieses privat finanzierte Fortbildungsprogramm nicht mehr in gleicher Weise eine Notwendigkeit bestand, weil in der Zwischenzeit entsprechende Ausbildungsgänge von Hochschulen übernommen worden waren. Ich erwähne in diesem Zusammenhang nur den Studiengang Wirtschaftsingenieur, der nunmehr an einer Reihe von Universitäten fest etabliert ist. Deshalb konnte ich mein Institut auflösen.

Die vielfältigen Bildungsaktivitäten, die ich seit Mitte der fünfziger Jahre initiiert und finanziert habe, gehören zu meinen wichtigsten Stiftungsaufgaben. Bis heute haben über 500 Stipendiaten eine umfassende Förderung ihrer Studien durch die Körber-Stiftung erfahren; einige davon haben inzwischen promoviert, sich habilitiert.

Körber-Tribunal

Daß Bildungsförderung allerdings auch heißen kann, die sprichwörtlichen Perlen vor die Säue zu werfen, dazu folgende Begebenheit: Zum Abschluß und als Höhepunkt einer einwöchigen Bildungsnotstands-Diskussion in ganz Deutschland wurde von der 1968 »erwachten« Außerparlamentarischen Opposition (APO) am Dienstag, dem 23. November 1971, im Audimax der Universität Hamburg zu einem »Körber-Tribunal« aufgerufen. Auf den Flugblättern für dieses Tribunal hieß es:
- »Für demokratische Fachhochschulen gegen die Willkür privater Unternehmer.«
- »Wer ist eigentlich Körber, der in den Organen der bürgerlichen Presse als ein Modell eines verantwortungsbewußten Unternehmers, als ein Mensch mit weltoffener Toleranz, fortschrittlichem Denken und als Beispiel partnerschaftlichen Handelns gefeiert wird?«
- »Wer ist dieser Körber, der – vom Papst gesegnet – unsere Gesellschaft mit immer neuen umwälzenden Gedanken bereichert?«

Was hatte den Zorn der APO gegen mich so erregt, weshalb sollte ich an den Pranger gestellt werden?

Meine zuvor geschilderten Bildungsaktivitäten – wie Ingenieurschule TTH mit dem neuen Studienzweig Bioingenieurwesen, Lehr- und Forschungsinstitut für industrielle Koordinierung LFK sowie die Gründung der Fachhochschule für Produktions- und Verfahrenstechnik Bergedorf – waren allesamt Privatinitiativen eines Unternehmers der produzierenden Wirtschaft, der nach Meinung der APO ein Ausbeuter der Arbeiterklasse war und der, wie es auf dem Tribunal von den zornigen jungen Männern verkündet wurde, mit seinen Bildungsmaßnahmen den Werktätigen nur Sand in die Augen streuen wollte und dem unbedingt das schändliche Handwerk zu legen war.

Für die Bergedorfer Fachhochschule hatte ich den Bau eines Studentenwohnheims für 250 Studierende initiiert und finanziert. Nach Fertigstellung dieses Wohnheimes im Jahre 1969 beschloß der mit der APO zusammenarbeitende AStA der Fachhochschule, »daß Körber-Stipendiaten in diesem Studentenwohnheim nicht aufgenommen werden«, wie es in einem Anschlag am Schwarzen Brett verkündet wurde.

Angesichts solch verbohrter ideologischer Vorstellungen über das private Unternehmertum erscheint es auch nur konsequent, daß man bewußt vergaß, mich, den arglistigen Kapitalisten, zur feierlichen Einweihung »meiner Fachhochschule« in Bergedorf am 26. April 1972 einzuladen. Ich habe die Schule erst fünf Jahre später, am 24. Januar 1977 betreten, als mir in Anwesenheit von Bundespräsident Walter Scheel die Freiherr-vom-Stein-Medaille verliehen wurde.

IV. KAPITEL

DER KUNST UND KULTUR ZUGEWANDT

»Wein des Lebens«

Die Kunst ist für mich, um es mit den Worten von Jean Paul zu sagen, zwar nicht das Brot, aber der Wein des Lebens. Wenn ich im folgenden mein vielfältiges Engagement auf den Feldern von Kunst und Kultur anspreche, dann tue ich dies in dem Bewußtsein, daß vor der Geschichte allein die kulturellen Leistungen Bestand haben. Kultur als allgemeiner Ausdruck unseres Für- und Miteinander kennt viele Ausprägungen. In diesem Sinne sind technische Errungenschaften ebenso Kulturleistungen wie die Sicherung der Lebensbedingungen auf unserem Planeten und die Wahrung und Intensivierung unseres künstlerischen Potentials.

Von Sigmund Graf stammt der Satz: »Der Fortschritt sagt, wozu der Mensch fähig ist, die Kultur, was seiner würdig ist. Kultur ist innerer Fortschritt, Fortschritt äußerliche Kultur.«

Doch um das Wort von Jean Paul zu variieren: Wenn Kunst und Kultur den Wein des Lebens darbieten, so brauchen wir wirtschaftlichen und technischen Fortschritt, die uns das »Brot«, die Existenzgrundlagen gewährleisten, ohne die wir den Wein nicht genießen könnten. Für mich gehören deshalb beide Bereiche zusammen: Als Ingenieur und Unternehmer bin ich mit meinem wirtschaftlichen und technischen Handeln dem Fortschritt verpflichtet und trage mit dazu bei, daß genügend »Brot« zur Verfügung steht, zugleich aber bin ich auf dem Feld der Kunst tätig, um der Lebensfreude der Menschen zu dienen.

Versuche in Öl

Der Technik gehörte zwar seit frühester Jugendzeit meine ganze Leidenschaft, doch ich habe zur Entspannung und Steigerung meiner eigenen Lebensfreude auch immer gern gezeichnet und gemalt. Ich will beileibe nicht behaupten, daß an mir ein Künstler verlorengegangen ist, doch haben mich meine malerischen Ambitionen mein Leben lang begleitet, und ich habe daraus manche Erkenntnis über die Welt und die Menschen gewonnen. Ich könnte auch sagen: Der Herrgott hat mich, weil ich so gern male, als Maler auf die Welt geschickt; dennoch bin ich, um kein Hungerleider zu werden, Maschinenbauer geworden.

Meiner früheren »künstlerischen Schaffensperiode«, die besonders den farbigen Blumengemälden in Öl galt, sei mit einer Abbildung Genüge getan (vgl. Abb. 13). Ausführliches berichten will ich über meine Porträtmalerei, die ihren ganz eigenen Bezug zu meinen anderen Aktivitäten hat. An das Porträtmalen habe ich mich erst relativ spät herangewagt. Den Anstoß gab der Kontakt zu dem renommierten Münchener Maler Prof. Hans Jürgen Kallmann, der mit einigen Porträts berühmter Zeitgenossen, unter anderem Konrad Adenauer und Papst Johannes XXIII., bekanntgeworden ist. Meine Mitarbeiter veranlaßten, daß er ein Porträt von mir anfertigte, das mir zusagte, und seine Maltechnik hat mich angeregt, es auch einmal mit Porträts zu versuchen.

Für das Porträtmalen habe ich ein eigenes System entwickelt. Zunächst mache ich mit einem weichen Graphitstift von der Anatomie des Kopfes eine Zeichnung, die ich anschließend mit einer Schicht Graphitpuder abdecke, aus der ich mit einem Radiergummi das Licht heraushole. Anschließend fixiere ich das Ganze mit glasklarem Universalfirnis. Diese Radierung bildet die Vorlage für das Porträt in Ölfarbe.

Um die Proportionen der Gesichter richtig zu treffen, verwende ich eine einfache Faustregel: Ich zeichne zunächst den Umriß des Kopfes. Dann bringe ich genau in der Mitte zwischen Scheitel und Kinn die Augen an; darüber die Augenbrauen, von denen bis zum Kinn wiederum genau auf der Hälfte die Nasenspitze anzusetzen ist. Die Partie zwischen Nasenspitze und Kinn wird wie folgt unterteilt: nach zwei Fünfteln folgt der Mund, bleiben drei Fünftel bis zur Kinnspitze (siehe Skizze).

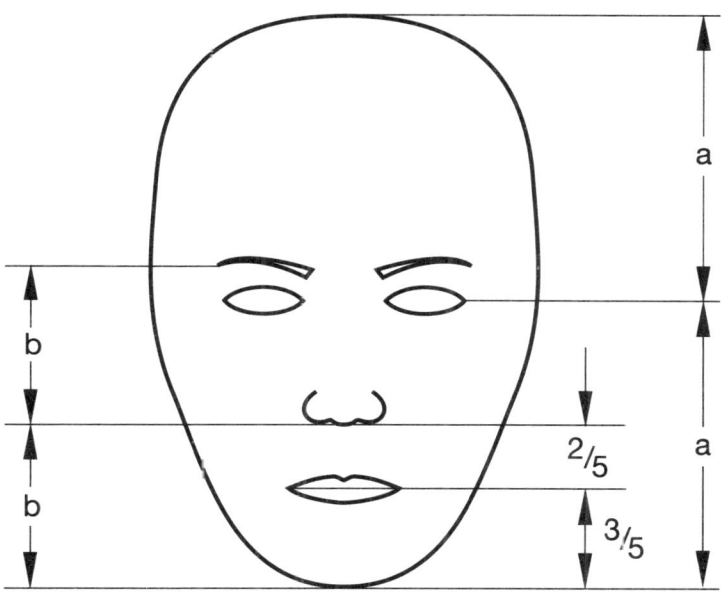

Faustregel fürs Porträtieren

Auf diese Weise sind weit über einhundert Porträts entstanden. Dabei male ich nur, was zu sehen ist, und kümmere mich nicht um die Seele des Betreffenden, getreu dem Hinweis meines Lieblingsmalers, Wilhelm Leibl (1844–1900), der sinngemäß gesagt hat: Wenn du malst, was du siehst, kommt zwangsläufig die Seele zum Vorschein.

Und von dem großen Physiker, Mathematiker und Schriftsteller Georg Christoph Lichtenberg habe ich einen Aphorismus übernommen beziehungsweise abgewandelt: Ich habe bemerkt, daß Personen, deren Gesichter einen gewissen Mangel an Symmetrie aufweisen, oft die feinsten Köpfe sind.

Die Gesichter einer großen Versammlung von Menschen könnte man eine Geschichte der menschlichen Seele nennen, mit einer Art von verschlüsselten Zeichen geschrieben. So, wie das magnetische Kraftfeld durch Feilstaub sichtbar wird, wird die Verschiedenheit dessen, was dem Menschen gegeben ist, im Gesicht deutlich. Je intensiver man Gesichter beobachtet, um so besser wird man diese verschlüsselten Zeichen lesen können. In diesem Sinne habe ich viele verschlüsselte Zeichen gelesen. Im Bergedorfer Gesprächskreis hatte ich ja eine Fülle interessanter Zeitgefährten versammelt, die lohnende Objekte für den Porträtmaler darstellten: Carl Friedrich von Weizsäcker, Helmut Schmidt, Eugen Kogon, Rolf Liebermann, Helmut Kohl, Ralf Dahrendorf, um nur einige zu nennen (vgl. Abb. 19 u. 21). Ich hatte dabei den Vorteil, ihre Gesichter schon während des Gesprächskreises studieren zu können. Mitunter habe ich bereits auf der Tagung eine erste Skizze angefertigt. Mich hat diese künstlerische Ambition manchem bedeutsamen Zeitgenossen nähergebracht.

Mitunter bin ich zu Personen, die ich porträtierte, durch sonderbare Zufälle gekommen, wie die folgende Episode zeigt: Ende der sechziger Jahre wurde ich, ohne daß ich es beabsichtigt hatte, Hauptanteilseigner der Hamburger Reederei Deutsche Atlantik Linie und damit deren Vorstandsvorsitzender. Und das kam so: Über die Neuentwicklung einer Zigarettenmaschine, die ich durchgeführt hatte, war es zu einem langwierigen Patentprozeß mit meiner englischen Konkurrenz gekommen. Bei dem Prozeß ging es um hohe Millionenbeträge. Nachdem ich den Prozeß gewonnen hatte, habe ich mich auf Anregung des Hamburger Bürgermeisters Herbert Weichmann mit einem größeren Betrag an der Finanzierung des 25 000 Tonnen großen Kreuzfahrtschiffes TS »Hamburg« beteiligt. Bürgermeister Herbert Weichmann war im Jahre 1969 Bundesratspräsident. Damals war es noch üblich, daß der jeweilige Bundesratspräsident in seinem Amtsjahr die anderen Ministerpräsidenten aus den Bundesländern einmal in sein Land einlud. Auf der Suche nach einem der Hafenstadt Hamburg gerecht werdenden Ort für die Ministerpräsidenten-Einladung sprach mich Weichmann auf die Möglichkeit an, ob dafür nicht der Luxusliner TS »Hamburg« zur Verfügung stehen könnte. Da sich die Termine dafür vereinbaren ließen, fand das Treffen der Staatsmänner im Hamburger Hafen auf dem festlich geschmückten Schiff statt. Es nahmen daran mit ihren Damen teil der damalige Bundeskanzler Kurt Georg Kiesinger, fast alle Ministerpräsidenten, die Bürgermeister von Berlin und Bremen, Klaus Schütz und Hans Koschnik, sowie Innenminister Ernst Benda und der neugewählte, aber noch nicht im Amt befindliche Bundespräsident Gustav Heinemann.

Nun muß ich noch erwähnen, daß ich Prof. Herbert Weichmann als Bürgermeister des Heimathafens der TS »Hamburg« porträtiert hatte (vgl. Abb. 14). Das großformatige Ölbild hing im Speisesaal des Luxusliners. (Seit dem Verkauf der TS »Hamburg« – heute »Maxim Gorki« – hängt es im Kongreßzentrum CCH in Hamburg [vgl. Abb. 25]). Auf dem Luxusliner gab es einen festlichen Abend mit Konzert und opulentem Dinner. Alle Teilnehmer übernachteten an Bord. Am anderen Morgen trafen wir uns zum Frühstück. Gustav Heinemann und seine Frau Hilda saßen mit meiner Frau Anny und mir an einem Tisch. Frau Heinemann, die mein Weichmann-Porträt im Blickfeld hatte, sagte plötzlich: »Da könnten Sie eigentlich meinen Gustav auch einmal malen.«

Weil ich Spaß daran hatte, bin ich in der Folge ein paarmal nach Essen gefahren, wo Heinemanns bis zu ihrem Umzug in die Villa Hammerschmidt in Bonn, nach Ablösung von Bundespräsident Heinrich Lübke, wohnten. Heinemann konnte ganz amüsant schlagfertig sein. Als ich zum erstenmal nach Essen kam, fragte ich, wie er anzusprechen sei. Justizminister war er nicht mehr, und Bundespräsident war er auch noch nicht. Darauf er: »Na, haben Sie denn meinen Namen nicht an der Haustür gelesen?«

Als Beispiel dafür, daß Bundespräsidenten auch nur Menschen sind: Heinemann machte sich einmal, während ich ihn porträtierte, eine Notiz für seinen künftigen Amtssitz in der

Villa Hammerschmidt. Er rief ins Nebenzimmer zu seiner Frau: »Hilde, schreibt sich Hammerschmidt mit -dt?« Nach den Porträtsitzungen – auch Frau Heinemann wurde von mir gemalt (vgl. Abb. 20) – haben wir oft bis in die Nacht gemütlich bei einem Glas Wein zusammengesessen und diskutiert. Heinemann machte sich Sorgen, in der Welt könnte die Meinung vorherrschen, daß wir Deutschen unsere Demokratie nicht selbst entwickelt hätten, sondern daß sie uns von den alliierten Besatzungsmächten nach dem verlorenen Zweiten Weltkrieg aufgezwungen worden sei. Er habe jedenfalls die Absicht, als Bundespräsident mit Bezug auf unsere eigene demokratische Entwicklung (wie Wartburg 1817, Hambacher Fest 1832, Frankfurter Paulskirche 1848/49 usw.) im Schloß Rastatt ein Museum mit unseren demokratischen Entwicklungsdaten und Symbolen zu errichten. Dazu erbat er meine Unterstützung.

Weil sich meine Intentionen weniger auf die Vergangenheit als mehr auf die Bewältigung gegenwärtiger und zukünftiger Entwicklungen richten, konnte ich mich nicht für sein museales Vorhaben erwärmen. Um jedoch seine Gedanken über die eigene demokratische Entwicklung in Deutschland zu unterstützen, schlug ich vor, unabhängig von Rastatt, Schülerwettbewerbe zur Förderung des Geschichtsbewußtseins um den Preis des Bundespräsidenten einzuführen. Das hat er sofort akzeptiert.

Auf den »Schülerwettbewerb Deutsche Geschichte um den Preis des Bundespräsidenten«, wie wir diese Aktivität der Körber-Stiftung später nannten, gehe ich im Stiftungskapitel näher ein. Hier will ich lediglich zum Ausdruck bringen, daß meine Porträtmalerei durchaus kein Selbstzweck war, sondern mitunter Anstoß zu weiterführenden Initiativen bot. Ähnlich verhält es sich mit Porträts, die ich von vielen bedeutenden Kunden meiner Hauni-Werke anfertigte. Diese »Portraits of my friends in the international Tobacco Industry« sind in einer umfangreichen Broschüre, versehen jeweils mit einem dreisprachigen Who's who der betreffenden Persönlichkeit, zusammengestellt und dokumentiert. Auch dies war für mich eine wirksame Möglichkeit, auf dem Weltmarkt Kundennähe zu erreichen. Man kann durchaus den Schluß daraus ziehen, daß bei mir »Kunst und Kommerz« eine innige Verbindung eingegangen sind.

Ledermalerei, Kaktieren und ein Hang zur Musik

Des weiteren habe ich mich der Ledermalerei gewidmet und zu diesem Zweck große gegerbte Kuhhäute von der baden-württembergischen Schuhfabrik Sioux bezogen. Mein Vorbild für die gemalten Motive ist der große französische Maler flämischer Herkunft, Maurice de Vlaminck, der seine gegenständlichen Darstellungen mit abstrakten Hintergründen versah. Für die Ledermalerei verwende ich grundsätzlich Acrylfarben, die, wenn man sie stärker aufträgt, nach dem Abtrocknen auch beim Zusammenrollen der Kuhhaut weder rissig werden noch abplatzen (vgl. Abb. 15).

Eine Zeitlang habe ich von den großen Malern, zu denen ich ein besonderes Verhältnis habe – Renoir, Degas, Chagall, van Gogh, Vlaminck –, Poster ihrer berühmten Bilder gesammelt. Eines Tages entdeckte ich in Louisville/Kentucky eine lackähnliche Emulsion, mit der ich zu experimentieren begann. Ich habe die Poster mit dieser Emulsion bestrichen und dann trocknen lassen. Dabei verbindet sich die Emulsion so fest mit der Farbe des Posters, daß man nach einem Wasserbad das Posterpapier vorsichtig ablösen kann. Die Emulsion bildet dann mit der Farbe des Posters einen Film, den ich auf eine Leinwand aufklebte, deren Struktur an der Oberfläche des Bildes sichtbar wird und damit den Eindruck der »Echtheit« vermittelt. Um die Originalität des Bildes noch stärker zu betonen, setzte ich in den Originalfarbtönen pastös Ölfarbe auf das Bild. Da auch der Name des Künstlers vom Poster mit übertragen wird, füge ich jeweils, um das »Kunstwerk« als Kopie deutlich zu machen, meine Initialen mit »+ K A K« hinzu.

Dieses Verfahren habe ich für mich »kaktieren« genannt und damit schon manche Überraschung ausgelöst. So hat mein

Freund Clifford Goldsmith, der Präsident von Philip Morris, in seinem New Yorker Hauptquartier in der Park Avenue No. 100 einen kaktierten Renoir hängen – »das Blumenmädchen« –, bei dem es einige Schwierigkeiten bereitete, dieses Bild durch den Zoll zu bringen, weil die Zollbeamten erst davon überzeugt werden mußten, daß sie hier nicht das Originalgemälde vor sich hatten.

Neben der Malerei habe ich aber auch noch einen Hang zur Musik, den ich freilich im wesentlichen für mich behalte. Das Spielen auf der Geige habe ich mir angeeignet auf Grund einer Beobachtung, daß meine Sekretärinnen auf ihren Schreibmaschinen mit zehn Fingern blindschreiben konnten. Daraus zog ich den Schluß: Was beim Singen vom Gehirn auf die Stimmbänder übertragen wird, muß doch durch fleißiges Üben auch vom Gehirn über die Finger – wie beim Maschineschreiben – auf die Instrumente zu bringen sein.

Was die Intensität meiner »künstlerischen« Übungen angeht, mag folgende kleine Geschichte erhellen: Als ich eines Tages wieder einmal hingebungsvoll auf meiner Geige übte, fiel mir auf, daß unsere Haustochter Therese nicht mehr zu sehen war. Sie hatte sich, weil sie sich an diesem Abend nicht wohl fühlte, vorzeitig in ihr Zimmer zurückgezogen und sich ins Bett gelegt. Auf meine Frage, ob ich etwas für sie tun könne, lautete die kummervolle Antwort: »Ja, bitte aufhören mit Geigespielen!«

Daraufhin habe ich in der Folgezeit im Kellergeschoß weitergeübt, wenn möglich täglich zum Feierabend wenigstens zehn Minuten. Nach einigen Monaten spielte ich erstmalig in der »Öffentlichkeit«, und zwar habe ich auf einem Betriebsfest in der Lüneburger Heide meine fröhlich singenden Mitarbeiter auf der Violine schwungvoll begleitet.

Nachdem ich durch manuelles Training auch das Spielen auf anderen Instrumenten, zum Beispiel Klavier und Mandoline, gelernt habe, ist es meine Überzeugung, daß das Spielen von Musikinstrumenten von jedermann, der singen kann, durch fleißiges Üben zu erlernen ist. Wenn er es nicht schafft, hat es ihm nur an der nötigen Energie und Lust gefehlt.

Kunst in der Körber AG

Auch in meinen Betrieben habe ich die Kunst nicht zu kurz kommen lassen. Es geht dabei nicht um Dekoration: Dazu hätten farbige Wände und bunte Gardinen genügt. Beim Betreten und Verlassen des Werkes, bei Wegen während der Arbeitszeit und in den Pausen sollte, mehr oder weniger bewußt, ab und zu ein Blick auf ein von einem Künstler geschaffenes Objekt fallen, das mit der Zweckbestimmung meines Unternehmens meist gar nichts zu tun hat. Die schönen, aufwendigen Portal- und Fenstereinfassungen an den Häusern fast aller früheren Epochen waren funktional auch gänzlich überflüssig, nicht aber für die Menschen. Die Freude am Schönen war den Auftraggebern einiges Geld wert.

Bei den Kunstobjekten in der Körber AG kommt es nicht auf Repräsentation an, sondern darauf, daß originale Kunstwerke meinen Mitarbeitern »alltäglich« werden, den Vorübergehenden ihre offenen und vielleicht auch ihre verborgenen Schönheiten, ihren Reiz und ihre Ausstrahlung erschließen. Kunst muß man häufig sehen.

Die Einbeziehung von Kunstwerken in unsere industrielle Arbeitswelt mit ihren Zweckbauten liegt auf der gleichen Linie wie das Bestreben, der Natur in diesem an sich rationalen Ambiente einen Platz zu lassen. Die Aufwendungen für die Pflege von Grünanlagen, für die wir eigene Gärtner beschäftigen, könnten ebenso gestrichen werden wie die Anschaffung von Kunstwerken, ohne daß wir weniger oder schlechtere Maschinen bauen würden. Reines Profitdenken würde diese Kosten deshalb für unsinnig und unvertretbar halten. Aber da wir keine Roboter, sondern Menschen beschäftigen, von denen wir annehmen, daß sie ein Bedürfnis nach schönen Dingen auch in ihrer nüchternen Arbeitswelt haben, treibe ich diesen »Luxus«.

Bei Kunstwerken kommt es mir auf Originale an. Bei Plastiken und Reliefs ohnehin, aber Gemälde und Graphiken stellen, so meine ich, nicht nur einen materiellen, sondern auch einen

Erlebniswert dar, der im Original ungleich höher ist als bei einer Reproduktion.

In meinem Unternehmen sind mehrere bedeutende Künstler mit ihren Werken vertreten: so etwa Edwin Scharf, der wohl größte deutsche Bildhauer dieses Jahrhunderts. Sein letztes Werk, das ich 1956 bei ihm in Auftrag gegeben hatte, war die große Freiplastik »Mann mit Mikrometer« (vgl. Abb. 12), die auf dem Manfred-von-Ardenne-Platz vor der Körber AG steht. Auch die beiden Scharf-Schüler Fritz Fleer und Manfred Sihle-Wissel haben Freiplastiken für die Körber AG geschaffen. Von Fritz Fleer haben wir »Colombe« auf dem Gelände der Werkswohnungen aufgestellt, während von Sihle-Wissel das große Steinmonument »Verbundenheit« stammt, das seinen Platz ebenfalls vor dem Werksgelände am Sander Damm gefunden hat.

Mit zwei Hamburger Künstlern verband mich eine jahrelange Freundschaft: Robert Schneller und Helmut Koniarsky. Von letzterem stammt die herrliche Kupfer- und Glasplastik im Personalgebäude. Robert Schneller war ein ausgesprochener Bohemien und geradezu ein Universalgenie; ob Gemälde, Plastiken, Glasfenster, architektonische Entwürfe, Skulpturen, alles schüttelte Schneller aus dem Handgelenk. Nur mit Geld konnte er nicht umgehen. So hat er mir nie eine Rechnung geschrieben, und ich habe stets darauf geachtet, daß ihm sein Honorar langfristig in Raten ausgezahlt wurde, weil er es sonst von einem Tag zum anderen ausgegeben hätte.

Schneller hat auch für mein Privathaus einige Wandgemälde und Bleiglasfenster geschaffen. In meinem Unternehmen stammt das große bleiverglaste Treppenhausfenster im Verwaltungsgebäude von ihm, das über drei Stockwerke reicht und die Tabakpflanzenkultur in allen fünf Kontinenten darstellt (vgl. Abb. 16). Eine ebenfalls über mehrere Stockwerke gehende Metallplastik, die die technische Entwicklung vom Zahnrad bis zum Brüsseler Atomium zeigt, schmückt eines unserer Konstruktionsgebäude.

Helmut Koniarsky hat insbesondere ein abstraktes Metallrelief, das in der Empfangshalle des Verwaltungsgebäudes eine

ganze Wand einnimmt, sowie ein großes Metallrelief im Gebäude der Personaldienste beigesteuert; ferner Ölgemälde, Sieb-
drucke, Aquarelle und Reliefbilder, die meine Konferenz- und
Tagungsräume schmücken.

Karl Schmidt-Rottluff, dem großen Dresdener Maler und
Graphiker, verdanken wir ein Landschaftsbild mit reizvol-
ler Wasserspiegelung, das ebenfalls im Verwaltungsgebäude
hängt.

Dem berühmten Impressionisten Max Liebermann bin ich
ganz besonders zugetan. Von ihm wie auch von Emil Nolde
habe ich mehrere Originalgemälde. Von dem großen Tiermaler
Heinrich Zügel ist das Gemälde »Ochsen in der Furt«, das mir
meine Mitarbeiter 1955 nach Fertigstellung des Verwaltungsgebäudes für mein Büro schenkten. Von Harp Grieshaber ist eine
große Kohlezeichnung zu erwähnen, und schließlich steht im
Gebäude der Körber-Stiftung noch ein abstraktes Plastik-Mo-
nument von Georg Engst.

Ich habe verschiedene abstrakte Plastiken und Gemälde für
mein Unternehmen angeschafft, obwohl ich selbst stark dem
Gegenständlichen verhaftet bin und meine Lieblingsmaler die
Impressionisten sind. Ich bin aber der Auffassung, daß ein
abstraktes Kunstwerk der Phantasie des Betrachters mehr Raum
gibt. Meine persönliche Erfahrung ist, daß mir die besten Ein-
fälle kommen, wenn ich eine abstrakte Darstellung im Blickfeld
habe. Bei einem gegenständlichen Bild wird meine Phantasie zu
stark von der konkreten Abbildung gefangengenommen.

Kunst und Technik

In diesem Zusammenhang will ich noch einige Gedanken über
die Verbindung von Kunst und Technik anfügen. Es ist unbestritten, daß nicht nur zur Schaffung eines Kunstwerkes, sondern auch zur Entwicklung eines technischen Produktes ein
schöpferischer Geist gehört. Es ist müßig zu fragen, wem mehr
Größe zuzuschreiben ist: dem künstlerischen oder dem techni-

schen Genie. Beide dienen dem Menschen, der Bereicherung seines Lebens, seiner Daseinsgestaltung.

Abgesehen davon, daß Kunst und Technik verschiedenen Bereichen angehören, einmal dem geistig-kreativen, zum anderen dem naturwissenschaftlich-konstruktiven, unterscheiden sie sich noch in einem anderen Punkt. Ein Kunstwerk ist in aller Regel die Schöpfung eines einzigen Kopfes, vielleicht sagt man besser: *einer* Seele. Es ist ein einmaliges, unwiederholbares Produkt. Keine noch so gute Kopie kann den Wert eines Originals erreichen; denn nur das Original ist das Ergebnis des geistigen Schöpfungsaktes. Dagegen ist ein neues technisches Produkt – und als Inhaber einer ganzen Anzahl von Patenten spreche ich aus eigener Erfahrung – in aller Regel die Akkumulation von Ideen verschiedener Köpfe.

Nehmen wir als Beispiel das Fahrrad: Der Deutsche von Drais kam auf die Idee, daß eine Fortbewegung auf Rädern schneller sein müsse als die auf zwei Beinen. Er konstruierte ein Fahrgestell – die Draisine –, bei der man sich mit den Füßen abstieß. Ein anderer Techniker erfand den Antrieb durch eine als Tretkurbel ausgebildete Radachse, die von den Füßen betätigt wurde, und baute das Hochrad, bei dem der riesige Radumfang eine erträglich langsame Bewegung der Beine erlaubte. Und erst ein dritter Erfinder kam auf die Idee der Übersetzung durch verschieden große Kettenräder, womit Vorder- und Hinterrad gleich groß gehalten und der Fahrer von seinem Hochsitz befreit werden konnte. Ein weiterer Techniker fügte den Freilauf hinzu, damit der Fahrer bergab nicht immer strampeln mußte. Und erst ein fünfter Erfinder ersann die Rücktrittbremse zur Erhöhung der Verkehrssicherheit.

Das heutige Fahrrad hat also wie alle anderen hochwertigen technischen Erzeugnisse – Auto, Flugzeug, Fernsehapparat, Computeranlagen und so weiter – eine Vielzahl von geistigen Vätern. Der technische Schöpfungsakt ist somit gleichsam ein permanenter, bewerkstelligt von vielen Köpfen; der künstlerische Schöpfungsakt ist dagegen ein einmaliger, vollzogen von einem einzelnen.

Dem Wunsch, die Technik »menschlich« zu machen, dem menschlichen Körper wie dem ästhetischen Empfinden anzupassen, wird heute, wie ich gezeigt habe, in der industriellen Arbeitswelt allenthalben Rechnung getragen, auch in meinen Werken der Körber-Gruppe. War in den Anfängen der Industrialisierung allein der Zwang zur Leistungsoptimierung bestimmend, was zu menschenunwürdigen Zuständen in den Produktionsbetrieben führte, so ist diese Phase inzwischen weitgehend überwunden. Heute ist man dabei, die Produktionswerkstätten unter dem Motto »Humanisierung der Arbeitsplätze« zu verbessern. Die Notwendigkeit, die Produktionswerkstätten besser auszustatten, beweist auch die Tatsache, daß die jahraus, jahrein im monotonen Maschinenlärm, noch dazu meist unter Akkordlohn-Bedingungen, Tätigen viel häufiger von der vorgezogenen Altersgrenze Gebrauch machen als die Angestellten mit Liebchens Bild auf dem Schreibtisch und dem Kaktus im Bürofenster.

Die Humanisierung der Arbeitsplätze in den Fabrikhallen darf sich nicht nur auf eine Verbesserung der Arbeitstechnik beziehen, sondern muß eine seelisch-atmosphärische Aufwertung im Auge haben. Man bemüht sich heute, nicht nur den Lärmpegel herunterzusetzen, sondern auch Farbe und heitere Stimmung in die Werkhallen zu bringen. Das frühere triste Grau der Maschinen ist im Verschwinden begriffen. Die Arbeitswelt wird bunter.

Es bedarf der Verbreitung und Vertiefung sittlich-ethischer und ästhetischer Werte und Antriebe, um ein Gegengewicht zur drohenden Herrschaft der Maschine über den Menschen zu haben. In diesem Sinne hat die Beziehung von Kunst und Technik eine gar nicht zu überschätzende gesellschaftliche Bedeutung.

Kulturstiftungen in Hamburg und anderswo

Meine kulturellen Bemühungen, Beiträge und Lösungen verbinden sich besonders mit Hamburg, der Stadt, in der ich lebe und in welcher der Schwerpunkt meiner Firmen liegt. Was ich beizusteuern versuchte, waren praktikable Ideen und Anregungen für das Kulturleben. Selbstverständlich gehört dazu auch die Mobilisierung von materiellen Hilfsquellen. Aber das ist nur ein Teil. Worauf es ankommt, sind die unternehmerischen Initiativen.

Ich bin oft gefragt worden, was mich als Industriellen bewogen hat, mein Engagement gerade auf kulturelle Belange zu konzentrieren. Nicht Mäzenatenehrgeiz war es, sondern in erster Linie die Überzeugung, daß unsere von Technik beherrschte Welt eine maßlose Versachlichung der menschlichen Beziehungen mit sich gebracht hat. Die Überbetonung der materiellen Wünsche läßt die kulturell-geistigen Bedürfnisse verkümmern, von den ethischen ganz zu schweigen. Deshalb halte ich es für notwendig, als Gegengewicht das Angebot an künstlerischen Erlebnissen mit innerem Gehalt zu fördern. Denn zum Kunstgenuß wird man nicht geboren, sondern erzogen.

Wiederaufbau Thalia Theater Hamburg

In den Aufbaujahren meines Unternehmens hatte ich keine Hand frei, um aktiv Beiträge zur Förderung der Kultur zu leisten. Doch Mitte der fünfziger Jahre wurde ich geradezu schicksalhaft in mein erstes, den Musen dienendes Amt gestoßen. Der damalige Erste Bürgermeister von Hamburg, Max Brauer, nahm die Einweihung einer großen Montagehalle meines Bergedorfer Unternehmens zum Anlaß, die Hauni-Werke zu besichtigen. Dabei muß den Bürgermeister irgend etwas beeindruckt haben. Ich hoffe, daß es nicht nur meine schwungvolle Dirigententätigkeit vor der mit Pauken und Trompeten schmetternden Blaskapelle war. Jedenfalls fragte mich der Bürgermeister nach meiner »künstlerischen« Einlage als Kapellmeister, ob ich nicht im Thalia Theater ein Aufsichtsratsmandat übernehmen wolle, das durch den aus Altersgründen ausscheidenden Ascan Klée Gobert, den Vater von Boy Gobert, frei wurde. Als loyaler Bürger konnte ich schlecht nein sagen, und so bin ich heute das dienstälteste Mitglied dieses Gremiums und habe in dieser Eigenschaft gleich ein halbes Dutzend Kultursenatoren über mich ergehen lassen und fünf Intendanten – Maertens, Raeck, Gobert, Striebeck und Flimm – »beaufsichtigt«.

Ich habe mich bei meiner Aufsichtsratstätigkeit nie damit begnügt, nur die Aufgaben wahrzunehmen, die das Amt vorsieht, sondern ich wollte, weil ich ein von gestaltender Unruhe getriebener Mensch bin und mir ohnehin alles immer zu langsam geht, selbst »in die Speichen greifen und mit dran drehen«. Bei dem kümmerlichen Nachkriegszustand des Thalia Theaters bot sich dazu reichlich Gelegenheit: Das von Bomben weitgehend zerstörte Haus mußte sich mit einer Notbühne im Zuschauerraum behelfen. Es wurde auch noch 1957 – unter Ignorierung der Feuerschutzbestimmungen – ohne eisernen Vorhang gespielt. Der Neubau des Bühnenhauses wurde mit Rücksicht auf den vorrangigen Wohnraumbedarf vom Senat nicht genehmigt und immer wieder verschoben. Um dem Senat die Entscheidung zum Wiederaufbau des Thalia Theaters zu erleichtern, errichtete ich mit einem Grundkapital in Höhe von 100000 D-Mark die Stiftung »Wiederaufbau Thalia Theater Hamburg«. Mit der Stiftung, deren Vorsitz Kultursenator Biermann-Ratjen übernahm, sollte zum einen eine Initialzündung für den Wiederaufbau bewirkt werden; zum anderen war satzungsgemäß festgelegt, daß die Stiftungsmittel nur für die Inneneinrichtung des Theaters verwendet werden durften.

Die auf diese Weise durch eine Bürgerinitiative ins Leben gerufene Stiftung war für den Senat in der Tat ein willkommener Anlaß, nunmehr den Wiederaufbau zu beschließen. Die Eröffnung des neuen Hauses mit den von mir gestifteten Einrichtungen, wie Bestuhlung, Vorhang, Kronleuchter, die das Theater bis zum heutigen Tage zieren, erfolgte im Jahre 1960. Die Stiftung leistet im übrigen noch heute gute Dienste, wenn auch mit anderer Zwecksetzung, und zwar unter dem Namen »Stiftung zur Förderung des Thalia Theaters Hamburg«.

Das Triptychon von Oskar Kokoschka

Auch anderweitig steckte ich auf einmal »mittendrin«: Bürgermeister Brauer war nach dem Krieg von Oskar Kokoschka gemalt worden. (Das Bild hängt in der Kunsthalle Hamburg.) Bei einer der Sitzungen im Rathaus hatte Kokoschka in seinem österreichisch-schweizerischen Dialekt versprochen, für Hamburg mal ein schönes »Buildl« zu malen. Jahre später, nachdem von 1953 bis 1957 der Bürgerblock mit Dr. Sieveking als Bürgermeister regiert hatte und Brauer wieder erster Mann im Staate geworden war, erinnerte er sich an Kokoschkas Versprechen und ließ durch den Kultursenator Biermann-Ratjen nachfragen, ob denn das »Buildl« nun gemalt sei. Und tatsächlich hatte der Künstler das Werk – ein riesiges Triptychon »Thermopylen« – in der Schweiz fertiggestellt (vgl. Abb. 17). Das Honorar sollte 250000 D-Mark betragen; Hamburg sei schließlich eine reiche Stadt, und wenn sie nicht sofort zugreife, gehe es nach München, das sehr daran interessiert sei. Hamburg war zweifellos eine reiche Stadt, konnte aber nicht sofort zugreifen, weil die Summe dafür nicht im Haushaltsplan stand. Der im Stil eines Barockfürsten regierende Bürgermeister Brauer, der den Münchnern das Kunstwerk mißgönnte und unter allen Umständen seine Residenz mit dem »Buildl« schmücken wollte, sprach mich an, ob ich nicht das Triptychon für Hamburg stiften könne. Als Jungunternehmer konnte ich es nicht. Um aber Brauer nicht betrübt von dannen ziehen zu lassen, erklärte ich mich bereit, den Betrag als Darlehen zur Verfügung zu stellen. Das Geld müsse mir aber bis zum Ablauf von Brauers Amtszeit als Bürgermeister zurückgezahlt werden.

Das Triptychon kam nach Hamburg. Es sollte im neuen

Auditorium maximum aufgestellt werden und wurde, bis dieses fertig war, in der Kunsthalle gelagert. Als das Auditorium maximum in Betrieb genommen wurde, konnte man es aus anderen Erwägungen heraus dort nicht unterbringen.

Das Ende der Amtszeit des Bürgermeisters kam immer näher, und mein Darlehen hing noch immer im Schornstein. Brauer scheute weder List noch Gelegenheit, mich zu einem Rückzahlungsverzicht zu bewegen. Ein Beispiel hierfür: Bundespräsident Theodor Heuss machte am 14. Oktober 1958 einen offiziellen Besuch in Hamburg. Der Bürgermeister zeigte ihm stolz das in der Kunsthalle lagernde Kokoschka-Bild. Abends, beim Empfang auf der im Hafen liegenden alten »Hanseatic«, stellte mich Brauer dem Bundespräsidenten mit der Bemerkung vor: »Das ist der Mann, der das Triptychon nach Hamburg holte.« Als Heuss sich aus seinem tiefen Clubsessel erheben wollte und ich ihn bat, doch sitzen zu bleiben, sagte er: »Nein, vor einem Mann aus der Wirtschaft, der sich so für die Kunst engagiert, stehe ich auf.« Ich habe mich darüber sehr gefreut, konnte mich jedoch dem Bürgermeister gegenüber trotzdem nicht dazu entschließen, auf die Rückzahlung des Darlehens zu verzichten, aber helfen wollte ich ihm schon.

Deshalb schlug ich Brauer vor, Kokoschka, der gerade in Lübeck malte, zu einem gemeinsamen Frühstück mit Philipp Reemtsma und mir nach Hamburg einzuladen. Ich wußte, daß sich Philipp Reemtsma und Brauer seit vielen Jahren nicht nur bestens kannten, sondern sich auch gegenseitig in schwierigen Situationen geholfen hatten.

Das Frühstück wurde im Hamburger Rathaus eingenommen. Als ich das Gespräch auf den Ankaufpreis für das Bild brachte, fragte mich Philipp Reemtsma: »Na, wieviel würden Sie denn übernehmen?« Meine Antwort darauf: »Den Rest, Herr Reemtsma, den Sie nicht übernehmen.« Philipp Reemtsma schmunzelte, übernahm zwei Drittel und ich, wie vereinbart, den Rest.

Das Triptychon fand nach dem Tod von Philipp Reemtsma im Philosophenturm der Universität Hamburg seinen endgültigen Platz. Der Betrachter des Kokoschka-Bildes im Philosophenturm wird jedoch meinen Spendernamen auf dem kleinen Messingschildchen vermissen. Der Grund dafür liegt nun nicht etwa darin, daß ich mich in Bescheidenheit üben wollte, sondern vielmehr in einer amüsanten Fortsetzung dieser unendlichen Geschichte.

Als ich hörte, daß die beiden Namen der edlen Spender des Triptychons für alle Zeiten auf dem Gemälde angebracht werden sollten, vereinbarte ich mit der Witwe Frau Gertrud Reemtsma, daß sie meinen Kaufpreisanteil zusätzlich übernehmen sollte, damit wir diese Summe für den Erwerb des Bildes »Der Wanderer über dem Nebelmeer« von Caspar David Friedrich mit verwenden konnten. Und so geschah es auch, womit die Voraussetzung für die große Caspar-David-Friedrich-Ausstellung in der Kunsthalle Hamburg im Jahre 1974 geschaffen war.

Um auf den Besuch von Bundespräsident Heuss zurückzukommen: Zwischen ihm und mir entstand eine herzliche Beziehung mit weiteren Begegnungen und regem Schriftwechsel. Heuss interessierte sich lebhaft für die von mir geplante Fachhochschule für Verfahrenstechnik in Hamburg-Bergedorf, an der auch ein von mir entwickeltes – bis dahin noch nicht bekanntes Studienfach – gelehrt werden sollte. Es handelt sich um Fachleute zum Schutze der Umwelt, sogenannte Bioingenieure. Bundespräsident Heuss hat es mir schriftlich zugesichert, daß diese Hochschule, die 1973 mit dem ökologischen Studium eröffnet wurde, seinen Namen tragen dürfe. Von der Namensgebung habe ich aber keinen Gebrauch gemacht, weil die Freie Demokratische Partei Deutschlands (FDP) zur Erinnerung an den bereits 1963 verstorbenen Bundespräsidenten eine Theodor-Heuss-Akademie errichtet hatte – in Unkenntnis der mir von Heuss gegebenen Patronatszusage.

Aber auch ein Erlebnis, das ich mit Kokoschka hatte, möchte ich nicht unerwähnt lassen. Als Sonntagsmaler hatte ich mir in meinem Garten ein laubenähnliches kleines Atelier eingerichtet. Eine Zeitlang habe ich dort vorwiegend pastös gearbeitet, das heißt, die Farbe statt mit dem Pinsel mit einem Spachtel aufgetragen. Dabei wird natürlich viel mehr Farbe benötigt als bei einer Arbeit mit dem Pinsel. Das hat wiederum zur Folge, daß auf der Palette, von der man mit dem Spachtel die Farbe abnimmt, am Schluß häufig Ölfarbe übrigbleibt. Diese Farbreste hatte ich nun schon jahrelang wahllos an eine Holzwand in meinem Laubenatelier geschmiert. Als mich Kokoschka besuchte, führte ich ihm meine Landschaften und Blumenbilder im Atelier vor. Auf meine Frage, welches der Bilder am besten gelungen sei, zeigte er auf die an die Wand geschmierten Farbreste. Wir sind trotzdem Freunde geblieben.

Stiftung zur Förderung der Hamburgischen Staatsoper

Rolf Liebermann war 1959 Intendant der Hamburgischen Staatsoper geworden und scheute keine Anstrengung, die Bühne auf Weltniveau zu bringen. Nach einer glänzenden Felsenstein-Inszenierung von »La Traviata« hatte er die Übertragungsrechte an das Deutsche Fernsehen verkauft. Das brachte seinem Haus einen Überschuß ein, den er zur weiteren Qualitätssteigerung für seinen künstlerischen Etat zu verwenden gedachte. Nun wird die Oper bekanntlich aus dem Stadtsäckel subventioniert. Deshalb verlangte die Kulturbehörde, daß der Überschuß mit den Subventionszahlungen verrechnet werde. Liebermann war darüber sehr aufgebracht und fest entschlossen, seinen Vertrag mit der Oper nicht zu verlängern, wenn sich keine Möglichkeit fände, derartige Mehreinnahmen zur Aufbesserung des künstlerischen Etats einzusetzen.

Um Liebermann in Hamburg zu halten, habe ich im Juni 1960 mit einigen Freunden und einem Startkapital von 200 000 D-Mark die »Stiftung zur Förderung der Hamburgischen Staatsoper« ins Leben gerufen. Die Bedingung, die der Hamburger Senat akzeptierte, war, daß Mehreinnahmen durch außergewöhnliche Aufführungen, die aus Stiftungsmitteln finanziert worden waren, über die Stiftung wieder der Oper zugute kamen.

Rolf Liebermann verlängerte daraufhin seinen Vertrag und blieb bis 1971 »unser« Intendant.

Mit Hilfe der Stiftung, die durch Spenden vieler Opernfreunde gespeist wird, konnte der Intendant zahlreiche Auftragswerke vergeben, das künstlerische Niveau der Oper entschieden angehoben und zu Weltgeltung gebracht werden.

Igor Strawinskys 80. Geburtstag

Daß Kunst und Kommerz sich gegenseitig beflügeln können, will ich noch an einem anderen Beispiel demonstrieren. Im Juli 1962 beging Igor Strawinsky seinen 80. Geburtstag, zu dem er als gebürtiger Russe von Chruschtschow in den Kreml und als Wahlamerikaner von Kennedy ins Weiße Haus eingeladen werden sollte. Die Situation war für den großen Komponisten einigermaßen prekär; denn er wollte es sich, wie er seinem Freund Rolf Liebermann erzählte, mit keiner der beiden Supermächte verderben und sich krankmelden. Deshalb kamen Liebermann und ich überein, Strawinsky nach Hamburg einzuladen und das große Ereignis mit einer Aufführung des Strawinsky-Balletts »Apollon Musagète« in der Hamburgischen Staatsoper zu begehen, getanzt unter der Regie von George Balanchine vom New York City Ballet, mit dem Meister am Dirigentenpult. Die Kosten für Aufführung und Honorar übernahm die von mir ins Leben gerufene Opernstiftung.

Strawinsky kam. Man gab ihm zu Ehren einen prächtigen Empfang im Hamburger Rathaus, wo ihm Bürgermeister Paul Nevermann eine Erstausgabe von Lessings »Hamburgische Dramaturgie« überreichte. Nach der Gala in der Staatsoper gab die Stiftung zu Ehren des Maestros im Hotel »Vier Jahreszeiten« ein Diner. Dazu ließ ich in den Hauni-Werken eine zweimal drei Meter große Tafel mit Notenlinien anfertigen, in die in einer bestimmten Reihenfolge Löcher gebohrt waren. Bei der Festpolonaise, die von Frau Strawinsky und mir angeführt wurde, steckte jeder Gast eine Blume in die Tafel, so daß sich der Text:

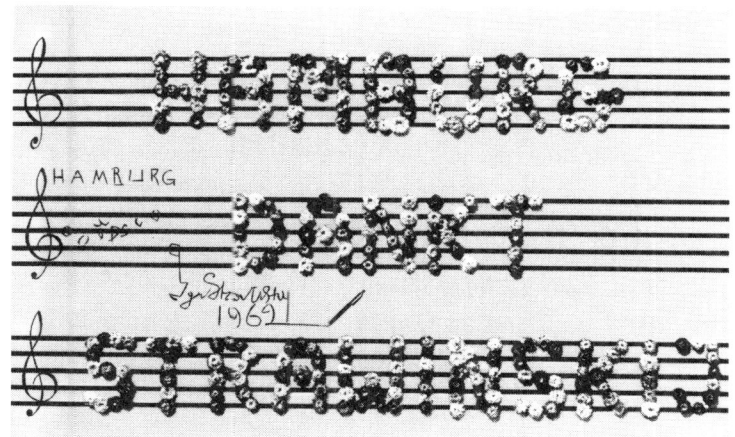

Notentafel zum 80. Geburtstag Igor Strawinskys

»Hamburg dankt Strawinsky« ergab. Diese Tafel hat jahrelang im Foyer der Staatsoper gestanden und ist leider bei dem großen Feuer (1961) in den Opernwerkstätten am Schlicksweg mit verbrannt.

Alle haben verdient

Die Aufführung in der Staatsoper wurde übrigens, um die kommerzielle Seite nicht zu vergessen, an das Deutsche Fernsehen verkauft, das dafür 300 000 D-Mark zahlte, von denen Strawinsky und das New York City Ballet 160 000 D-Mark erhielten, während der Opernstiftung 140 000 D-Mark zuflossen. Die ARD wiederum verkaufte die Aufzeichnung ihrerseits an die Eurovision, so daß am Ende alle Beteiligten an dem Ereignis verdient hatten.

Als ich dieses Beispiel später einmal Gästen aus der Sowjetunion schilderte, um ihnen die Funktion unseres marktwirtschaftlichen Systems zu erklären, fragten sie mich ratlos: »Ja, wer hat denn nun die ganze Geschichte bezahlt?«

Derartige unternehmerische Initiativen im kulturellen Bereich haben sich auch bei anderen Gelegenheiten bewährt. Die Mittel der Opernstiftung – bisher etwa zehn Millionen D-Mark – setzten wir als Zuschüsse oder in Form von Bürgschaften ein, wenn es galt, künstlerisch herausragende Projekte nach Hamburg zu holen.

Mein Engagement für die Kunst hat mir viele unvergeßliche Höhepunkte beschert. So hatte Rolf Liebermann 1984 zu meinem 75. Geburtstag die zauberhafte Fabel »Ferdinand der Stier« von Munro Leaf vertont und mir die Partitur gewidmet. Die Welturaufführung fand am 9. September 1984 in der Hamburgischen Staatsoper statt. »Ferdinand der Stier«, der lieber an Blumen schnuppern als kämpfen will, wurde mit Peter Ustinov als Sprecher aufgezeichnet und in vielen Ländern über das Fernsehen ausgestrahlt.

Stiftung zur Förderung
der Hamburgischen Kunstsammlungen

1956 wurde die »Stiftung zur Förderung der Hamburgischen Kunstsammlungen« ins Leben gerufen mit dem Ziel, für die hamburgischen Museen, insbesondere für die Kunsthalle und das Museum für Kunst und Gewerbe, private finanzielle Zuwendungen zu ermöglichen, mit deren Hilfe hochwertige Kunstankäufe getätigt werden konnten, für die die staatlichen Subventionen nicht ausreichten. Der Senat unterstützte diese Bürgerinitiative über die von ihm gewährten Subventionen hinaus mit einem finanziellen Zuschuß in gleicher Höhe, wie sie die privaten Spenden ergaben.

Jahrzehntelang war ich Mitglied des Stiftungskuratoriums, das aus Vertretern der Wirtschaft und Mitgliedern der Hamburger Bürgerschaft gebildet wird und das über zusätzliche Ankäufe entscheidet, die von den Museumsdirektoren vorgeschlagen werden.

Private Mittel als Risikoträger

Bei den steigenden Preisen für Kunstgegenstände reichen häufig Stiftungsmittel und Senatszuschüsse nicht aus, um besonders wertvolle Stücke ankaufen zu können. Ich denke zum Beispiel an »Flora« von Lovis Corinth oder »Wanderer über dem Nebelmeer« von Caspar David Friedrich. In solchen Fällen habe ich dann mitunter für die Stiftung eine Bürgschaft für ein langfristiges Bankdarlehen übernommen, dessen Zinsen ich durch Spenden abdeckte.

Anfang der sechziger Jahre habe ich die große Bronzefigurengruppe »Schachspiel« der Bildhauerin Germaine Richier erworben. Ursprünglich hatte ich diese Figuren für die Eingangshalle der von mir initiierten Fachhochschule für Produktions- und Verfahrenstechnik in Hamburg-Bergedorf gedacht. Doch bei den »68er-Studenten« stieß das Geschenk eines Unternehmers, der doch ein Ausbeuter der Gesellschaft ist, auf wenig Gegenliebe. Deshalb vermachte ich dieses großartige Kunstwerk der Hamburger Kunsthalle, wo es vor dem Kupferstichkabinett einen schönen Platz gefunden hat. Der jährliche Stiftungsempfang, auf dem die Neuerwerbungen vorgestellt werden, zählt zu den gesellschaftlichen Höhepunkten und vereint die kunstinteressierte Elite der Hansestadt.

Theater in der Kunsthalle (TiK)

Mitunter gibt es Probleme, die ungewöhnliche Lösungen erfordern, was mich immer besonders gereizt hat. Nachdem Boy Gobert als Intendant des Thalia Theaters in seiner ersten Spielzeit glänzende Erfolge errungen hatte, stand die Verlängerung seines Vertrages an. Aber erfolgreiche Intendanten wissen ihren »Marktwert« zu schätzen und stellen Bedingungen. Gobert machte sein weiteres Verbleiben in Hamburg von der Schaffung einer Studiobühne abhängig, wie sie das Schauspielhaus mit dem Malersaal bereits besaß. Der Senat wollte zwar den hervorragenden Theatermann in Hamburg halten, ihm fehlten aber die notwendigen Finanzmittel, um eine solche Studiobühne zu errichten. Das veranlaßte mich, einen geeigneten Raum ausfindig zu machen, den ich schließlich in dem Vortragssaal der Hamburger Kunsthalle fand. Für 200 000 D-Mark wurde dieser Saal zu einem Bühnenraum umfunktioniert. Den Betrag habe ich gestiftet, damit Boy Gobert nicht »stiften«ging. Seitdem gibt es das »Theater in der Kunsthalle (TiK)«, und Gobert verlängerte seinen Vertrag als Intendant des Thalia Theaters bis 1980.

Opern-Gala

Seit 1956 habe ich meine Mitarbeiter mit ihren Ehepartnern anstelle der sonst üblichen Betriebsfeste jedes Jahr zu gemeinsamen Theater- und Opernbesuchen eingeladen. Zum 25jährigen Bestehen meines Unternehmens 1971 wollte ich etwas Besonderes veranstalten. Ich hatte zunächst daran gedacht, eigens für dieses Ereignis eine Oper komponieren zu lassen. Zur Eröffnung des Suezkanals wurde damals kein Geringerer als Giuseppe Verdi in diesem Sinne bemüht; »Aida« war das großartige Ergebnis dieser Auftragsarbeit. Weil aber die zeitgenössischen Komponisten nur noch die atonale Komposition bevorzugen, was nicht dem Geschmack meiner Mitarbeiter entsprach, kam ich mit Rolf Liebermann überein, aus den schönsten Opern- und Ballettszenen eine Galavorstellung mit den besten Gesangs- und Tanzsolisten, die in der internationalen Opernwelt zu finden waren, zu arrangieren. Geschätzte Kosten etwa eine Million D-Mark.

Im Oktober 1971 ging die fünfstündige Aufführung an vier Abenden über die Bühne der Hamburgischen Staatsoper – ein einmaliges musikalisches Feuerwerk mit Fiorenza Cossotto, Mirella Freni, Gwyneth Jones, Franco Corelli, Peter Glossop, Carla Cossutta und Nicolai Ghiaurov unter den Dirigenten Nello Santi und Jean-Marie Auberson. Rudolf Nurejew war der Höhepunkt der zahlreichen tänzerischen Darbietungen.

Dieses großartige Musikfest animierte das Fernsehen zu einer Aufzeichnung, die Weihnachten und Silvester 1971 ausgestrahlt wurde. Das war der ARD immerhin 780 000 D-Mark wert. Darüber hinaus wurden die Weltrechte an dieser Aufzeichnung gegen ein ansehnliches Honorar ins Ausland verkauft. Obwohl mich somit die ganze großartige Veranstaltung zu meinem 25jährigen Firmenjubiläum nichts gekostet hat, konnte ich es nicht »verhindern«, daß sich ein Reingewinn von 117 000 D-Mark ergab, der wiederum der Opernstiftung zugute kam. Auch dieses Beispiel zeigt, daß sich mit besonders attraktiven Darbietungen in der Oper durchaus »Gewinne« erzielen lassen, wenn jemand bereit ist, das unternehmerische Risiko zu tragen, welches der Staat nicht eingehen kann, weil er mögliche Verluste mit Steuergeldern abdecken müßte, was über den Rechnungshof den Protest der Öffentlichkeit hervorrufen würde.

Brahms-Gedenkstätte in Hamburg

Im April 1978 wurde ich von Dietrich Seebohm, Klarinettist beim Philharmonischen Orchester Hamburg, auf ein Thema angesprochen, das mich schon seit langem bewegte: Hamburgs Mißachtung seines wohl größten Musensohnes, Johannes Brahms. Seebohm schrieb mir: »Jedesmal, wenn ich auf dem Wege zur Musikhalle an dem unauffälligen Gedenkstein in der Caffamacherreihe vorbeikomme, der in nahezu unleserlicher Schrift darauf verweist, daß hier in der Nähe Brahms' Geburtshaus gestanden habe, könnte ich verzweifeln. Warum schaffen wir es in Hamburg nicht, Johannes Brahms in angemessener Weise zu ehren?«

Der langjährige Hamburger Kultursenator Biermann-Ratjen hatte sich bereits mehrfach vergeblich für eine Brahms-Gedenkstätte eingesetzt. So nahm ich denn die Verleihung der ersten »Senator-Biermann-Ratjen-Medaille für Verdienste im Kulturleben« an Elsbeth Weichmann am 19. April 1978 im Hamburger

Rathaus zum Anlaß, durch meine Stiftung die Mittel für ein würdiges Brahms-Denkmal zur Verfügung zu stellen.

Ein Wettbewerb »Brahms-Gedenkstätte für Hamburg« wurde ausgelobt mit dem Ziel, den Karl-Muck-Platz um die Musikhalle herum künstlerisch umzugestalten und mit einem Brahms-Denkmal auszustatten, das sowohl Johannes Brahms als Person wie auch sein musikalisches Werk unverwechselbar sichtbar machen sollte. Am 30. März 1979 lagen der siebenköpfigen Jury, der neben Bundeskanzler Helmut Schmidt, Klaus-Dieter Ebert, Erster Baudirektor in Hamburg, dem Hamburger Bildhauer Fritz Fleer, dem Wiener Maler und Graphiker Prof. Rudolf Hausner, Prof. Rolf Liebermann, damals Intendant der Oper in Paris, dem Hamburger Architekten Prof. Godber Nissen auch ich angehörte, 51 Entwürfe aus dem In- und Ausland vor. Am 8. September 1979 wurde die Arbeitsgemeinschaft Maria Pirwitz/Jörn Rau mit dem 1. Preis ausgezeichnet und zugleich entschieden, daß in die Gestaltung des Karl-Muck-Platzes und des Bereiches am Dragonerstall zwei Kunstwerke einbezogen wurden, nämlich eine Plastik der Hamburger Bildhauerin Maria Pirwitz, die die Musik von Johannes Brahms symbolisiert (vgl. Abb. 22), sowie einen Granit-Kubus des Hamburger Bildhauers Thomas Darboven, der den Kopf von Johannes Brahms reliefartig in vier Lebensaltern abbildet. Der Platz selbst wurde mit Kleinpflaster, Mosaik, Platten und Stufen aus russischem rotem Colombo-Granit und französischem grauem Bleu-Pyrit-Granit ausgestaltet.

Am 17. Oktober 1981, also nach zwei Jahren Bauzeit, wurde die Brahms-Gedenkstätte durch Loki Schmidt in einer Feierstunde im großen Saal der Musikhalle eingeweiht. Die Festrede hielt der bekannte Germanist und Literaturkritiker Hans Mayer, Tübingen. Um in Hamburg das Bewußtsein für Johannes Brahms in der breiten Öffentlichkeit zu fördern, veranlaßte ich eine Aufführung der »Ungarischen Tänze« durch das Philharmonische Staatsorchester unter der Leitung von Hans Zender, und zwar im Hamburger Volksparkstadion im Rahmen des Bundesliga-Fußballspiels: HSV/Borussia Mönchengladbach.

Ob allerdings diese Aufführung die Fans in der Westkurve beeindruckt und an die Kultur näher herangeführt hat, möchte ich nachträglich bezweifeln.

Ich habe anläßlich der Einweihung der Brahms-Gedenkstätte die Intentionen deutlich gemacht, die mich bewogen hatten, mit meiner Stiftung einen solchen kulturellen Akzent zu setzen: »Wir wollten dieser Stadt ein weiteres Kulturdenkmal einpflanzen. Nicht mehr und nicht weniger. Kinder sollen davor spielen, Leute sich ausruhen, Pärchen sich treffen – dem alten Brahms tut es nicht weh, wenn sie sich nicht vor ihm verbeugen. Es genügt, wenn er hier anwesend ist, wie ein starker Baum, der von dem großen Wald zeugt, den wir künstlerische Kultur nennen. Die Kunst soll mit dieser Gedenkstätte ein weiteres Mal ›selbstverständlich‹ für diese Stadt und ihre Bürger sein. Sie soll sie einladen, mit den Künsten als unseren Lebenseinrichtungen umzugehen: Das ist Kultur!

Das Selbstverständliche will freilich gelernt sein, Kunst kommt nicht von ungefähr. Daß es damit in früherer Zeit problemloser gewesen sei, scheint nur so. Aber einerlei, ob sie sich der Religion verband, ob sie dem Ruhm der Mächtigen oder dem schöneren Leben diente: Immer bleibt Kunst der Öffentlichkeit zugewandt. Um diese Öffentlichkeit der Kunst in unserem heutigen Leben geht es mir. Öffentlichkeit heißt Teilnahme. An der Kunst und Kultur teilnehmen sollen nicht nur die Kenner und Liebhaber; andererseits wollen wir die Teilnahme nicht zu einem gutgemeinten ›sozialen Anliegen‹ verengen.

Ich meine, daß unsere industrielle Gesellschaft der Kunst bedarf, um gegenüber der Alleinherrschaft der materiellen Ansprüche und Interessen zu sich selbst zu finden, Bildung zu erwerben.«

Kunst und Kultur sind zwar aus dem Alltagsleben herausgehoben, ihnen gebührt der Rang des Feierlichen und Festlichen, aber sie sind nur dann lebendig, wenn sie in unserer Gesellschaft verwurzelt sind und von allen Menschen und allen sozialen Schichten wahrgenommen, ernst genommen werden können.

Der Zwergenschatz vom Monte Leone

Die beiden miteinander befreundeten und in allen Konzerthäusern der Welt gefeierten Pianisten Justus Frantz und Christoph Eschenbach hatten sich bereits vor Jahrzehnten auf der Insel Gran Canaria einen Berg, und zwar den Monte Leone, gekauft. Auf diesem Berg, den sie erst mit Bewässerungsanlagen kultivieren mußten und auf dem nunmehr zwischen prächtigen subtropischen Pflanzen saftige Orangen und andere Zitrusfrüchte reifen, haben sie sich eine herrliche Wohnanlage mit Musikhalle, Schwimmbad und Gästezimmern für ihre Freunde gebaut.

Helmut und Loki Schmidt verbringen häufig den Jahreswechsel auf diesem paradiesischen Landsitz der Pianisten. So auch das Jahresende 1982. Weil ich im Februar 1983 mit unserer Haustochter Theresia und ihrem damals vierjährigen Töchterchen Regina gleichfalls als Gast von Justus Frantz den Monte Leone genießen konnte, verabredete ich mit Loki Schmidt, die ja vier Wochen vor mir dort war, daß sie etwas auf dem Berg verstecken sollte, damit ich mit Theresia und Regina etwas zu entdecken hätte. Natürlich mußte Loki für unser Suchen geeignete Spuren hinterlassen.

Als ich auf dem Monte Leone eintraf, hatte Loki eine lustige Geschichte erdacht und für mich in einem kleinen Heftchen aufgeschrieben. Sie lautete:

»Lieber Kurt, als ich dieser Tage hier im Hause von Justus Frantz eines Abends in der Dämmerung am Fenster stand und vom Berg ins Tal hinunterschaute, sah ich plötzlich zwei kleine Zwerge im Garten stehen. Ich hörte, wie der eine Zwerg zum anderen sagte: ›Weißt du, es ist gar nicht schön, daß Justus Frantz und der Eschenbach uns den Berg weggenommen haben. Seit Jahrhunderten war doch der Monte Leone unsere Heimat. Ich gehe jetzt des öfteren nachts hierher und schaue nach, ob der Schatz, den wir Zwerge hier versteckt haben, noch da ist. Komm, laß uns gemeinsam nachsehen.‹«

Loki schrieb dann, daß sie heimlich den Zwergen gefolgt sei. Dabei hat sie den Weg mit Markierungen beschrieben und mit geschickten Handzeichnungen in dem für mich hinterlassenen Heftchen versehen. Mit dem Heft bin ich dann an den folgenden Tagen mit Theresia und der kleinen Regina, der wir eine Zwergenmütze aufgesetzt hatten, auf Spurensuche gegangen. Mit von der Partie war ein mit Justus Frantz befreundeter Arzt, Dr. Eckhardt Peterson, der unsere Spurensuche mit Lokis Zeichnungen mit einer Filmkamera aufnahm. Nach etlichen Stunden im Auf und Ab und Kreuz und Quer auf dem Berg, hatten wir den Zwergenschatz in einer Felsnische gefunden. Es war ein in einer großen Blechbüchse verschlossenes, reizendes kleines Puppen-Service. Den von Dr. Peterson aufgezeichneten Film hat Justus Frantz als historischen Dokumentarfilm vom Zwergenschatz auf dem Monte Leone zu einem Klavierkonzert vertont.

Europäische Kulturinitiative – Ausstellung »Gesamtkunstwerk« in Zürich

Es begann 1979. Damals hatten Bundespräsident Scheel, Rolf Liebermann und ich darüber nachgedacht, welche Rolle bei den europäischen Einigungsbestrebungen die Besinnung auf kulturelle Gemeinsamkeiten spielen könnte, wo doch nahezu ausschließlich politische, ökonomische und monetäre Probleme die Aufmerksamkeit der europäischen Öffentlichkeit in Anspruch nahmen. Die Frage, die wir uns stellten, lautete: Kann Kultur kitten? Wie kann man in der heutigen Zeit eine europäische Kultur kreieren? Daraus entstand mit einer Vielzahl von Veranstaltungen eine im wesentlichen von der Körber-Stiftung getragene »Europäische Kulturinitiative«, deren Höhepunkt die Ausstellung »Der Hang zum Gesamtkunstwerk – europäische Utopien seit 1800« war. Sie wurde im Februar 1983 in Zürich eröffnet und stand damals im Mittelpunkt des Interesses der internationalen Kunstwelt.

Die Körber-Stiftung hatte diese Ausstellung gemeinsam mit dem international hoch angesehenen Kunsthaus Zürich und einem der führenden Ausstellungsmacher in der Welt, Dr. Harald Szeemann, konzipiert, vorbereitet und durchgeführt. Nach Zürich wurde die bedeutsame Ausstellung in Düsseldorf, Wien, Brüssel, Berlin und Los Angeles gezeigt. Über 300 Gemälde, Skulpturen, Plastiken, Modelle, Rekonstruktionen waren zusammengetragen als Zeugnis einer europäischen Utopie.

Nach einer Definition von Harald Szeemann ist ein Gesamtkunstwerk »die Vereinigung aller Künste – Musik, Drama, Tanz, bildende Kunst, Architektur – zu einem totalen, synthetischen Werk von höchstem Anspruch, der die daran Teilnehmenden verändert«.

Im Zusammenhang mit der Ausstellung fand zugleich der 73. Bergedorfer Gesprächskreis statt, und zwar zum Thema »Die politisch-kulturelle Herausforderung Europas – Ein Weg zur Erneuerung der Industriegesellschaft«.

Natürlich hat die damals von Zürich ausgegangene »Europäische Kulturinitiative« keine Integrationswunder vollbracht; aber sie hat den Gedanken einer europäischen Identität im kulturellen Bereich, die Bedeutung des kulturellen Erbes und die kulturelle Vielfalt Europas nachdrücklich bewußtgemacht. Kunst und Kultur, Künstler und andere Kulturschaffende, kennen keine nationalen Grenzen, sondern sind allemal Wegbereiter der Verständigung zwischen den Völkern und Menschen. Angesichts der erneut in Europa, vor allem in Osteuropa, aufbrechenden nationalistischen Tendenzen und todbringenden Auseinandersetzungen wüßte ich keine geeigneteren Botschaften der Menschlichkeit als kulturelle Initiativen, wie wir sie damals in Gang gesetzt haben.

Walter Scheel hat bei der Eröffnung der Ausstellung 1983 in Zürich zu Recht gesagt, daß die europäische Kultur vor dem Nationalismus des 19. Jahrhunderts selbstverständlich übernational war. Der Kontakt zwischen Komponisten, Musikern, Malern, Dichtern war sehr viel enger, obwohl es damals noch nicht die technischen Kommunikationsmöglichkeiten gab wie heute. Der Nationalismus verfälschte die Geschichte im Sinne des Auserwähltseins und der Überlegenheit von Staaten und Nationen und schloß »das Fremde« als nicht dazugehörig aus. Kultur und Kunst bedeuten Experimentieren, offen sein für vielfältige, auch übernationale Einflüsse, das Entwerfen von Neuem, den Abschied von Gewohntem. Vielleicht wird damit einmal mehr verständlich, warum ich als industrieller Unternehmer mich der Kunst und Kultur so verpflichtet fühle. Denn nicht zuletzt die vorgenannten Kriterien sind es, auf denen mein wirtschaftlicher Erfolg aufbaut: Experiment, Entwurf von Neuem, Überwindung des Gewohnten, Offenheit nach außen. Wie könnte ich mit einem äußerst exportorientierten Unternehmen, das bis zu 90 Prozent seiner Erzeugnisse auf dem Weltmarkt verkauft, erfolgreich sein, wenn ich mich im nationalistischen Sinne abgrenzen würde?

Deichtorhallen

Wer aus Hamburgs City, von der Alster kommend, am Hauptbahnhof vorbei, Richtung Autobahn fährt, kann sie nicht übersehen: die Deichtorhallen Hamburgs, ein imposantes rotes Backsteinensemble inmitten einer großzügigen Grünanlage. Tagsüber wie des Nachts ein schöner Anblick.

Hamburgs jüngstes Ausstellungsgelände für moderne Kunst ist auf dem besten Wege, internationale Reputation zu erwerben. Die beiden Hallen, 1911 erbaut, dienten sieben Jahrzehnte lang als zentraler Markt- und Umschlagplatz für Obst, Gemüse und Blumen. Mit einer Grundfläche von 4000 beziehungsweise 2000 Quadratmetern ist die genietete Eisenkonstruktion mit Backsteinausfachung der Außenwände ein charakteristisches Beispiel für den Übergang von der historischen Architektur des 19. zur Moderne des 20. Jahrhunderts. Die Deichtorhallen gehören zu den wichtigsten bautechnischen Kulturdenkmälern der Freien und Hansestadt Hamburg. Auffallend ist, daß beide Hallen das Bemühen der Bauherren und Architekten um ästhetische Elemente sichtbar machen, erkennbar an den besonderen

Dachausbildungen sowie an der durch Skulpturen und Ornamenten geschmückten Architektur.

Seit Mitte der achtziger Jahre standen beide Hallen ungenutzt; sie verfielen und rosteten vor sich hin. Seit Jahren wurde über unterschiedliche Nutzungsmöglichkeiten diskutiert, ohne daß man sich auf eine Lösung hätte einigen können. Der Zerfallsprozeß schien unaufhaltsam; ein Abriß nur noch eine Frage der Zeit.

In dieser Situation sprach mich der damalige Erste Bürgermeister, Klaus von Dohnanyi, an und trug mir eine Idee vor, die mich sofort faszinierte, nämlich die Hallen als Ausstellungszentrum für die modernen Künste herzurichten. Ich ließ von dem renommierten Berliner Architekten Paul Kleihues ein Konzept für die Restaurierung anfertigen und bat den international anerkannten Schweizer Ausstellungsmacher Harald Szeemann – der das »Gesamtkunstwerk« in Zürich für die Körber-Stiftung inszeniert hatte – um eine Expertise über die Eignung der Hallen für den gewünschten Zweck. Beide kamen zu einem positiven Ergebnis.

In der Phase der Voruntersuchungen lud mich der Bürgermeister zu einem privaten Abendessen ein. Ich erinnere mich genau an den köstlichen Fisch, den Christa von Dohnanyi zubereitet hatte, und an die erlesenen Weine. Die anregenden Gespräche, das kulinarische Mahl, aber insbesondere meine wachsende Überzeugung, über eine sinnvolle, in die Zukunft weisende Investition zu entscheiden, entlockte mir an jenem Abend ein vorbehaltloses Ja zu den Deichtorhallen (vgl. Abb. 23). Es war das teuerste Essen meines Lebens. Denn die Instandsetzung der Gebäude einschließlich der Neugestaltung des gesamten sie umgebenden Geländes belief sich bei der Endabrechnung auf 25 Millionen D-Mark.

Was brachte mich dazu, ein so großes Stiftungsengagement einzugehen? Wirtschaft, Handel und Industrie einer Stadt tun gut daran, wenn sie die kulturellen Angebote ihrer Region tatkräftig unterstützen. Auch das ist eine durchaus wirtschaftliche Investition, denn sie verbessert die Standortqualität. Dieser

Tatbestand wird immer wichtiger angesichts der weiteren Verkürzung der Arbeitszeit, die den Menschen ständig mehr Freizeit beschert, die sie nicht zuletzt mit attraktiven kulturellen Angeboten ausfüllen wollen. Von daher übt die kulturelle Vielfalt in einer Stadt eine immer stärkere Sogwirkung auf Unternehmen und qualifizierte Arbeitskräfte aus.

Mein Einsatz für die Deichtorhallen sollte daher auch Hamburgs Stellung als kulturelle Metropole festigen und seine Attraktivität für Industrie und Wirtschaft verbessern helfen. Denn bedeutende Kulturzentren sind in der Geschichte stets auch wirtschaftliche Kristallisationspunkte gewesen.

Pünktlich zum 800. Geburtstag des Hamburger Hafens hatten die vielen verschiedenen Gewerke in weniger als einem Jahr die Restaurierungsarbeiten zu Ende geführt. Am 4. September 1989 konnte ich die Hallen ihrer neuen Bestimmung übergeben. Ich habe bei diesem Anlaß die moralische Verpflichtung der Wohlhabenden in unserer Gesellschaft besonders hervorgehoben, Teile ihres Vermögens für gesamtgesellschaftliche Aufgaben zur Verfügung zu stellen. Wer die Freiheit und die kreativen Kräfte der sozialen Marktwirtschaft nutzt, sollte auch die Verpflichtung akzeptieren, durch Übernahme von Aktivitäten, die ethisch motiviert sind, zu ihrer Stabilisierung und Fortentwicklung beizutragen.

Mit der Übergabe der restaurierten Hallen an den Hamburger Senat sah ich meine Aufgabe als beendet an. Ich habe ganz bewußt auf jeden Einfluß auf die Betreibergesellschaft des Ausstellungszentrums verzichtet, damit nicht der Eindruck entsteht, ich wolle mir meinen eigenen »Kulturgarten« schaffen.

Theater »Haus im Park«

Kultur aber kann nicht im verborgenen blühen: sie braucht einen Raum, eine Stätte der Begegnung, des Dialogs mit dem Publikum. Ich nahm deshalb die Gelegenheit wahr, im Zuge der Errichtung des Senioren-Centrums »Haus im Park« durch Integration eines Theatersaals zwei Fliegen mit einer Klappe zu schlagen. Endlich hatten die Laienbühnen, Chöre, Schultheatergruppen im Südosten Hamburgs eine theatergerechte Bühne, endlich hatten die vielen Theaterfreunde in der Region einen Ort der kulturellen Begegnung. Anlaß zu Optimismus! Ich wollte den Theatersaal »als ein Gasthaus künstlerischer Kultur in den Mittelpunkt des kommunalen Lebens stellen«. Helmut Schmidt betonte bei der feierlichen Eröffnung 1977: »Es liegt auch an allen Mitbürgern, ob und wie stark dieses Zentrum offen bleibt für alle.«

Heute kann ich sagen: Viele große Schauspielerinnen und Schauspieler, viele Klassiker, aber auch viele Autoren der Gegenwart riefen, und alle kamen. 5000 Abonnenten und über 50000 Besucher sehen mehr als 40 Tourneeproduktionen in jeder Spielzeit. Eine Theaterreihe für Kinder, eine Konzertreihe sowie Schultheatertage und Aufführungen von Laienbühnen ergeben an fast 200 Tagen im Jahr eine Platzauslastung von über 90 Prozent. Das kulturelle Leben in diesem Stadtteil nahm einen Aufschwung, der meinen Anfangsoptimismus noch weit übertraf. Meine unternehmerische Entscheidung, in die Stadtteilkultur zu investieren, war richtig gewesen.

Ich werde gelegentlich nach dem Erfolgsgeheimnis dieses Theaters gefragt: In einer Stadt mit einem Freizeitangebot wie in kaum einer anderen Metropole, mit einem vielfältigen, regen Theaterleben, besteht neben den hochsubventionierten Staatstheatern durchaus Bedarf für ein kleines, nur 500 Plätze fassendes Haus. Seine individuelle Atmosphäre, die vom Publikum wie von den Schauspielern gleichermaßen geschätzt wird, mag einer der Gründe sein. Ein weiterer: Im breitgefächerten Angebot nimmt das Tourneetheater im »Haus im Park« einen wichtigen Platz ein. Es versteht sich als Ergänzung zu den staatlichen Theatern, diesem Moloch aus Verwaltung, Vorschriften, Technik, Preisen und Terminen. Das »Haus im Park« ist in seinem Umfeld gefordert und hat große Chancen, weil es zu wesentlich günstigeren Bedingungen ein akzeptables Theatererlebnis bietet.

Vielleicht liegt der Erfolg dieser privaten Bühne gerade darin, daß sie ihren Spielplan nicht nur der leichten Muse widmet, sondern mit den Autoren unseres Jahrhunderts auch die Auseinandersetzung mit unserer Geschichte und mit der Gegenwart sucht, mit Dingen, die uns umgeben und uns bewegen. Gerade die Theaterkunst hilft, Normen aufzubrechen. Sie bedeutet auch einen humanen Aspekt in einer immer technisierteren Welt. Sie stiftet kreative Unruhe, schürt Neugierde und fordert unsere Phantasie heraus. Umgang und Beschäftigung mit der Kunst führen auch zu größerer Toleranz und Aufgeschlossenheit gegenüber Andersdenkenden, gegenüber allem Fremden schlechthin.

Zum Theater gehört natürlich auch das Risiko des Nichtgefallens und Mißlingens. Das ist sogar einer seiner Reize. Denn es hält die Kunst spannend und regt zu Auseinandersetzungen, zum Nachdenken, zur Diskussion an. Mein »Unternehmen« Theater »Haus im Park« hat die Segel vorm Wind; seine Bilanz schreibt natürlich keine schwarzen Zahlen. Doch darin unterscheidet sich Kunst eben von einem Wirtschaftsunternehmen: Sie kann ihre Bilanz nie ausgleichen. Sie ist nicht wirtschaftlich – aber sie ist wesentlich.

Der Rolf-Liebermann-Preis

Im Februar 1981 gab ich die Auslobung des »Rolf-Liebermann-Preises für Opernkomponisten« bekannt und schrieb diesen Wettbewerb weltweit aus. Eine Reverenz an meinen Freund Rolf Liebermann, ein Geschenk zu seinem 70. Geburtstag, ein später Dank für dessen glückhafte vierzehn Hamburger Intendantenjahre? Nein. Meine Intentionen, die ich mit diesem Preis verband, gehen über persönliche Bindungen hinaus und lassen keinen Platz für sentimentale Regungen. Dieser Preis sollte vielmehr Musiker ansprechen, sie ermuntern, sich der Kunstform Oper zu verschreiben und die Literatur mit neuen, modernen Werken zu bereichern.

Ich wollte seinerzeit jedoch nicht behaupten, die Kunstform Oper sei nicht mehr in Bewegung, oder es fehle an Komponisten. Mit diesem Preis wollte ich vielmehr das Bewußtsein der Menschen weg vom Konsumdenken zu sinnstiftender Beschäftigung mit der Kunst lenken und einen Beitrag zur Stärkung immaterieller Daseinswerte leisten.

Ich stellte eine internationale Jury zusammen – ihr gehören die Musikchefs der führenden Opernhäuser an –, und die wurde nach der ersten Auslobung von fast 60 noch nicht aufgeführten Opernwerken überschwemmt, und drei Jahre später, bei der zweiten, waren es über 80 Opern, deren Schöpfer auf einen Preis, viel mehr aber noch auf eine Uraufführung hofften.

Unter den eingereichten Partituren entdeckten wir allerdings auch manche, die Donizetti hätte geschrieben haben können. In der Musik des ausgehenden 20. Jahrhunderts erinnert aber nichts mehr an Donizetti; allerdings tun wir uns gelegentlich schwer, die Ohren für diese ungewohnten Töne – oder Geräusche – zu öffnen.

Doch war das nicht zu allen Zeiten so? Der Kritiker Paul Zschorlich urteilte zum Beispiel 1925 über die Uraufführung eines der großen Bühnenwerke des Jahrhunderts, über Alban Bergs »Wozzeck«: »Ich will von morgen an Moses Kanalgeruch heißen, wenn das kein aufgelegter Schwindel ist.« Heute ist »Wozzeck« in allen Opernhäusern der Welt zu hören.

»Nicht jedes Jahrhundert hat einen Mozart«, schrieb der Patron des Preises, Rolf Liebermann, in seinem Buch »Opernjahre«. Nach dem Niederländer Konrad Boehmer und dem Franzosen Olivier Messiaen wurde 1986 der »Mozart des 20. Jahrhunderts«, wie er oft genannt wird, der Deutsche Wolfgang Rihm, mit dem Rolf-Liebermann-Preis ausgezeichnet. Drei Jahre später waren es die deutschen Komponisten Detlev Müller-Siemens und York Höller. Die Preisverleihung wird jeweils von exzellenten musikwissenschaftlichen Referaten begleitet, so unter anderem von Hans Mayer oder August Everding.

Die Preisträger sind allesamt nicht gerade Komponisten, die ihrem Publikum »zündende Schlaflieder« präsentieren oder de-

13 Blumenporträt in Öl (50 × 60 cm)

14 Herbert Weichmann († 1983)
Hamburgs Bürgermeister von 1965 bis 1971

15 Meine Malerei geht auf jede Kuhhaut

16 Bleiglasfens[
von
Robert Schnell[

ren Musik auch nur eine entfernte Verwandtschaft mit Donizetti verrät; vielmehr fordert sie die Zuhörer – zuweilen überfordert sie diese auch –, wie ich bei den Preisvergaben empfunden habe. Aber wer einen Preis für moderne Musik auslobt, darf sich natürlich nicht mokieren, wenn sie ihm dann auch tatsächlich vorgespielt wird ... In den »Meistersingern« heißt es: »Der Vogel, der heut' sang, dem war der Schnabel hold gewachsen.« Ich bin überzeugt, daß die Neutöner der Gegenwart intensiver Förderung bedürfen, da sie die künftige Entwicklung des Musiktheaters wesentlich mitbestimmen werden. Ich für meinen Teil gestehe aber freimütig: Von Zeit zu Zeit höre ich den alten Donizetti gern.

Der Boy-Gobert-Preis

Als der große Schauspieler Boy Gobert Abschied vom traditionsreichen Hamburger Thalia Theater nahm – nach elf Intendantenjahren, in denen er seinem Publikum eine hohe Theaterkunst geboten hatte –, war viel Bitterkeit mit im Spiel. Gobert war Opfer der sogenannten »Hamburgischen Dramaturgie« geworden, die mit der berühmten Lessingschen Abhandlung allerdings nur den Titel gemeinsam hat. Die neuartige Hamburgische Dramaturgie, vom Senat dieser Stadt entworfen, versprach der Kunst und den Künstlern viel, doch wenn es galt, Zusagen einzulösen, erging man sich in politisch motivierten Ausflüchten. Gobert jedenfalls zog die Konsequenz, nachdem ihm die versprochene Generalintendanz für das Deutsche Schauspielhaus und das Thalia Theater ausgeschlagen worden war, und verließ die Hansestadt.

Anläßlich seiner Abschiedsvorstellung am 6. Juli 1980 gab ich die Auslobung des Boy-Gobert-Preises für den schauspielerischen Nachwuchs an Hamburger Bühnen bekannt. Diesen Preis wollte ich dem Künstler Gobert, meinem persönlichen Freund, nicht als Wundpflaster dedizieren, ich sah vielmehr eine dringende Notwendigkeit, einen Impuls auf dem Sektor des Theaters zu geben, der die künstlerische Qualität des Schauspiels sichert: die Ausbildung und Förderung des Nachwuchses. Neuerdings schien dieses Anliegen den Fachleuten und Wissenden nämlich vor lauter sonstigen Aktivitäten irgendwie aus dem Blickwinkel geraten zu sein. Bei allen sozialen Bemühungen um die älteren Schauspieler, bei allen Verbesserungen, die – zu Recht! – in diesem Beruf zu mehr Sicherheit führen sollten, drohte angesichts der überall einsetzenden Sparmaßnahmen die Förderung der Jungen, Begabten ins Abseits zu geraten; trotz aller beamteten Hochschulen, BAföG etc.

In vielen Gesprächen – nicht nur mit Boy Gobert – hatte ich mich mit dieser mir eigentlich fremden Problematik auseinandergesetzt. Inzwischen war ich mir sicher: Weder langjährige Zugehörigkeit noch Mitleid, noch intellektuelles Hinterfragen und Sezieren allein würden die Theaterkunst aufrechterhalten oder fördern. Kunst kommt immer noch und nur von Können, und diesem Können und der Lust, den Fleiß zum Können bei jungen Menschen anzuspornen, sollte dieser Preis gelten. Jedenfalls wollte und will ich ihn so verstehen.

Sehr sorgfältig beobachten Theaterexperten die Hamburger Szene, verfolgen die Entwicklung junger Schauspielerinnen und Schauspieler, manchmal sogar über mehrere Jahre, ehe sie überzeugt sind, daß die Zeit und einfühlsame Regisseure einen »hochkarätigen Edelstein« zum Strahlen bringen könnten. Nach diesen Kriterien wird alljährlich Nachwuchskräften der Hamburger Bühnen dieser Preis verliehen. Und die Erfahrung mit den heute rund zwanzig Trägern dieser Auszeichnung zeigt, daß in dieser Stadt Talente heranwachsen, entdeckt, behutsam geführt und gefördert werden, die sehr bald den Weg an die renommiertesten Bühnen im deutschen Sprachraum antreten.

Die erste Preisträgerin, Susanne Lothar, Tochter des Schauspielerehepaares Ingrid Andree und Hanns Lothar, unter Peter Zadek Protagonistin des Deutschen Schauspielhauses, ist heute eine international gefeierte Filmschauspielerin. Ulrich Tukur, Preisträger 1985, feiert heute Triumphe als Hamlet, Ginger Man und als Filmschauspieler. Imogen Kogge, Boy-Gobert-Preisträgerin 1982, gehört zum Ensemble der berühmten Berliner Schaubühne. Esther Hausmann, einst am Thalia Theater entdeckt, spielt inzwischen große Frauenrollen im Münchner Residenztheater. Hans Kremer, Stefan Kurt und der Liebling des Feuilletons, Annette Paulmann, gehören zu Jürgen Flimms spielplantragenden Säulen im Thalia-Ensemble. Michael Maertens, Sprößling einer traditionsreichen Hamburger Theaterfamilie, gilt als Inbegriff des jungen Helden und tritt vorwiegend am Berliner Schillertheater auf. Und Peter Faerber, einst Mozart-Widerpart des Quadflieg-Salieri, spielt an Wiener Bühnen.

Schauspielerkollegen wie Will Quadflieg, Inge Meysel, Wolf-Dietrich Sprenger oder Kurt Hübner ließen es sich nicht nehmen, die Preise an ihre jungen Kolleginnen und Kollegen zu verleihen und dabei das wesentliche Verdienst dieser Nachwuchsförderung herauszustreichen: das Augenmerk aller Kulturschaffenden auf diese jungen Mimen zu richten, deren Fleiß und Zielstrebigkeit für das Weiterbestehen unserer vielfältigen Kulturlandschaft so unerläßlich sind.

Der Boy-Gobert-Preis hält beileibe nicht nur seinen Namensgeber in achtungsvoller Erinnerung, er ist mittlerweile auch zum Gütesiegel für junge Schauspieler geworden – und, neben ihrem Können, auch zum Türöffner für Karrieren.

Die kulturelle Identität der Industriegesellschaft

Die Förderung von Kunst und Kultur hat mir auch persönlich viel gegeben. Ich habe Freunde gewonnen und die interessantesten Menschen kennengelernt; Kunstschaffende gehören selten zu den langweiligen Zeitgenossen. Man fühlt sich herausgefordert, handelt, wird zum Gefangenen seiner Verpflichtungen, wird unversehens zum Verbündeten der Künstler. Die Welt mit ihren Augen sehen zu lernen, das ist ein schöner Gewinn, zwingt aber den Blick zu schärfen für die Gefahr, der eine Gesellschaft ausgesetzt ist, die in der Kunst nur eine, und zwar teure, Arabeske sieht. Sonst laufen wir in der Tat Gefahr, nach Beseitigung der materiellen Nöte eines Tages feststellen zu müssen, uns dafür eine geistige Proletarisierung eingehandelt zu haben.

Deshalb möchte ich auch andere Unternehmer ermuntern, sich für die Kultur zu engagieren und Mittel einzusetzen, die sie aufgrund ihres wirtschaftlichen Erfolges zur Verfügung haben. Das eröffnet nicht nur neue Dimensionen des Lebens, sondern auch neue Herausforderungen, die oft wiederum nur unternehmerisch gelöst werden können – und sei es mit der List der Vernunft.

Keine Gesellschaft kann ohne Kultur, ohne moralisch-geistige Werte und Wertschöpfungen, ohne Ideale bestehen. Insofern ist in meinen Augen auch die Modernität unserer Industriegesellschaft nicht nur eine Frage des technischen und wirtschaftlichen Fortschritts, sondern ist zugleich der Kern unseres kulturellen Selbstverständnisses. Denn Kultur ist das essentielle Element, das eine Gesellschaft zusammenhält. Wenn der Fortschritt nur noch um des Fortschritts willen da ist, wird der Aufstand gegen die Technik unausweichlich.

Zweifellos hat die wachsende Geschwindigkeit der technischen Entwicklung die politischen, sozialen, wirtschaftlichen und kulturellen Inhalte so intensiv verändert, daß wir in einer ständigen Spannung zwischen Ordnung und Entwicklung leben. Wenn wir uns heute ernsthaft mit Kulturproblemen auseinandersetzen wollen, müssen wir die Technik mit einbeziehen, die in vieler Hinsicht zu einem beherrschenden Teil unserer Kultur geworden ist. Die technische Zivilisation versetzt uns in eine ungeheure Spannung zwischen dem, was sie neu schafft, und dem, was sie zerstört. Das macht die Ambivalenz der Technik aus. Denn wir wissen, daß die großen Menschheitsprobleme – Ernährung, Energieversorgung, auch Umwelterhaltung – nur unter Zuhilfenahme der Technik und der Naturwissenschaften zu lösen sind; zugleich aber gefährden die auf diese Weise ausgelösten permanenten Veränderungen die überkommenen Kulturen. Zwischen der Destruktion der alten und dem

Wachsen einer neuen Kultur besteht ein unaufhebbarer Kultur-konflikt.

Mein Eindruck ist, daß die moderne Wirtschaftsgesellschaft ihr kulturelles Gleichgewicht verloren hat. Ich denke dabei nicht nur an die Auseinandersetzungen um Erziehung und Bildung, sondern ebenso an die Erhaltung der Natur, an die ökologischen Probleme. Damit ist Kultur zum Ernstfall für die Zukunft unserer Gesellschaft geworden. Diese Problemstellung geht natürlich weit über die schönen Künste und den Kulturbetrieb hinaus. Denn Kultur ist in der Tat kein Selbstzweck, der nur der Unterhaltung dient. Deshalb habe ich Kulturförderung immer in dem Sinne verstanden, mit materiellen Mitteln zur geistigen Veränderung unserer Welt beizutragen. Es geht um den Gewinn von Kreativität, von geistiger Freiheit und Mobilität.

Berlin 1978

Rosa Körber

V. Kapitel

ERLEBNISSE UND ERFAHRUNGEN
MIT DEM SOZIALISMUS

An
Rosa Körber
geb. Nickol (1889 – 1984)*

Liebe Mutter,

hier oben in den bayerischen Bergen, fernab von hektischem Treiben und beruflichen Verpflichtungen des Alltags, finden die Gedanken beim Blick über das weite Land Einkehr zu Rückschau und Besinnung über das eigene Dasein. Wenn ich dabei das Panorama meines abwechslungsreichen Lebens an mir vorüberziehen lasse und mich frage, warum das Schicksal mit mir so gnädig war, führen mich meine Antworten darauf stets in Dankbarkeit und Liebe zu Dir.

Wie war es möglich, daß ich in meinem Leben so wohlhabend wurde und die vielen gemeinnützigen Stiftungsaktivitäten durchführen konnte? Ich glaube, der Herrgott hat mich mit einem beträchtlichen Maß an Phantasie und mit einem beachtlichen Willen zur Durchsetzung von Ideen ausgestattet. Darüber hinaus bin ich im Elternhaus zu Fleiß und Sparsamkeit sowie zu selbständigem Denken und Tun erzogen worden. Vater hat mit viel Sachverstand und Liebe stets meine technische Begabung gefördert. Das sind wohl im wesentlichen die Ursachen, mit denen ich einerseits ein materiell reicher Mann wurde.

* Erstveröffentlichung in: Meine Mutter. Ein deutsches Lesebuch, Düsseldorf 1989

131

Andererseits sind die ideellen, ich meine die ethischen Verpflichtungen für mein soziales Verhalten zur Nächstenliebe zweifellos von Dir in mir geweckt und gepflegt worden. Als Frucht dessen, was Du mir in permanenter Fürsorge und mit großer Hingabe mitgegeben hast, solltest Du meine Stiftung, die es ohne Dich gar nicht geben würde, auch als Dein Lebenswerk betrachten.

Nachdem Du Dich stets besonders für die Aktivitäten der Stiftung interessiert hast, möchte ich Dir mitteilen, daß es mir nach wie vor Freude macht, alljährlich den Förderpreis für die Europäische Wissenschaft verleihen zu können. Auch bin ich sehr zufrieden mit dem Bergedorfer Gesprächskreis, der in seinen nunmehr 25 Jahren auf vielen Tagungen in Ländern zwischen Washington und Moskau dazu beigetragen hat, Probleme der industriellen Gesellschaft zu klären. Genauso geben mir meine anderen gesellschaftlichen Initiativen, wie zum Beispiel der »Schülerwettbewerb um den Preis des Bundespräsidenten« oder das »Cultural Relations Fellowship« zwischen USA und Deutschland und die für meine bereits verstorbenen Freunde Herbert Weichmann und Boy Gobert gestifteten »Kulturpreise« sowie das »Hamburger Senioren-Centrum« und das Theater »Haus im Park«, eine volle Genugtuung und damit ein erhöhtes Lebensgefühl.

All diese Aktivitäten sind, wie Du weißt, nur möglich geworden, weil sie von der von mir errichteten gemeinnützigen Stiftung jährlich mit mehreren Millionen D-Mark finanziert werden. Damit die Stiftung diese umfangreichen Zahlungen für gemeinnützige Leistungen durchführen kann, habe ich ihr bekanntlich größere Vermögensanteile aus meinen industriellen Unternehmungen geschenkt. Über den Sinn und Zweck dieses Vermögensverzichts, den ich im Interesse einer neuen gesellschaftlichen Ethik für unabdingbar halte, habe ich Dir ja oft in unseren abendlichen Unterhaltungen ausführlich berichtet.

Bei der Rückschau in die Vergangenheit erinnere ich mich an meine Kindheit, wie Du 1918, nach dem Ersten Weltkrieg angesichts der Millionen Toten, die auf den Schlachtfeldern geblieben waren, an Deinem Glauben an den Herrgott ernsthaft zweifeltest. Wie Du in Deinem Streben nach sozialen Reformen im Gefolge von Rosa Luxemburg und Karl Liebknecht die USPD mitgegründet hast, eine politische Organisation, aus der später die Kommunistische Partei Deutschlands hervorgegangen ist. Es bleibt mir lebhaft in Erinnerung, wie ich unter Deiner

Anleitung 1919 während der November-Revolution als Zehnjähriger in Parteiversammlungen auf dem Podium stand und zur Neugestaltung Deutschlands deklamiert habe:

> *Und käme Christus noch einmal,*
> *die Welt von Sünde zu befrei'n,*
> *fürwahr, er wär ein Sozialist*
> *und kämpfte mit in unseren Reih'n.*

Ich habe mir oft die Frage vorgelegt, warum von Deinen beiden Söhnen gerade ich und nicht Erich als der ältere für derartige öffentliche Auftritte herangezogen wurde. Ich glaube, ich war dreister und unbekümmerter als er.

Rückblickend denke ich auch an die bösen Folgen, die Dein politisches Engagement für unsere Familien mit sich gebracht hat. Es war 1933 – Du warst, wie Erich mir später erzählte, in unserem Wohnzimmer, in dem der große Berliner Kachelofen stand, mit ein paar gleichgesinnten Gästen zusammen und gabst bekannt, daß in der Nachbarschaft ein jüdischer Arzt von den Nazis abgeholt worden war. Du empfahlst Deinen Zuhörern, der hilflosen Arztfrau, insbesondere ihrem kleinen Töchterchen Beistand und Hilfe zu gewähren. Erich, der damals als Laborant bei Siemens tätig war, nahm anderntags Deine Anregung zum Anlaß und hat einen Arbeitskollegen, von dem er wußte, daß auch er eine kleine Tochter hatte, um abgelegte Kleidung für das Arzttöchterchen. Der Kollege zeigte Erich bei den Nazis wegen »Roter Hilfe« an. Erich kam ins KZ Sachsenhausen und wurde bei Kriegsausbruch in eine Strafkompanie an die Ostfront versetzt. Er hat Gott sei Dank, wenn auch gesundheitlich angeschlagen, den Krieg überstanden.

Im nachhinein fällt mir auf, daß Du selbst bei aufkommendem Kummer und Leid nie gejammert hast. Du hattest Dich immer unter Kontrolle. Du hast für alle Vorfälle und Ereignisse stets mit geistiger Schärfe eine Antwort zur Hand gehabt, auch wenn sie manchmal etwas garstig war. Gewissermaßen warst Du bei aller Liebe, zur Umwelt insbesondere, für die schöngeistigen Dinge eine selbstbewußte, zuweilen auch »harte« Frau. Als Beispiel dafür erinnere ich mich an folgendes Gespräch: Du warst bereits über neunzig Jahre alt, als ich Dir einmal von einer Dir bekannten, lieben, *treuherzigen Dame etwas erzählte; und als ich sie dabei in ihrem Wesen als naiv schilderte, war Deine spontane Antwort:* »*Ach Junge, naiv ist doch nur die in Gnade getauchte Umschreibung für dumm.*«

Jedesmal, wenn ich mich in Gedanken mit Dir beschäftige, wird mir bewußt, daß Du bei Zusammenkünften in Gesellschaften stets im Mittelpunkt standest. Das lag nicht nur daran, daß Du eine wirklich schöne Frau warst, die warst Du bestimmt, sondern Du hattest bis ins hohe Alter eine starke persönliche Ausstrahlung, die jeweils den ganzen Raum ausfüllte. Du warst bei allen Diskussionen stets hellwach; ich glaube sogar, im Mittelpunkt zu sein wie eine Bienenkönigin war Dir einfach ein Bedürfnis. Natürlich war ich stolz, wenn Freunde und Bekannte mir gegenüber von Dir schwärmten. Unsere Verwandtschaft war in dieser Beziehung schon etwas zurückhaltender. Vielleicht lag das daran, daß einige Deine geistige Überlegenheit nicht vertragen konnten.

Die Empfehlung: »*Fange nie an aufzuhören, höre nie auf anzufangen*«*, erinnert mich immer an Deinen vitalen, nie versiegenden Unternehmungsgeist. Besonders nach Vaters Tod, selbst im hohen Alter, mit über achtzig, wolltest Du noch neue Länder mit ihren Menschen kennenlernen. Wenn ich Dir dazu eine Begleitung mitgeben wollte, hast Du sie schlicht mit der Bemerkung abgelehnt:* »*Soll ich mich auch noch um die kümmern? Die werden doch nur seekrank.*«

Das wichtigste Möbel für Dich war ohne Zweifel Dein Nußbaum-Schreibtisch mit dem Schubfächeraufbau. Mein Gott, welche Unmengen von Briefen hast Du in Deinem langen Leben geschrieben. Dabei hast Du in jedem wirklich etwas zu sagen gehabt, manche Zeile mußte man sogar zweimal lesen. Ich denke dabei an einen Brief, den Du mir kurz nach dem Zweiten Weltkrieg aus dem Erzgebirge geschrieben hast; darin stand eine Deiner spritzigen Formulierungen: »*Die Vergangenheit darf niemals Ruhekissen, sie muß vielmehr Treibriemen für den Frieden sein.*«

Übrigens, nach dem »*Tausendjährigen Reich*« *war eindeutig festzustellen, daß Du den Herrgott wieder intensiv gesucht hast. Pastoren und Kirchenräte wurden Deine bevorzugten Diskussionspartner. Metaphysische Dialoge waren ja von jeher Dein Steckenpferd. Obwohl die Bibel bei Dir wieder häufiger zu sehen war, lag doch das* »*Buch der Lieder*« *von Heinrich Heine als Dein* »*Gebetbuch*« *seit meiner frühesten Kindheit und über all die Jahrzehnte bis in Deine letzten Tage stets griffbereit in Deinem Nachtkäst-*

chen. Dieser stark abgegriffene Lederband hat seit Deinem Heimgang in meiner Bibliothek einen bevorzugten Ehrenplatz.

Ich gehe nun scharf auf die Achtundsiebzig zu. Im Alter waren wir bloß zwanzig Jahre auseinander, es war also nur eine relativ kurze Zeitstrecke, die Du ohne mich gelebt hast. Seit drei Jahren bist Du im Olymp. Solltest Du mich von dort oben beobachten können, so hoffe ich, daß Du in meinem Denken, Streben und Tun feststellen wirst, daß Du in mir weiterlebst, bis auch ich dort angekommen bin, wo Du jetzt bist.

Kurt

18. Januar 1987

Sozialismus und die »real existierenden Menschen«

Mit dem Sozialismus habe ich mich ein Leben lang auseinandergesetzt. Seit der Novemberrevolution von 1918 war mein Elternhaus in Berlin und später in Sachsen Treffpunkt linksintellektueller Kreise, in denen viel über sozialistische Ideen diskutiert wurde. Meine Mutter war, wie bereits erwähnt, politisch überaus interessiert und sozial engagiert.

Mein älterer Bruder und ich wuchsen in einer Atmosphäre auf, in der wilhelminische Nostalgie und besonders alles Militärische verpönt waren. Für die Nationalsozialisten hatte niemand von uns etwas übrig.

Das heißt jedoch nicht, daß ich sozialistische Ideen unkritisch übernahm. Die Berichte, die während der zwanziger Jahre über die katastrophalen Verhältnisse in Sowjetrußland veröffentlicht wurden, machten überdeutlich, wie prekär die Lage im ersten Arbeiter- und Bauernparadies war. Und die Kommunistische Partei Deutschlands verhielt sich in vielem nicht anders als die Nationalsozialisten.

Eines aber prägte sich mir sehr früh ein: Ein Staat, in dem die Menschen ohne Arbeit sind, in dem Millionen hungern und frieren müssen, ist menschenunwürdig. Eine politische Ordnung, die diesen Namen verdient, muß dafür sorgen, Verhältnisse zu schaffen, in denen alle Menschen ihr Auskommen haben und in dem das »soziale Netz« – um diesen erst in den sechziger Jahren aufgekommenen Begriff zu gebrauchen – so dicht geknüpft ist, daß möglichst keiner hindurchfällt.

In der Frühphase des »ersten deutschen Arbeiter- und Bauernstaates«, errichtet unter dem Druck der sowjetischen Besatzungsmacht, wurde ich mit den Mängeln des ideologischen Sozialismus eindringlich konfrontiert. Es war klar: Je stärker die Wirtschaft in die Hände der sozialistischen Bürokratie geriet, je mehr der Markt ausgeschaltet wurde, um so weniger funktionierte sie. Und wie schwach mußte eine Ordnung beziehungsweise die ihr zugrunde liegende Ideologie sein, wenn sie die geistige Auseinandersetzung mit Andersdenkenden scheute, Bücher und Zeitschriften verbot, welche nicht in das Schema vom dialektischen und historischen Materialismus, der von Marx und Engels geprägten Denkkategorien, hineinpaßten. Die Stärke einer Idee liegt doch gerade darin, daß sie sich in der geistigen Auseinandersetzung gegen andere Auffassungen behauptet.

Je älter und erfahrener ich wurde, desto klarer wurde mir, daß es wissenschaftlich beweisbare, für alle Menschen auf dieser Erde verbindliche Wege zu Glück und allgemeiner Zufriedenheit nicht geben kann. Zum einen ist die Vorstellung von Glück und dem, was wir heute Lebensqualität nennen, unter den Menschen auf Grund ihrer individuellen Anlagen, ihrer jeweiligen Volkszugehörigkeit und Kulturkreise, in denen sie leben, viel zu unterschiedlich. Zum anderen stellt sich die Frage nach dem Glück von Generation zu Generation immer wieder neu und anders.

Noch aus einem weiteren Grunde schienen mir der Marxismus und alle seine damals bekannten Spielarten suspekt: Die kommunistische Ideologie war nicht mit den Menschen zu verwirklichen, wie sie mit all ihren Schwächen nun einmal auf dieser Erde leben. Deshalb sollte ein »neuer« Mensch anstelle des alten Adam geboren werden. Oder anders gesagt: Die Ideologie fußte nicht auf dem »real existierenden« Menschen, sondern sie war für einen neu zu schaffenden Menschentypus gedacht. Und da die Veränderbarkeit des Menschen, was seine grundlegenden Merkmale, Eigenschaften und Charakterzüge angeht, nach aller geschichtlichen Erfahrung äußerst begrenzt ist, waren Unterdrückung, Unfreiheit, im Extremfall physische Vernichtung derer, die sich nicht änderten oder ändern lassen wollten, programmiert.

Auswirkungen des realen Sozialismus

Während meines Firmenaufbaus hatte ich wenig Zeit, um mich aktiv mit den politischen Entwicklungen auseinanderzusetzen. Dennoch habe ich den Weg der beiden unterschiedlichen Gesellschaftssysteme aufmerksam verfolgt. Die Kontakte zu Verwandten und Freunden in der DDR und auch meine Erlebnisse mit dem Bergedorfer Gesprächskreis in Moskau und Leningrad und auf Reisen durch die UdSSR waren intensiv genug, um mir ein wirklichkeitsnahes Bild von den Problemen des realen Sozialismus verschaffen zu können. Die gesellschaftlichen und wirtschaftlichen Fehlentwicklungen in den sozialistischen Ländern bestätigten meine Zweifel an den »Errungenschaften« der sozialistischen Wirklichkeit.

Als Unternehmer habe ich versucht, soweit sich mir dazu eine Möglichkeit bot, Folgeerscheinungen des realen Sozialismus mit konkreten Maßnahmen zu lindern. Als zum Beispiel 1961 der Strom der Flüchtlinge aus der DDR beängstigend anschwoll, war die Not unter diesen Menschen groß. Auch in Hamburg gab es Auffanglager, in denen die Flüchtlinge denkbar primitiv untergebracht waren. Die Behörden waren mit dem Zustrom hoffnungslos überfordert.

Aus der Belegschaft meines Bergedorfer Unternehmens wurde nach dem Mauerbau am 13. August 1961 die Absicht geäußert, die brutale Maßnahme des Ost-Berliner Regimes mit einer Bekundung der Solidarität für die Menschen in der DDR zu beantworten. Es wurde vorgeschlagen, an einer Protestkundgebung auf dem Hamburger Rathausmarkt teilzunehmen. Dafür sollte die Arbeitszeit früher beendet werden. Dies lehnte ich ab; denn ich war der Ansicht, die Teilnahme an der Kundgebung konnte den Flüchtlingen wenig nützen, zumal ich davon ausgehen mußte, daß nur ein Teil der Belegschaft zur Kundgebung gehen würde, während die anderen die Gelegenheit zur Freizeit nutzen würden, wie wir das vom 17. Juni her kannten. So machte ich den Gegenvorschlag, statt dessen eine Stunde länger zu arbeiten und den Lohn für diese Überstunde als Spende für die Flüchtlinge zur Verfügung zu stellen.

Das Ergebnis dieser Aktion, bei der es jedem Mitarbeiter völlig freistand, sich daran zu beteiligen, war ermutigend: Die Beteiligung war fast hundertprozentig. Der Betrag, der auf diese Weise zusammenkam, wurde von der Unternehmensleitung verdoppelt, so daß am Ende mehr als 50000 D-Mark zur Verfügung standen. Von einer Abordnung der Belegschaft wurden vorwiegend Wäsche, Decken, Kleidung, Haushaltsgegenstände eingekauft und an die Flüchtlinge übergeben.

Sowjetische Delegation in Hamburg

Wenn ich auch den ideologischen Sozialismus stets abgelehnt habe, hatte ich doch nie Berührungsängste mit Kommunisten. Ich hielt die These: »Solange verhandelt wird, wird nicht geschossen«, immer für eine vernünftige Maxime der Politik. Menschen, die sich kennenlernen, haben eher die Chance, Vorurteile gegeneinander abzubauen.

Im August 1962 teilte mir der hessische Ministerpräsident Georg-August Zinn mit, daß er eine sowjetische UNESCO-Delegation bei sich habe, die gern einen deutschen Betrieb besichtigen würde. Zinn hatte deshalb bei verschiedenen Handelskammern angefragt und überall die Antwort erhalten: Bolschewiken – nein danke! Die deutsche Industrie lehne es ab, Kommunisten in ihren Betrieben zu empfangen. Der Kalte Krieg war nach dem Berliner Mauerbau auf einem neuen Höhepunkt angelangt. Ich erklärte mich jedoch spontan bereit, die sowjetische Delegation nach Hamburg-Bergedorf einzuladen.

Da die Sowjets über keinerlei Devisen verfügten, mußte ich als Gastgeber für Unterkunft und Verpflegung aufkommen. Ich habe die Delegation – es handelte sich um sechs Mitglieder des Sowjetischen Friedenskomitees unter der Führung des bekannten Filmregisseurs Sergej Gerassimow, dem wir »Stiller Don« verdanken – in einem renommierten Hamburger Hotel untergebracht.

Während des achttägigen Aufenthaltes in Hamburg stand nicht nur eine eingehende Besichtigung der Hauni-Werke auf dem Programm, sondern die Sowjets wurden auch von Bürgermeister Max Brauer und Senatsmitgliedern offiziell empfangen. Ein intensives deutsch-sowjetisches Gespräch mit profilierten

Vertretern der Bundesrepublik im Bergedorfer Schloß bildete damals den Höhepunkt dieses Besuchs.

Weitere sowjetische Persönlichkeiten haben mich in der Folgezeit aufgesucht, die später zum Teil bedeutende Positionen um Michail Gorbatschow einnehmen sollten. Dazu gehörten nicht zuletzt der spätere sowjetische Botschafter in Bonn, Valentin Falin, sowie ZK-Mitglied Wadim Sagladin und Alexander Bowin, der einflußreiche politische Kommentator. Ich erwähne auch Valentin Bereshkow, der Chefdolmetscher bei Stalin gewesen war und im Februar 1945 an der Konferenz in Jalta teilgenommen hatte; er war der einzige noch lebende Zeuge dieser Konferenz, auf der Stalin, Roosevelt und Churchill die bedingungslose Kapitulation Deutschlands beschlossen und die Grundzüge der europäischen Nachkriegsordnung festlegten. Ich habe diesen wichtigen Zeitzeugen übrigens porträtiert (vgl. Abb. 18).

Reise durch die Sowjetunion

1967 hatte ich Gelegenheit, mir auf einer Reise durch die Sowjetunion ein eigenes Bild vom realen Sozialismus im »ersten Arbeiter- und Bauernstaat der Welt« zu machen. Die Einladung zu dieser damals durchaus ungewöhnlichen Studienreise als Staatsgast der UdSSR war an mich ergangen als Gegenleistung für den vorerwähnten Hamburg-Besuch der sowjetischen Wissenschaftler und Politiker.

An dieser Fahrt über 23000 Kilometer durch verschiedene Sowjetrepubliken nahmen neben mir als Unternehmer der produzierenden Wirtschaft mehrere Wissenschaftler, Gewerkschafter und Journalisten aus der Bundesrepublik teil; darunter Marion Gräfin Dönhoff, Kirchenpräsident Martin Niemöller, Professor Eugen Kogon, Georg Benz von der IG Metall, Staatsminister a. D. Harald Koch, Professor Boris Rajewsky vom Max-Planck-Institut für Radiobiologie, um nur einige zu nennen.

Die Reise war von den Sowjets minutiös mit zahlreichen Besuchen und Besichtigungen geplant. Wir führten Gespräche im Kreml, beim Obersten Sowjet, in Universitäten, Schulen und Studentenheimen. Wir besichtigten Industriebetriebe, Kolchosen, Kindergärten, Operationssäle und Kraftwerke, besuchten Vorstellungen in Theatern, Opernhäusern und im Moskauer Staatszirkus und hatten lebhafte Diskussionen mit Gelehrten, aber auch mit Arbeitern und Bauern.

Unsere Reise führte uns von Moskau nach Sibirien, nach Nowosibirsk, jener neuen Stadt der Wissenschaften, in der, wie es hieß, über 30000 Forscher und Hilfskräfte lebten und arbeiteten; dann weiter nach Irkutsk, der alten Urwaldstadt mit ihrer einst so gefürchteten Zentralverwaltung, die Millionen unglückseliger Strafgefangener auf dem Weg in ihre Verbannungsorte passieren mußten.

Besonders beeindruckend war die erst wenige Jahre zuvor aus der Taiga herausgeschlagene Industriestadt Bratsk mit dem größten Staudamm der Welt: 18 gigantische, elektronisch gesteuerte Turbinen produzierten jährlich 14,3 Milliarden Kilowattstunden Strom. In dieser jungen Stadt lebten damals bereits 130000 Menschen mit einem Durchschnittsalter von 30 Jahren.

Nach einem Abstecher zum tiefsten und größten Süßwassersee der Erde, dem unbeschreiblich schönen Baikal, einem Naturwunder der Pflanzen- und Tierwelt mit den verschiedensten Arten bis hin zu Robben im Wasser sowie Bären und Zobeln an den dicht bewaldeten Ufern, ging es aus dem kalten Sibirien in die warmen zentralasiatischen Republiken Kasachstan und Usbekistan. Wir besuchten Alma-Ata, das aus »Tausendundeiner Nacht« berühmte Taschkent, Samarkand und Buchara, ehe wir schließlich wieder nach Moskau zurückkehrten.

Was mich während dieser Reise vor 25 Jahren besonders beeindruckt hat, waren die sichtbaren Erfolge des sowjetischen Staates auf dem Bildungssektor. Im Jahre 1917 gab es zum Beispiel in Kasachstan und Usbekistan noch 98 Prozent Analphabeten. Im Durchschnitt aller Sowjetrepubliken lag das Analphabetentum zu dieser Zeit immer noch bei 65 Prozent. 1967 dagegen war der Besuch der achtjährigen Volksschule in der gesamten Sowjetunion obligatorisch.

Überall trafen wir auf lese- und lernbesessene Menschen, sei es im Flugzeug, im Omnibus oder in der Untergrundbahn. In den Wandelgängen der Theater und in den Rundgängen des Moskauer Staatszirkus waren sogar nachts Bücherstände geöffnet und – wie auch die vielen Buchhandlungen und improvisierten Verkaufsbuden auf den Straßen – ständig umlagert. Während der stundenlangen Flüge hatte ich Zeit zu vielfältigen Beobachtungen. Die meisten, die ich nach ihrem Lesestoff fragte, antworteten: »Vorbereitung auf die nächste Prüfung, um mehr Geld in einer höheren Berufsgruppe zu verdienen« – eine durchaus »kapitalistische« Antwort.

Als Unternehmer interessierte ich mich insbesondere für den Stand der Industrialisierung. Natürlich wurden uns vorwiegend nur solche Betriebe und Anlagen gezeigt, die für sowjetische Verhältnisse einen guten technischen Standard hatten. Die Technische Universität von Irkutsk verfügte zu meiner Überraschung bereits über Datenverarbeitungsanlagen und elektronische Analogrechner. Und in Nowosibirsk wohnten einige Mitglieder unserer Delegation mehreren Herzoperationen im dortigen Krankenhaus bei und waren von dem, was sie zu sehen bekamen, ebenfalls äußerst angetan.

Als ich an der Universität in Irkutsk in einer Ansprache zum Ausdruck brachte, daß ich in Verwertung eigener Erfindungen als Arbeitgeber einige tausend Mitarbeiter beschäftige und in den Augen meiner Zuhörer sicher ein Ausbeuter sei, erhielt ich die Antwort: »Wer zur Pflege friedlicher Beziehungen in die Sowjetunion kommt, ist kein Ausbeuter.« Erstaunlich war für mich das Improvisationsvermögen der sowjetischen Techniker, mit dem sie, insbesondere in den von mir besichtigten Textil- und Tabakfabriken, die primitiven Produktionsmaschinen in Gang hielten. Von einer rentablen Produktion konnte jedenfalls keine Rede sein.

Natürlich schworen die Politiker, mit denen wir diskutierten, auf die zentral gelenkte Planung. Dabei war in allen Bereichen des privaten und öffentlichen Lebens offensichtlich, wie mangelhaft die zentral gesteuerte Versorgung mit Konsumgütern und Dienstleistungen war.

Ich war schon damals davon überzeugt, daß diese unübersehbaren Versorgungsmängel im sowjetischen Alltag nur behoben werden könnten, wenn die zentral geleitete Kommandowirtschaft überwunden und durch marktwirtschaftliche Elemente abgelöst werden würde, die sich an den Bedürfnissen der Menschen orientierten und private Initiativen freisetzten. Im Vergleich zur Zarenzeit waren durchaus Fortschritte erzielt. Hunger, Kälte und Analphabetentum waren weitgehend überwunden. Die Menschen lebten nicht mehr in primitiven Lehm- oder Holzhütten, sondern in Wohnungen aus Stein oder Beton mit fließendem Wasser und elektrischem Licht. Damals notierte ich in meinen Reisenotizen:»Die Sowjetbürger sind zur Zeit mit dem Fortschritt, den sie unter der Führung der kommunistischen Partei erreicht haben, offenkundig nicht unzufrieden.« Welche Sehnsucht der westliche Lebensstandard bei den Menschen weckte, wurde mir etwa auf einer Maschinenmesse in Moskau klar: Unsere Dolmetscherinnen versuchten wie besessen, unsere Illustrierten – wie »Stern«, »Quick« oder »Burda-Moden« – zu ergattern. Im Schwarzhandel wurden damals für ein Exemplar bis zu 25 Rubel, also über 100 D-Mark, geboten. Zum Teil wurden diese Hefte dann stundenweise gegen ein paar Kopeken verliehen.

Disput mit einem sowjetischen Funktionär

Die Folgen der geistigen Abgrenzung und die daraus resultierende Einseitigkeit des Denkens sind mir auch auf späteren Reisen in die Sowjetunion immer wieder deutlich geworden. In diesem Zusammenhang fällt mir ein Erlebnis ein, das ich mit einem kommunistischen Funktionär hatte. Als der Flugverkehr über den Atlantik noch nicht so selbstverständlich war wie heute, lernte ich während einer Schiffsreise von Amerika nach Europa einen russischen Diplomaten kennen, der von der UNO in die Sowjetunion zurückkehrte. Er hieß Puljanow. Auf der mehrtägigen Fahrt suchte er häufig das Gespräch mit mir, wohl um einmal einen richtigen Unternehmer und Ausbeuter nach seinem ideologischen Strickmuster überführen zu können. Dennoch und trotz unserer unterschiedlichen Weltanschauungen freundeten wir uns an.

Um seine noch am Frühkapitalismus orientierten marxistischen Vorstellungen von der Ausbeutung der Arbeiter durch die Unternehmer, die durch die westliche Wirklichkeit längst überholt waren, ad absurdum zu führen, dachte ich mir ein Gleichnis aus.

»Stellen Sie sich vor«, sagte ich zu ihm, »unser Schiff ginge jetzt mitten im Atlantik unter. Nur wir beide könnten uns schwimmend auf eine einsame, menschenleere, aber mit Früchten reich gesegnete Insel retten. Während Sie sofort beginnen, fleißig Früchte zu sammeln, mache ich es mir bequem, liege im Gras, gehe ab und zu baden und pflücke mir nur Früchte, wenn ich gerade Hunger habe. Ich lebe also von der Hand in den Mund. Nun kommt nach einigen Monaten die Regenzeit. Früchte sind nicht mehr zu ernten. Ich finde nichts mehr zu essen, während Sie sich in mühevoller Arbeit große Vorräte angelegt haben. Ich komme also zu Ihnen, der Sie gerade damit beschäftigt sind, gegen den Verderb Ihrer Früchte eine Scheune zu bauen, und sage: ›Lieber Puljanow, bitte geben Sie mir etwas von ihren Früchten ab.‹ Wie würden Sie reagieren?«

Der Russe kam in Verlegenheit, überlegte lange und sagte dann: »Wissen Sie, Sie waren untätig und haben es sich bequem gemacht, während ich fleißig gearbeitet habe. Eigentlich sollte derjenige, der arbeiten kann, es aber nicht tut und sich damit aus der Gemeinschaft der Werktätigen ausschließt, bestraft werden und nichts zu essen bekommen.«

»Sie können mich aber doch nicht verhungern lassen«, erwiderte ich. »Wie wäre es, wenn ich Ihnen beim Bau Ihrer Scheune helfe?«

Darauf der Russe spontan: »Ja, wenn Sie arbeiten, gebe ich Ihnen von meinen Vorräten etwas ab.«

Mir blieb nur die Feststellung: »Wenn ich, um nicht zu verhungern, für Sie arbeiten muß, dann wären Sie, Herr Puljanow, der Ausbeuter und ich der Ausgebeutete.«

Unsere Gespräche über die Verschiedenheit unserer Systeme waren für mich so wichtig, daß ich sie in Notizen festgehalten und als eine Art Zwiegespräch aufgeschrieben habe.

PULJANOW: »Wir Sozialisten sehen im kapitalistischen System eine Reihe von grundlegenden, nicht aufhebbaren Widersprüchen. Dazu gehört, daß die westliche Gesellschaft im Laufe ihrer Entwicklung die Struktur einer auf persönlichen Profit gerichteten Händlergesellschaft angenommen hat, obgleich sich Ihre Gesellschaftsordnung angeblich aus den Prinzipien des Christentums und des Humanismus ableitet. In ihrem Wesen ist die westliche Gesellschaft ethisch arm, weil ihr der realistische Humanismus fehlt.

Darum ist unser Kampf gegen Ihr System moralisch gerechtfertigt. Ihre Gesellschaft nennt sich zwar frei, ist es aber nicht, weil sie sich falsch entwickelt hat.

Es gibt in ihr keinen gesellschaftlichen Humanismus, der das allgemeine Wohl vor das Glück des einzelnen stellt. Sie haben vielmehr Ihre Menschen in einen die Eigenliebe fördernden ›Individual-Humanismus‹ eingemauert, der in einem materiellen, egozentrischen Streben deutlich sichtbar wird.«

MEINE ANTWORT: »Die westliche Demokratie hat es sich zur Aufgabe gemacht, den Menschen die Chance zu geben, ihr Leben nach eigenen Bedürfnissen und Wünschen, nach eigenen Zielsetzungen zu gestalten. Wir maßen uns nicht an, das Glück des einzelnen zum Beispiel nach den Richtlinien einer Parteiideologie bestimmen zu wollen. Wir sind aus Erfahrung darüber hinaus und im Gegensatz zu Ihnen der Meinung, daß man den Menschen für kulturelle, sittliche Werte und staatsbürgerliche Tugenden wohl gewinnen kann, aber ihn nicht dazu zwingen sollte.

Wir anerkennen die Verschiedenheit geistiger, religiöser, weltanschaulicher Auffassungen; wer sie leugnen wollte, verginge sich gegen die intellektuelle Redlichkeit, gegen den Geist, der versucht, das menschliche Abenteuer immer wieder neu zu deuten. Ihr Rückfall in eine erzwungene ideologische Einmütigkeit erfolgt im Namen einer Moral, die gegen die Freiheit der Entscheidung und damit gegen die Menschenwürde verstößt.«

Puljanow: »Ihre freie Marktwirtschaft hat keine ethische Basis. Wirtschaftlicher Wettbewerb und das Spiel von Angebot und Nachfrage erhalten ihre Antriebe allein aus Profitgier. Profitstreben kann aber keine sittlichen Kräfte erzeugen. Obwohl seit Adam Smith vielfache Versuche unternommen wurden, dieses System zu rechtfertigen und zu modifizieren, kann eine auf Wettbewerb, Profitsucht und Egoismus beruhende Gesellschaftsordnung keine Ehrlichkeit, keine Fairneß, kein Maßhalten und keinen Gemeinsinn erzeugen. Ist bei Ihnen im Westen noch irgend jemand ernsthaft von einer Harmonie überzeugt, die aus dem Widerstreit der Interessen erwächst? Die Profitgier, die Sie ständig als Unternehmerinitiative tarnen, wird zwangsläufig zum Grab der bürgerlichen Gesellschaft.«

Meine Antwort: »Im ethisch indifferenten Raum der westlichen Wirtschaft wird das moralische Verhalten vom einzelnen selbst bestimmt.

In der Wirtschaft muß wirtschaftlich und nicht pseudoidealistisch argumentiert werden. Deshalb baut unsere Wirtschaft auf dem Prinzip von Leistung und Gegenleistung auf. Das Eigeninteresse wird anerkannt. Dies geschieht jedoch in einem sozialen und ökonomischen Ordnungsrahmen, der die individuelle Willkür begrenzt und somit überprüfbare Spielregeln für das ökonomische Verhalten des einzelnen setzt. Der wirtschaftliche Wettbewerb selbst sorgt dafür, daß der einzelne in seine Schranken gewiesen wird. In diesem Ordnungsgefüge muß jeder den Gehalt seiner moralischen Entscheidungen selbst bestimmen.

Ohne Streben nach Rentabilität – wie sie im westlichen System durch die Einschaltung des privaten Kapitals als Investitions-, Gewinn- und Risikoträger gesteuert wird – kann keine Industriewirtschaft auf Dauer funktionieren.

In den westlichen Gesellschaften geht es um ein dynamisches

Gleichgewicht zwischen gesundem Leistungswettbewerb und dem sozialen Prinzip, das durch die Übernahme der Kontroll- und Sozialfunktionen durch den Staat gewährleistet wird. Das liberale ist durch das soziale Prinzip ergänzt worden. Die vom Kommunismus geforderte Ethik beruht lediglich auf einer von der Partei diktierten Pseudomoral. Moral ist bei Ihnen, was der jeweiligen zentralen Parteilinie entspricht. Ihre Moral ist das Prinzip der Diskreditierung des Andersdenkenden, des politischen Gegners. Ihre Parteiethik will die Sachprobleme der Wirtschaft, die sich in jeder entwickelten Gesellschaft stellen, mit ideologischer Vereinfachung lösen. Alles, was mit der augenblicklichen Linie der Partei nicht übereinstimmt, ist schlecht und böse, wird verdammt, alles, was ihr dient, ist gut und ethisch wertvoll.«

PULJANOW: »Im Westen werden die Menschen auch heute noch ausgebeutet. Die Ausbeutungsformen sind nur raffinierter geworden. Wir geben zu, daß die Zeit des unverblümten kapitalistischen Ausbeutertums vorüber ist. Der westliche Arbeiter wird heute nicht mehr primär in der Produktion ausgebeutet, dafür aber um so stärker als Konsument.

Ihr Leitbild ist der mit allen Mitteln Macht und Reichtum anhäufende Erfolgsmensch. Dieses erscheint insbesondere auch den jungen Menschen als erstrebenswertes Ziel.

Dadurch wird ein Bewußtsein erzeugt, demzufolge jeder Mensch letztlich nur an sich selber denkt. Ihre vielgepriesene Wirtschaft fördert diese ichbezogene Haltung, da sie den Menschen nur als potentiellen Verbraucher betrachtet.

Der Widersinn des kapitalistischen Wirtschaftssystems liegt darin, daß es durch Propaganda, Reklame und sonstige Reizmittel den einzelnen Menschen zu einem Konsum verführt, den er im Grunde gar nicht will. Zwar erhöhen Sie damit das Sozialprodukt schneller, als wir es können. Sie lenken es aber in falsche Bahnen, indem Sie ein fehlgeleitetes Prestigebedürfnis pflegen und dem einzelnen Dinge aufdrängen, die er sich unter der Suggestion einer Überflußgesellschaft schuldig zu sein glaubt. Dabei kommen Ihre langfristigen Gemeinschaftsaufgaben sowie Ihre sozialen Verpflichtungen und Einrichtungen zu kurz. Im Vergleich zu uns leben Sie auf Kosten Ihrer Kinder.«

MEINE ANTWORT: »Wer schützt die Menschen in den kommunistischen Ländern vor der Ausbeutung durch den Staat? Der Wettbewerb in unserem Wirtschaftssystem dient dem Konsumenten.

Was die Werbung de facto erreicht, ist eine gesteigerte Konsumbereitschaft. Die Entscheidung des einzelnen bleibt aber bei aller Konsumpropaganda letzte Instanz, ganz im Gegensatz zum Osten, wo der Neutralisierungseffekt des Konkurrenzfeldes entfällt und der einzelne dem Zugriff der einheitlichen Staatswerbung und Parteipropaganda ohne jede eigene Wahlmöglichkeit hilflos ausgesetzt ist.

Die kommunistische, sogenannte klassenlose Gesellschaft versagt ihren Menschen – außer ihrer obersten Klasse – die notwendigen Konsumgüter, vor allem in ausreichender Anzahl, Qualität und zu erschwinglichen Preisen. Sie beuten Ihre Menschen aus, indem Sie deren materielle Bedürfnisse heute unerfüllt lassen und dafür das Paradies von morgen verheißen. Der Westen jedenfalls weigert sich, die heutigen Generationen mit dem Versprechen einer morgen vielleicht schöneren Zukunft hinzuhalten. Die meisten Menschen in den westlichen Industriegesellschaften haben ausreichende Möglichkeiten, sich Dinge zu beschaffen, die ihnen in freier Selbstentscheidung, auch über die Landesgrenzen hinaus, das Leben lebenswert machen.«

Soweit meine Gespräche mit dem sowjetischen Diplomaten während der Atlantikreise.

Der beginnende Wandel in der Sowjetunion

Noch vor dem Tode Breschnews wurden in der Sowjetunion die weltweiten Machtansprüche einer kritischen Überprüfung unterzogen. Die Bilanz war nicht ermutigend. Die Sowjetunion hatte sich mit zahlreichen Engagements von Kuba über Äthiopien, Angola und Moçambique bis Afghanistan übernommen. Ihre Militärtechnik war in manchen Feldern hinter der des Westens zurückgeblieben. Bei den Mittelstreckenraketen in Europa zeigte der Westen – hier vor allem Bundeskanzler Helmut Schmidt und dann auch sein Nachfolger Helmut Kohl – mit dem NATO-Doppelbeschluß den russischen Generälen die Zähne. Zugleich versagte in wachsendem Maße die geistige Abschottung der sowjetischen Völker von den Ideen und Programmen der freien westlichen Politik. Die Helsinki-Schlußakte versprach seit 1975 Menschenrechte und durchlässige Grenzen. Dann kam die Ankündigung Reagans, ein Stratosphären-Programm SDI zu verwirklichen, das pro Jahr mit 30 Milliarden Dollar dotiert war. Den Sowjets ging der Atem aus. Im Innern sank die Innovationskraft, die Infrastruktur zeigte zunehmend Lähmungserscheinungen, während die Stellvertreterkriege in den anderen Teilen der Welt immer teurer wurden und keine Erfolge brachten. Der Krieg in Afghanistan wurde immer blutiger und von den eigenen Völkern mehr und mehr abgelehnt.

Als »Obervolta mit Raketen« hat Bundeskanzler Helmut Schmidt bei einem Bergedorfer Gespräch die Sowjetunion einmal bezeichnet. Das war nicht höflich, aber deutlich. In dieser Lage kam 1985 nach zwei überalterten Präsidenten – Andropow und Tschernenko – Michail Gorbatschow an die Macht. Von ihm hörte und lernte die Welt alsbald zwei russische Worte: Glasnost und Perestroika, Offenheit und Umgestaltung. Mit einem dritten Begriff, dem neuen Denken, welcher der Außenpolitik eine neue Richtung geben sollte, hatte Gorbatschow weltweit Erfolg. Das Verhältnis zur anderen Supermacht, zu den USA, und zu den Westeuropäern wandelte sich vom Kalten Krieg schrittweise zu partnerschaftlicher Zusammenarbeit.

Dem neuen Denken lag die Einsicht zugrunde, daß nur eine Stabilisierung des Verhältnisses zu den USA das Wettrüsten eindämmen könnte. Immerhin gaben die Sowjets damals etwa 14 Prozent ihres Bruttosozialprodukts für die Rüstung aus, während die USA auf etwa fünf bis sechs Prozent und die Bundesrepublik Deutschland auf rund vier Prozent kamen. Darüber hinaus wuchs bei den Sowjets die Erkenntnis, daß die industrielle Entwicklung in der Sowjetunion ohne die finanzielle Unterstützung durch Westeuropa, insbesondere durch die Deutschen, nicht in Gang gebracht werden konnte. Sibirien ist das größte und vielseitigste Rohstoffreservoir der Welt, aber den Sowjets fehlt es an modernen Techniken zum Abbau. Von den westlichen Industrieländern erhoffte die Sowjetunion baldige Hilfe auch auf diesem Gebiet.

Das neue Denken sollte der Perestroika die außenpolitische, vor allem aber die außenwirtschaftliche Flanke sichern. Wie weit man dabei außenpolitisch gehen konnte oder mußte, wurde bereits 1985 im Kreis um Außenminister Schewardnadse lebhaft diskutiert. Wie wir heute wissen, wurde schon im Herbst 1985 in einem Memorandum die von den Deutschen ersehnte Vereinigung ernsthaft in Betracht gezogen. Seit 1987 häuften sich die Zeichen, daß die Sowjets sich von der Mauer und vom Kern der SED-Herrschaft distanzieren wollten. Gewiß dachten nur wenige im Kreml an die Preisgabe der sowjetischen Vorherrschaft in Osteuropa. Allerdings war damals schon deutlich, daß die COMECON-Länder im Energiebereich Kostgänger der Russen geworden waren und daß ihre Westkredite notleidend wurden. Aber noch galt für die Sowjets der Primat, eher auf Entspannung zu verzichten, als das osteuropäische Imperium aufzugeben.

Doch die Entwicklung zur Demokratie in Polen und Ungarn im Sommer und Herbst 1989 wäre, außer durch Panzer der Roten Armee, nicht mehr aufzuhalten gewesen. Darüber hinaus hätte man mit einem solchen Militäreinsatz auch die neue sowjetische Westpolitik und damit die für die Modernisierung der sowjetischen Wirtschaft unverzichtbare Kooperation mit den westlichen Ländern zerstört.

Lange Zeit galt die DDR als der Eckpfeiler des östlichen Imperiums. Aber je mehr Gorbatschow auf die Reformkräfte setzte, desto stärker gerieten die Stalinisten in Ost-Berlin ins Abseits. Am 40. Jahrestag der Gründung der DDR im Oktober 1989 sprach Gorbatschow die berühmten Worte: »Wer zu spät

kommt, den bestraft das Leben.« Jeder wußte, was gemeint war;
die Panzer würden dieses Mal nicht rollen.

Woran ist der Sozialismus gescheitert, und zwar nicht nur in
Osteuropa, sondern überall auf der Welt? Worin hat sich auf der
anderen Seite die Überlegenheit des marktwirtschaftlichen Systems erwiesen? Vor allem aber: Warum ist es in den sogenannten sozialistischen Gesellschaften nicht gelungen, die hehren
Humanziele zu realisieren, die der Sozialismus auf seine Fahnen
geschrieben hatte und die die Geburt eines »neuen Menschen«
zur Folge haben sollten?

Zu diesen Humanzielen gehörte ein umfassender Bildungs-
anspruch, damit sich die Fähigkeiten jedes einzelnen optimal
entfalten können; ein perfektes System der sozialen Sicherung
im Bereich der menschlichen Grundbedürfnisse, einschließlich
umfassender Versorgung im Krankheitsfall; die Sicherung des
Arbeitsplatzes; menschenwürdiger, kostengünstiger Wohnraum; bestmögliche Versorgung mit Nahrungs- und Verbrauchs-
gütern; Schutz der Umwelt vor den negativen Folgen der Industrialisierung – um nur die wichtigsten Faktoren zu nennen. Wer
würde sich nicht mit solchen Zielen identifizieren?

Vielleicht ist dies auch der Grund, weshalb es dem Kommunismus in nur 70 Jahren gelungen ist, zunächst zwei Fünftel der
Weltbevölkerung unter seine Fahnen zu bringen – eine »Leistung«, die das Christentum in 2000 Jahren nicht vollbracht hat.

Warum hat es der Sozialismus dennoch soviel weniger geschafft, diese Ziele in seinen Ländern in die Tat umzusetzen, als
dies offenkundig in Ländern mit einem marktwirtschaftlichen,
wie die Kommunisten zu sagen pflegten: »kapitalistischen« System der Fall war und ist?

Die sozialistische Ideologie oder besser: der real existierende
Sozialismus ist, so meine ich, in erster Linie am Dirigismus in
Politik und Gesellschaft und an den Kommandostrukturen
einer zentralen Planwirtschaft im wirtschaftlichen Bereich gescheitert.

Das Grundprinzip des Sozialismus besteht in der weitest-
gehenden Absicherung der menschlichen Grundbedürfnisse

durch den Staat. Das heißt, die Versorgung mit Nahrungsmitteln, Wohnraum, Bildung, Arbeit, Gesundheitseinrichtungen und so weiter übernimmt der Staat, der gewissermaßen aus einer ethischen Verpflichtung heraus alle diese Bereiche stark subventioniert. Die Eigenleistung des einzelnen war dabei nicht gefordert. Im Gegenteil: Eigeninitiative wurde nicht nur nicht genutzt, sondern im Grunde geradezu bestraft. Eine Folge war das Abdrängen von Eigeninitiativen in den Schattenbereich, seien es die schwarzen oder grauen Märkte, seien es die Mafiamethoden, mit denen sich die Tatkräftigen persönliche Vorteile zu verschaffen suchten.

Mit anderen Worten: Wir hatten es in den sozialistischen Ländern mit einem Versorgungsdirigismus zu tun, der die Kreativität des einzelnen in keiner Weise herausforderte. In der Mangelherrschaft, wie sie für alle sozialistischen Staaten mehr oder weniger typisch war, verbrauchten die Menschen einen wesentlichen Teil ihrer Energie und ihrer Zeit im Kampf um die knappen – wenn auch billigen – Nahrungs- und Konsumgüter des täglichen Bedarfs. Man denke nur an die Zeitverschwendung, wenn Menschen stundenlang vor den Läden anstehen mußten. Millionenfach verließen die Menschen in den sozialistischen Ländern während der Arbeitszeit ihre Arbeitsstätten und reihten sich in die Schlangen ein, wenn begehrte Güter einmal in einem Geschäft zu kaufen waren. In der DDR sprach man ironisch von »sozialistischen Wartegemeinschaften«.

Der Erfolg der Marktwirtschaft als Gegenpol zur zentralen Verwaltungswirtschaft ist im wesentlichen darauf zurückzuführen, daß es ihr gelungen ist, das gewaltige Potential an Kreativität, an Einfalls- und Ideenreichtum, das in der Bevölkerung vorhanden ist, durch die individuelle, freie Entfaltung zu aktivieren. Insofern ist die Marktwirtschaft das Wirtschaftssystem, das es vermocht hat, den meisten Menschen einen materiellen Wohlstand zu verschaffen, der es ihnen ermöglicht, ein Leben weitgehend frei von Armut und Not zu führen.

Unsere Wirtschafts- und Gesellschaftsordnung bietet dem einzelnen einen individuellen Freiheits- und Gestaltungsspielraum, den er nach seinen eigenen Vorstellungen kreativ ausfüllen kann – entsprechend seinen schöpferischen Talenten und Begabungen, aber auch seiner Willenskraft. Der Staat – die Gesellschaft – gibt lediglich die Rahmenbedingungen vor, die bei den Eigeninitiativen zu beachten sind. Hinzu kommen die materiellen Anreize, die es dem einzelnen lohnend erscheinen lassen, Leistung zu erbringen; denn Leistung wird in der Marktwirtschaft honoriert.

Individuelle Leistung entfaltet sich jedoch nicht nur in der Wirtschaft, sondern in allen Bereichen der Gesellschaft, in der Wissenschaft wie in der Kultur. Überall gelten die gleichen Prinzipien: Der einzelne muß die Chance erhalten, seine Kreativität in einem Freiheitsspielraum zu entfalten – und es muß sich für ihn lohnen. Dieses »Lohnen« besteht nicht nur im reinen Geldverdienen, es spiegelt sich ebenso in der gesellschaftlichen Anerkennung wider.

Gescheitert ist der ideologische Sozialismus auch daran, daß er Terror und Gewalt zur Durchsetzung seiner Vorstellungen einsetzte, daß die sozialistischen Staaten Menschen, die sich nicht mit der Ideologie identifizieren wollten und dies offen sagten, in Gefängnissen, Zuchthäusern und Arbeitslagern verschwinden ließen oder sie gar physisch vernichteten. Die Geschichte zeigt, daß sich solche Systeme auf die Dauer nicht halten können. Zu stark ist letztlich doch der Freiheitswille der Menschen.

Bildlich gesprochen könnte man den Sozialismus mit einem Eisschrank vergleichen, in dem die betroffenen Völker eingesperrt und eingefroren waren. Nachdem der Eisschrank jetzt nicht mehr funktioniert, tauen die Völker auf und wollen sich in ihrer nationalen und kulturellen Eigenständigkeit selbst verwirklichen. Das gilt nicht nur für die frühere Sowjetunion, wir erleben es auch in Jugoslawien und in der Tschechoslowakei.

Im Rückblick auf das Vereinigungsjahr 1990 ist festzuhalten: Das sowjetische Fenster stand durch das glückliche Zusammenwirken mehrerer Faktoren in der Ost-West-Politik nur für ganz kurze Zeit offen. Es war der weltpolitisch einmalige historische Augenblick, den Bundeskanzler Helmut Kohl geschickt ausnutzte, in den Kaukasus fuhr und die deutsche Einheit in das aufzubauende europäische Haus holte. In der Zeit vor diesem weltgeschichtlichen Augenblick fühlte sich die Führung der Sowjetunion stark und handlungsfähig genug. Seitdem wurde sie schwächer und schwächer. Schwache Regierungen können sich jedoch Konzessionen von solcher Tragweite nicht leisten. Wenn Alexander Solschenizyn schrieb, Rußland liege »in der Grube einer verzehrenden Krankheit«, so kann Michail Gorbatschow für sich in Anspruch nehmen, den Versuch eines Genesungsprozesses eingeleitet zu haben.

Mit dem neuen Denken veränderte Gorbatschow die Welt. Doch Glasnost und Perestroika führten die Sowjetunion auch in eine schwere Krise im Innern, an der am Ende, im August 1991 – nach dem unter Führung von Boris Jelzin niedergeschlagenen Putsch einiger Altstalinisten – die Auflösung der alten, zentralistisch geführten Sowjetunion stand.

Rußland, jahrhundertelang geistig-kulturell an Byzanz orientiert, hatte eine andere Entwicklung genommen als Westeuropa. Die Folge war die Ausprägung einer Geisteshaltung, in der die Bevölkerung gänzlich andere Verhaltensmuster erworben hat als jene gestaltenden Handlungsweisen, die in West- und Mitteleuropa üblich sind und auch nötig waren, um ein funktionierendes marktwirtschaftliches System aufzubauen.

In Rußland gab es nie und nirgends jenen Besitzindividualismus, der das Abendland geprägt hat, und auch nicht jene Verbindung von puritanischer Ethik und kapitalistischem Geist, welchen Max Weber als Wesenszug westlichen Wirtschaftens dargestellt hat. Nicht erst durch die 70 Jahre währende kommunistische Herrschaft und Kommandowirtschaft, sondern bereits durch ihre kirchliche Orthodoxie und Spiritualität, das Zarentum und die lange Zeit der Leibeigenschaft bis ins letzte Drittel des 19. Jahrhunderts hinein sind die Russen an Reglementierungen, Anordnungen und Bevormundung gewöhnt gewesen. So entstand die Mentalität, sich versorgen zu lassen. Das russische

Sprichwort »Der Muschik betet erst, wenn es donnert« spiegelt diese Haltung am deutlichsten. Jahrzehntelang wurde dem Sowjetmenschen eingebleut, Marktwirtschaft und Kapitalismus erzeugen die Hölle auf Erden. Und das fiel den Revolutionären seit 1917 besonders leicht, weil die Zaren ein Volk hinterließen, das noch überwiegend aus Analphabeten bestand. Die russischen Menschen sogen so mit ihrer ersten Bildung zugleich den Kommunismus ein. Auch war kaum Literatur im Volk vorhanden, die das Abwägen und Vergleichen zwischen verschiedenen Staats- und Regierungssystemen möglich gemacht hätte. Die Agitatoren um Lenin und Stalin hatten also optimale Voraussetzungen, die neue Ideologie in möglichst viele Köpfe zu pflanzen.

Auf dem Wege zu einer funktionsfähigen Marktwirtschaft steht also am Anfang die Notwendigkeit einer »Wende in den Köpfen«. Die Marktwirtschaft ist ein empirisches System, das auf Erfahrbarkeit aufbaut. Das heißt: Nur was man selbst erfahren hat, wird angenommen. Weil die Voraussetzungen dafür in der Sowjetunion nicht vorhanden waren und sind, ist die Einführung der Marktwirtschaft hier ein außerordentlich langwieriges und schwieriges Unterfangen. Wenn in den fünf neuen Bundesländern etwa fünf Jahre gebraucht werden, um mit dem Lebensstandard in den alten Bundesländern gleichzuziehen, wird ein solcher Prozeß in der ehemaligen Sowjetunion wegen der fehlenden unternehmerischen Erbschaft Jahrzehnte in Anspruch nehmen.

Ausbildung sowjetischer Ingenieure zu Marktwirtschaftlern

Die wirtschaftliche Erneuerung der ehemaligen UdSSR kann nicht für das ganze Land zentral nach den gleichen Regeln und einheitlichen Vorstellungen verordnet werden. Die Sowjetunion muß sich von Region zu Region in ganz unterschiedlichen Etappen entwickeln. Hierbei werden die Selbständigkeitsbestrebungen der einzelnen Republiken, also die Auseinandersetzung über das, was zentralistisch, und das, was föderalistisch geregelt werden soll, noch sehr lange anhalten.

Ende der achtziger Jahre überlegte ich mir, wie ich selbst helfen könnte, die Reform in der UdSSR zu fördern. 1988, anläßlich eines Besuches im Kreml, machte ich Gorbatschow das Angebot, sowjetische Ingenieure im »training on the job« zu Marktwirtschaftlern auszubilden. Einem russischen Sprichwort zufolge ist es zwar eine gute Sache, einem armen Mann einen Fisch zu schenken, besser ist es jedoch, ihm eine Angel zu geben.

Auf mein Angebot erschien im Frühjahr 1989 in der »Komsomolskaja Prawda« die Mitteilung, daß jungen sowjetischen Ingenieuren die Chance geboten würde, von der Körber AG in Hamburg durch einen achtzehnmonatigen Lehrgang in der industriellen Praxis zu Betriebs- und Marktwirtschaftlern ausgebildet zu werden. Voraussetzung dafür waren ein Hochschulabschluß, eine mindestens zweijährige Industriepraxis und deutsche Sprachkenntnisse. Daraufhin haben sich über 600 Bewerber aus den verschiedenen Sowjetrepubliken gemeldet.

Mit Unterstützung des Ministerrates der UdSSR und der Akademie der Volkswirtschaft in Moskau wurden daraus die zehn Qualifiziertesten ermittelt, die am 1. Oktober 1989 ihre Ausbildung und Arbeit bei der Körber AG in Hamburg begannen. Sie waren in Gastfamilien untergebracht, mußten also ständig deutsch sprechen, um auf diese Weise westliches Denken und westliche Mentalität kennenzulernen. In den Unternehmen der Körber-Gruppe – sowohl in Deutschland als auch in Frankreich und in den USA – lernten die jungen Ingenieure im ständigen Kontakt mit westlichen Kollegen Umgangsformen im Betrieb, wie wir gemeinsam planen, uns motivieren und Konflikte lösen, und zwar in der Wirklichkeit des Firmenalltags.

Die Managerausbildung in der industriellen Praxis des Körber-Kollegs – wie die Führungsakademie für den Managernachwuchs in meiner Unternehmensgruppe heißt – erfolgt nach dem Motto: »Schwimmen lernt man im Wasser, nicht im Hörsaal.« Nach anderthalbjähriger Tätigkeit in der westlichen Industrie kehrten die Absolventen in die Sowjetunion zurück. Einige machten sich mit Unterstützung westlicher Firmen selbständig, weil sie bei einer Rückkehr in ihre alten Betriebe befürchten mußten, ihre neu erworbenen Kenntnisse nicht anwenden zu können und von der alten Bürokratie erdrückt zu werden. Zur »Nachbetreuung« halten sie Kontakt mit der Körber-Stiftung. Der Erfolg des ersten Körber-Kollegs hat mich veranlaßt, diese Managementausbildung in größerem Umfang fortzusetzen. Dieses Mal wurden aus 5000 Bewerbungen auf Grund von Anzeigen in sowjetischen Blättern 45 Ingenieure ausgewählt, die neben der Körber AG bei 15 namhaften deutschen Unternehmen – ABB Asea Brown Boveri, B.A.T. Cigarettenfabriken, Bertelsmann, Delotrans, Blohm + Voss, Deutsche Airbus, Deutsche Lufthansa, Drägerwerk, Festo, Conrad Jacobsen, Krone, Philips Medizinsysteme, Philip Morris, STN Systemtechnik, Thyssen Industrie Henschel – das Ausbildungsprogramm, das von der Körber-Stiftung erarbeitet und erprobt wurde, über 18 Monate absolvieren. Denn die Überzeugung hat sich mittlerweile durchgesetzt: Ohne eine Qualifizierung der Fach- und Führungskräfte ist keine Änderung der wirtschaftlichen Verhältnisse in der Sowjetunion möglich.

Für mich steht fest, daß die wirtschaftliche Erneuerung der ehemaligen Sowjetunion nur dann Erfolg haben wird, wenn in den Köpfen der Verantwortlichen auf allen Ebenen unternehmerisches Denken Einzug hält. Natürlich bin ich nicht so naiv zu glauben, mit Hilfe des Körber-Kolleg-Programms aus Ingenieuren perfekte Unternehmer machen zu können. Helmut Schmidt hat sicher recht, wenn er im August 1991 in der Humboldt-Universität Berlin sagte, um Unternehmer zu werden, bedürfe es einer glücklichen Nacht, einer folgenden neunmonatigen Wartezeit und 40 Jahre Ausbildung und Erfahrung. Dennoch glaube ich, daß auch der geborene Unternehmer seine Chance in einem Umfeld bekommen muß, das ihm die Möglichkeiten zu seiner Entwicklung eröffnet. Das Körber-Kolleg für sowjetische Ingenieure ist ein Schritt in diese Richtung.

Entscheidend nicht nur für die wirtschaftliche Zukunft der ehemaligen Sowjetunion wird sein, ob es den neuen Machthabern in den jetzt unabhängigen Republiken gelingt, aus der »Gemeinschaft Unabhängiger Staaten« (GUS) eine funktionierende Staatengemeinschaft zu machen, etwa nach dem Vorbild der Europäischen Gemeinschaft, und zu verhindern, daß sich das zerfallende sowjetische Weltreich, so wie Jugoslawien, in mörderischen Bürgerkriegen zerstört. Auch da ist die Erhaltung des Friedens oberstes Gebot für eine positive politische, wirtschaftliche, soziale und kulturelle Entwicklung demokratischer Gesellschaften.

Hinzu kommt, daß der Übergang von der sowjetischen Kommandowirtschaft zu einer freien und sozialen Marktwirtschaft nicht eine Angelegenheit von Jahren, sondern von Generationen sein wird. Das kann auch gar nicht anders sein; denn den Völkern der Sowjetunion fehlt die »unternehmerische Erbschaft«, wie sie etwa in der ehemaligen DDR, in der ČSFR, in Polen und Ungarn durchaus noch in Ansätzen vorhanden ist. Diese Länder werden es in einem Jahrzehnt geschafft haben.

Ich möchte noch eine wichtige Erkenntnis hinzufügen: Die Auflösung des kommunistischen Reiches ist von Hitler de facto um ein halbes Jahrhundert verzögert worden. Die Sowjetunion ist nur durch den deutschen Überfall und den Großen Vaterländischen Krieg, durch den überaus verlustreichen Sieg über die Deutschen und durch die stete Furcht vor dem deutschen Erzfeind zusammengehalten worden. Ohne Hitler wäre das rote Reich schon vor 40 Jahren auseinandergebrochen. Damals hätte es zwar auch große Probleme bei der Umstellung der Kommandowirtschaft gegeben; aber die sowjetischen Republiken wären keine Atommächte geworden. Heute will sogar Kasachstan Atommacht sein.

Brückenbauen zwischen West und Ost

Ich habe deutlich gemacht, daß meine Auseinandersetzung mit dem Sozialismus von einer Haltung geprägt war und ist, die das Verbindende stärker betont als das Trennende. Dies ist der

Grund, warum ich mit dem Bergedorfer Gesprächskreis seit Mitte der sechziger Jahre den Dialog mit den sozialistischen Ländern, vor allem mit der östlichen Vormacht Sowjetunion, suchte. Denn der Friede in Europa, die Schaffung einer neuen europäischen Friedensordnung war ohne oder gar gegen die Sowjetunion nicht zu haben.

Der Gesprächskreis hatte schon bei meinen ersten Kontakten mit Vertretern der Sowjetunion Pate gestanden; denn Eugen Kogon, der mich von verschiedenen Tagungen her kannte, hatte den mit ihm befreundeten hessischen Ministerpräsidenten Georg-August Zinn veranlaßt, sich mit mir in Verbindung zu setzen, als dieser für eine sowjetische Delegation keinen bundesdeutschen Unternehmer fand, der den Sowjets Einblick in seinen Betrieb gewähren wollte. Damals habe ich die Sowjets, wie bereits geschildert, nach Hamburg eingeladen und als Folge davon die Studienreise durch die Sowjetunion machen können.

Danach hat sich der Gesprächskreis geradezu als »Eisbrecher« betätigt; denn ich habe auch in Zeiten des wiedereinsetzenden Kalten Krieges ganz bewußt auf Gesprächsbereitschaft vertraut, wenn der Dialog in einer neuen Eiszeit wieder einzufrieren drohte. Die Gesprächslosigkeit bedeutete die größte Gefahr für die Erhaltung des Friedens. Zwei aktive »Bergedorfer«, Stefan Doernberg und Herbert Bertsch, waren es auch, die im März 1970 Willy Brandt die Einladung Willy Stophs nach Erfurt überbrachten.

Insgesamt habe ich in den letzten 25 Jahren acht Tagungen in der Sowjetunion, in Moskau und Leningrad, durchgeführt und hochrangige sowjetische Delegationen nach Hamburg und Bonn zu Diskussionen über Entspannungspolitik, über die Schaffung einer europäischen Friedensordnung und den Aufbau eines europäischen Hauses eingeladen.

Diese Kontakte stießen auch bei der Kremlführung auf Resonanz, nicht zuletzt bei Gorbatschow, mit dem ich mehrere Male zusammengetroffen bin. Auch mit dem russischen Präsidenten Boris Jelzin haben sich persönliche Kontakte ergeben. Unter anderem habe ich Jelzin einen Plan zur Modernisierung von Industrieanlagen und damit zur Einsparung von jährlich einer Milliarde Devisenrubel unterbreitet.

Die wichtigste Aufgabe des Bergedorfer Gesprächskreises, auf den ich später noch ausführlicher eingehen werde, sehe ich in seiner Brückenbaufunktion zwischen West und Ost, die er ungeachtet der Konfrontation über die politischen Realitäten zwischen beiden Lagern Jahrzehnte hindurch wahrgenommen hat.

1970 fand in Leningrad die erste große internationale Ost-West-Konferenz des Gesprächskreises vor Abschluß des sogenannten Moskauer Vertrages zwischen der Sowjetunion und der Bundesrepublik Deutschland statt. Dort zeigte das harte Aufeinanderprallen der Gegensätze, wie stark die Brückenkonstruktion sein mußte, um allen Belastungen der Ost-West-Auseinandersetzungen standzuhalten. Hier waren auf beiden Seiten Lernprozesse notwendig, »um bestehende Konflikte zwischen unterschiedlichen Gesellschaftssystemen abzubauen«, wie ich es in der Präambel des Bergedorfer Kreises postuliert hatte. Nach diesem Grundsatz habe ich in den siebziger und achtziger Jahren die zahlreichen Ost-West-Tagungen in Moskau, Budapest, Prag, Dresden, Bonn und Hamburg durchgeführt.

Das ganze Auf und Ab der Entspannungspolitik in den siebziger und achtziger Jahren hat gezeigt, daß es bei langfristigen politischen Prozessen vor allem auf Beharrlichkeit in der Zielverfolgung ankommt, um die künftige Entwicklung in neue Bahnen zu lenken.

Dieser Grundsatz gilt zweifellos auch heute nach der Beendigung des Ost-West-Konflikts und dem Abgehen von der militärischen Hochrüstungspolitik. Jetzt kommt es entscheidend darauf an, die Mittel, die durch Abrüstung in den Rüstungshaushalten eingespart werden, ganz gezielt zur Erhaltung unseres Planeten einzusetzen. Denn es besteht mehr und mehr die Gefahr einer Zerstörung unserer Umwelt, die das Überleben der Menschheit im 21. Jahrhundert ernsthaft gefährdet, wenn es nicht gelingt, die Prämissen der aktuellen Weltwirtschaftspolitik grundlegend zu ändern. Im Kampf gegen diese Gefahr müßten weltweit alle geistigen Kapazitäten und aller Erfindungsreichtum mobilisiert werden.

Im Oktober 1988 nahm ich als Delegationsmitglied am Staatsbesuch von Bundeskanzler Kohl in Moskau teil. Auf dieser Reise wurde mir als Dank für die jahrzehntelangen Bemühungen mit dem Bergedorfer Gesprächskreis um einen Brückenschlag zwischen Ost und West eine besondere Auszeichnung zuteil. Der Vorsitzende des sowjetischen Friedenskomitees, der Schriftsteller Genrich Borowik, überreichte mir zusammen mit einer Urkunde einen Raketensplitter, der von der ersten SS-12-Mittelstreckenrakete stammte, die nach dem INF-Abrüstungsvertrag von 1987 in Kasachstan verschrottet worden war.

Ich habe diesen »Orden« als Zeichen des Friedens in ein »Denkmal« integriert, das auf meinem Werksgelände errichtet wurde (vgl. Abb. 11). Der Splitter ist auf einer goldbeschrifteten weißen Marmortafel befestigt, die in einer Vitrine steht. Der Sockel für die Vitrine mit der Aufschrift »Piece of Peace« (»Ein Stück Frieden«) ist aus rotem Granit und erinnert in seiner Form an eine Raketenabschußrampe, die allerdings aus einzelnen Stufen besteht, welche die stufenweise Abrüstung symbolisieren sollen.

Von allen öffentlichen Auszeichnungen, die mir im Laufe meines Lebens zuteil geworden sind, ist mir dieser Raketensplitter für den Frieden neben der Ehrenbürgerschaft der Freien und Hansestadt Hamburg die wertvollste Ehrung.

Als nach dem deutschen Oktober 1989 ein tschechischer November folgte, lud ich zu einem Gesprächskreis nach Prag ein, wo wir hautnah miterleben konnten, wie ein Volk Geschichte macht: entschlossen, diszipliniert, gewaltlos und unwiderstehlich. Die Nationen des östlichen Mitteleuropa – Polen, Ungarn, die Tschechoslowakei, die baltischen Staaten, womöglich auch Rumänien und Bulgarien – hoffen auf die Wiedergeburt der europäischen Kultur. Und wir im Westen werden einmal daran gemessen werden, ob wir die Chance, die in dieser Renaissance liegt, begriffen haben, ob wir zur Stelle waren, um

Solidarität, Klugheit und Opfermut zu zeigen. Denn das Drama
Europas erfaßt nicht nur den Osten, sondern es wird auch uns
im Westen verändern.

Die osteuropäischen Staaten wenden sich dem Westen zu
und beginnen ihre religiösen und philosophischen Grundlagen
neu zu definieren, dessen wichtigste Maximen lauten: Das Individuum ist wichtiger als das Kollektiv; die Vielfalt wichtiger als
die Einheit; die Freiheit wichtiger als die Macht; der Mensch
wichtiger als der Staat. Angesichts der Tatsache, daß sich der
Sozialismus mit seinem Irrglauben an eine klassenlose Gesellschaft von der Geschichte so gut wie verabschiedet hat, ist
unbestritten, daß pluralistische Demokratie und soziale Marktwirtschaft die Eckpfeiler einer künftigen humanen und wirtschaftlich effizienten Wirtschafts- und Gesellschaftsordnung
sind.

Marktwirtschaft und Kommunismus sind jedenfalls miteinander unvereinbar. Denn eine Grundvoraussetzung der Marktwirtschaft, die Anerkennung von Privateigentum sowohl an
Grund und Boden wie auch an Produktionsmitteln, ist in einem
kommunistischen System nicht möglich. Erst nachdem der
Kommunismus im Kreml das Zepter aus der Hand gelegt hat,
besteht in Rußland und den anderen Republiken die Chance
eines Durchbruchs in Richtung Marktwirtschaft und freiheitliche Demokratie.

Das Scheitern des Sozialismus heißt für mich indes nicht, daß
der Kapitalismus ein für allemal gesiegt hat. Vielmehr verlangen die vor uns liegenden globalen Herausforderungen, wie
Umweltkrise, Bevölkerungsexplosion und weltweites Flücht-
lingselend, ganz neue Denkansätze, mit denen wir uns im Gesprächskreis auseinandersetzen werden.

Die Marktwirtschaft, wie sie sich in Amerika oder der
Bundesrepublik Deutschland entwickelt hat, ist keineswegs das
Nonplusultra aller Ordnungen. In Analogie zu dem bekannten
Satz von Sir Winston Churchill über die Demokratie kann man
sagen, daß die Marktwirtschaft das unzulänglichste Wirtschafts-
system ist – »with the exception of all others«. Was die USA

angeht, so ist dort der Freiheitsspielraum des einzelnen gerade in der Wirtschaft besonders groß, aber die Tatsache, daß die Besitzenden sich dort immer mehr gegen die Nichtbesitzenden abschirmen müssen, verheißt nichts Gutes. Da fehlt jener starke Schuß Sozialstaatlichkeit in der Marktwirtschaft, der diesem System erst seine Würde und seine Stetigkeit geben kann. Ebenso sollten wir uns in der Bundesrepublik Deutschland, wie in anderen europäischen Ländern, bewußt sein, daß auch unser System Gefährdungen ausgesetzt ist. John Kenneth Galbraith, dem großen amerikanischen Sozialwissenschaftler, ist zuzustimmen, wenn er fordert: »Ganz real haben Ost und West heute dieselbe Aufgabe: Man muß das System suchen, das marktorientiertes und sozial orientiertes Handeln am besten miteinander verbindet.« In der Realisierung dieser Forderung war der Westen bislang erfolgreicher als der Osten; und die Bundesrepublik Deutschland ist sozialer, als es die USA sind. Aber die Gratwanderung – soviel Eigeninitiative wie möglich und soviel soziale Bindung wie nötig – muß von jeder Generation neu gewagt und neu gemeistert werden. Es gibt dafür keine Patentrezepte. Es ist mit ihr wie mit der Freiheit: Es muß täglich um sie gerungen werden. Der Sozialismus von Marx, Lenin und Stalin ist gescheitert, jener Sozialismus aber nicht, welcher der Gesellschaft und auch dem einzelnen die Pflichten sozialen Handelns als moderne Tugend auferlegt.

Michail Sergejewitsch Gorbatschow

Als Beitrag zum Übergang von der Kommando- zur Marktwirtschaft in der ehemaligen Sowjetunion und damit zur Stabilisierung der Verhältnisse in Europa bildet, wie bereits erwähnt, das Körber-Kolleg meiner Stiftung junge Ingenieure der GUS zu Betriebs- und Wirtschaftsmanagern aus. Diese Aktion der Hilfe zur Selbsthilfe hat Michail Gorbatschow, der 1992 als Privatmann in Moskau eine eigene Stiftung »Zur Erneuerung der Zivilisation« ins Leben rief, stark beeindruckt. Anfang 1992 war er auf Einladung der Bertelsmann-Stiftung in Gütersloh und Hamburg. Er wollte für seine Stiftung und für sein Buch werben. In Hamburg gab der Senat ihm zu Ehren ein Essen. Beim Aperitif sprachen wir miteinander: Karl Schiller und Manfred Lahnstein, ein früherer Super- und ein früherer Finanzminister der Bundesrepublik, der ehemalige Präsident der UdSSR und ich. Gorbatschow sagte zu uns: »Was uns in der GUS wirklich fehlt, ist eine Zentralstelle für die Preisfestsetzung.« Hatte er eine Vorstellung von Marktwirtschaft? Später, während des Essens nahm ich meine Tischkarte und notierte darauf für Vadim Sagladin, früher Deutschlandberater des ZK und jetzt Gorbatschows Mann für deutsche Angelegenheiten: »Lieber V. S., bitte sorgen Sie dafür, daß Gorbatschow nie wieder von einer Zentralstelle für Preisfestsetzung spricht!«

Nachdem sich Gorbatschow über die achtzehnmonatige Ausbildung eingehend informiert hatte, die wir russischen Ingenieuren und Betriebsleitern geben, schrieb er mir folgenden Brief:

Moskau, den 23. März 1992

Sehr geehrter Herr Körber!

Ihre Rede beim Treffen mit den Stiftungsvertretern in Gütersloh und der Brief, den Sie mir überreicht haben, haben mich völlig überzeugt, daß das Zusammenwirken zwischen unseren beiden Stiftungen nicht nur zweckmäßig, sondern auch sehr nützlich sein kann. Uns interessieren beide Programme Ihrer Stiftung – sowohl die Ausbildung von Ingenieuren zu Betriebs- und Marktwirtschaftlern als auch der Bergedorfer Gesprächskreis zu Fragen der freien industriellen Gesellschaft. Zur Zeit präzisieren wir unsere Arbeitspläne, und sobald diese fertig sind, informieren wir Sie darüber, um konkrete Bereiche der gegenseitigen Interessen abzustimmen.

Danach – vielleicht anläßlich Ihres nächsten Aufenthaltes in Moskau oder auf dem Wege anderer Kontakte – wären wir bereit, ziemlich klare Richtungen und Termine der gemeinsamen Aktionen zu entwerfen. Unsere Zusammenarbeit kann also fruchtbar sein, weil Ihre Stiftung schon wertvolle Erfahrung der Zusammenarbeit mit den Staaten der GUS gesammelt hat.
Mit besonderer Hochachtung   M. Gorbatschow

Wie sich die Zusammenarbeit mit der Gorbatschow-Stiftung gestalten wird, hängt entscheidend von der noch ausstehenden Konkretisierung ihrer Stiftungsaufgaben und den noch zu schaffenden Voraussetzungen für ihre Umsetzung in der gesellschaftlichen Praxis ab.

Ich bin Michail Gorbatschow zum ersten Mal in Begleitung von Bundeskanzler Kohl 1988 im Kreml begegnet. Er war damals auf der Höhe seiner Macht. Die Welt erwartete tiefgreifende Veränderungen von ihm. Es war aber nicht nur die Aura der Macht, die ihn umgab, und die großen Hoffnungen, die sich auf ihn richteten, was mich an ihm faszinierte. Er hatte auch persönlich etwas Gewinnendes, das ihm bis heute geblieben ist. Dazu zählen ein ruhiger, freundlicher Blick, der denjenigen, der ihm gegenübertritt, knapp einschätzt und ihn dann ermutigt; ein Händedruck, als begegne er einem alten Freund, den er lange nicht gesehen hat; eine angenehme, klangvolle Stimme, die Seelenschwingungen und große Kraftreserven verrät. Die eher gedrungene Gestalt, ein schneller energischer Gang – das alles verbindet sich zum Bild eines Mannes, der Vertrauen erwirbt und ausstrahlt.

Dabei war vieles von dem, was er damals sagte, als er an der Macht war, und alles, was er 1992 in Deutschland sagte, von wohlwollender Unbestimmtheit, eher diskursiv und nachdenklich als bestimmend und entscheidend. Seine welthistorische Rolle steht außer Frage und wird in den Geschichtsbüchern zum Besten gehören, was über das 20. Jahrhundert zu schreiben ist. Aber wenn man ihm früher begegnet ist und ihn heute wiedersieht, dann kann die Frage entstehen, ob er ahnte, worauf er sich einließ, als er 1985 anfing.

Er hat einem historischen Wandel zum Durchbruch verholfen, der so weder vorhersehbar noch planbar war. Liegt seine Größe vielleicht nur darin, der Geschichte nicht im Wege gestanden zu haben? Ich habe mir diese Frage oft gestellt in den Jahren, in denen ich ihm begegnete.

Er war sehr viel mehr als der Erfüllungsgehilfe des Schicksals. Er hätte, als er 1985 die Macht im Kreml übernahm, die

Sowjetunion noch 20 Jahre lang im trostlosen Stil seiner Vorgänger weiterführen können. Sie wäre vollends erstarrt in der Stagnation ihrer gesellschaftlichen und politischen Strukturen. Der technische Wettlauf gegen Amerikaner, Japaner und Europäer war ohnehin in wichtigen Bereichen der zivilen und militärischen Industrien längst verloren. Aber das Regime hätte wohl noch eine Weile gehalten und seinen Machthabern zwischen dem Kreml und der Krim ein bequemes Leben gesichert.

Gorbatschow aber war aus anderem Holz geschnitzt: Ein Sowjetpatriot, der die Union von oben erneuern wollte und dafür auf die Lehren Lenins zurückgriff – oder jedenfalls auf deren besseren Teil, den er nur für verzerrt und falsch angewandt hielt. Mit dem Entwurf dieser großen Erneuerung ist er im Inneren gescheitert. Die KPdSU ist verboten, die Union zerfallen, die Weltmachtstellung verloren, das Volk in der schlimmsten Notlage seiner Geschichte seit Ende des Zweiten Weltkriegs, die Reformer sind ratlos.

Aber in der Außenpolitik hat Gorbatschow den Kalten Krieg beendet. Er hat die Rüstungskontrolle durch Offenheit, Fairneß und Vorleistungen in Bewegung gebracht und damit den Rahmen geschaffen, in dem der große Umbruch friedlich verlaufen konnte. Er hat den Staaten Ost- und Ostmitteleuropas im Frühjahr 1989 die Möglichkeit der freien Wahl eröffnet und stand seitdem zu seinem Wort. Und als er in Ost-Berlin am 40. Jahrestag des SED-Regimes das Schlüsselwort sprach – »Wer zu spät kommt, den bestraft das Leben« –, da muß er wohl geahnt haben, daß dies der Anfang vom Ende sein würde für die SED, für die DDR und für die Macht der Sowjetunion an der Elbe. Der Grundirrtum von Gorbatschow war der Glaube an die Reformbarkeit des kommunistischen Zwangssystems.

Daß Gorbatschow in der weiteren Entwicklung seines Landes noch eine maßgebliche Rolle spielen wird, halte ich für unwahrscheinlich. Er ist bei den Deutschen viel populärer als bei den Russen, und in allen Revolutionen sind die Männer des Umbruchs nicht die Männer der Erneuerung. Gorbatschow hat in der Geschichte des 20. Jahrhunderts seinen großen Platz, aber nicht mehr in der Zukunft. Je mehr ich über ihn und seine historische Rolle nachdenke, desto mehr wird er mir indessen immer wieder zum Rätsel: wider Willen und halb unbewußt ein Mann der schöpferischen Zerstörung.

Helmut Schmidt

Zu meinen ältesten Hamburger Freunden zählt Helmut Schmidt. Ich habe ihn kennengelernt, als er noch ein kaum beachteter junger Abgeordneter war. Er kandidierte damals, Anfang der fünfziger Jahre, für die Hamburger Bürgerschaft, und da sein Wahlkreis in Hamburg-Bergedorf lag, wollte er auf einer Betriebsversammlung in den Hauni-Werken sprechen. Ich lehnte ab, zum Feierabend aber stand ein Raum zur Verfügung. Helmut Schmidt sprach, obwohl das Unternehmen damals schon ungefähr 500 Mitarbeiter zählte, vor nicht mehr als 30 Zuhörern, alle wohl – außer mir – treue Sozialdemokraten, die er nicht zu bekehren brauchte. Ich erinnere mich nicht mehr im einzelnen an das, was er sagte. Aber wie er es sagte, das war mitreißend, kraftvoll, scharf und, wie die Engländer sagen, »to the point«. Der Mann, der später im Parlament den Beinamen »Schmidt-Schnauze« bekam, ist ein begnadeter Redner.

Sein Aufstieg war früh zu ahnen, denn sein scharfes und kämpferisches intellektuelles Temperament ist verbunden mit einem äußerst nüchternen Realitätssinn. Da sprach einer – hörbar und sichtbar der frühere Oberleutnant – aus der Kriegsgeneration, die Helmut Schelsky später die »skeptische Generation« nennen sollte.

Helmut Schmidt hat vor allem bei dieser zweiten Gründergeneration der Bundesrepublik den richtigen Ton getroffen. Das ermöglichte ihm zuerst den Aufstieg zum Innensenator der Hansestadt Hamburg, später zum Bundesminister der Finanzen und zum Bundesverteidigungsminister in Bonn. Als Bundeskanzler von 1974 bis 1982 hatte er etwas überparteilich Vernünftiges: Was ihm in der eigenen Partei das Leben schwermachte, hat ihn zugleich weit darüber hinaus getragen. Nach seinem Feierabendauftritt im Werk lud ich den aufsteigenden Stern noch zu einem Gespräch in mein Büro. Daraus entstand eine lange, zuverlässige Freundschaft, die im Musischen, in Stiftungen, im Bergedorfer Gesprächskreis ihre Ankerpunkte fand, wozu Helmut Schmidt bis heute maßgebende Beiträge liefert.

Was an jenem Abend in Bergedorf in meinem Büro ahnbar war, strenge Sachkompetenz, gekoppelt mit politischer Leidenschaft und starkem Durchsetzungswillen, hat mich damals menschlich und politisch sehr angesprochen. Da war auf der politischen Seite, unabhängig von Parteiaffinität, eine Geistesverwandtschaft spürbar.

Aus einem Lehrerhaushalt kommend, von der Waldorfschule früh geprägt, hatte er Architekt und Städtebauer werden wollen. Statt dessen kam der Krieg; es folgten das Studium der Volkswirtschaftslehre und der frühe Eintritt in die Politik. Bei der CDU, der er im ganzen ohne Verbissenheit gegenüberstand, hätte er weniger schnell ein Senatsamt in Hamburg erreichen können, dafür aber vielleicht mehr Verständnis gefunden für seine – wie mir als Unternehmer schien – höchst einleuchtenden Ideen über Gesellschaft und Wirtschaft. Er war ein Godesberger lange vor dem Godesberger Programm. Er hatte von Anfang an die Haltung des zornigen jungen Mannes. In den frühen Jahren der Republik unter Konrad Adenauer führte das nun einmal mehr zur Opposition als zur Regierung.

Über all die Jahre, die ich ihn kenne, hat er die Forschheit des Argumentes und die imperative Sprechweise bewahrt. Sie wird gemildert durch einen Sinn für Ironie und eine höchst anschauliche Erzählkunst. Er hat sogar eine bemerkenswerte Fähigkeit zum Zuhören neben der Neigung, zu sagen, wo es langgeht.

Zu seinen großen Eigenschaften gehört übrigens auch, was hinter den öffentlichen Donnerworten nicht immer deutlich wird, ein bemerkenswerter Sinn für Fairneß. Ich habe von ihm im stillen Kämmerlein mehr Anerkennung für den Nachfolger gehört als von vielen Sozial- oder Christdemokraten.

In einer philosophischen Stimmung zum Ende seiner Kanzlerzeit warf er die Frage auf, was von ihm politisch bleiben werde? Schließlich habe er nur die Politik fortgesetzt, die Adenauer mit der Republikgründung und ihrer Einbindung im Westen und Willy Brandt mit der Öffnung zum Osten eingeleitet haben. Ich hielt dagegen, daß er durch das Europäische Währungssystem, das er zusammen mit Giscard d'Estaing ins Leben gerufen hatte, der europäischen Einigung neue Qualität gegeben und durch den NATO-Doppelbeschluß von 1979 Europa im Westen wesentlich vorangebracht und im Osten die Sowjetführer von der Notwendigkeit einer Änderung ihrer Deutschland- und Westpolitik überzeugt habe. Insofern vertrat ich den Standpunkt, daß er Hervorragendes geleistet habe und als bedeutender Staatsmann in die Geschichte eingehen werde.

Diese Wertung lehnte er als weit überzogen ab. Auf meine Frage, wer wohl von den Staatsmännern, die er persönlich kennenlernte, historisches Format entwickelt habe, nannte er spontan den ermordeten ägyptischen Präsidenten Anwar el Sadat: Er habe mit seiner Reise zu den Israelis nach Tel Aviv für die Völkerverständigung großen Mut bewiesen und sich um die dazu zwingend notwendige Annäherung zwischen den drei großen Religionen verdient gemacht. Der Friede in der Welt kann nach Meinung von Schmidt langfristig nur gesichert werden durch eine Versöhnung zwischen den drei großen Religionen Judentum, Christentum und Islam.

Unsere Freundschaft beruht aber nicht nur auf Geistesverwandtschaft, sondern auch auf Verschiedenheit, die mit wechselseitiger Hochschätzung gepaart ist. Helmut Schmidt hat eine brillante Auffassungsgabe. Er stößt – wie einst Bismarck – zum Kern der Probleme durch. Dazu ist er, was nicht für jeden Bundeskanzler galt, bienenfleißig; ja, vielleicht für einen Staatsmann, wenn man an Bismarck denkt, fast zu fleißig. Er ist fast nie in Ruhe und würde das wohl auch als Zeitverschwendung ansehen. Er liebt es, über jeden Vorgang Aktennotizen zu machen. Für sich selbst? Für das Büro? Für die Historiker? Ich habe es nie herausbekommen.

Wenn man die kleine »Gewerkschaft« sozialdemokratischer Bundeskanzler vergleicht, so meine ich, kann man mit Willy Brandt fröhlich plaudern und entspannt sein, dagegen ist mit Helmut Schmidt, auch wenn es beschaulich zugeht, stets eine Spannung im Raum. Er formuliert scharfsinnig, überspitzt und relativiert dann aber auch. Sein Vorbild war Herbert Wehner, der ihn in Bonn in die Verantwortung nahm. Von Wehner hat er die Hingabe an die Sache gelernt, Fleiß, Disziplin und Knorrigkeit, eingeschlossen Treue zum Amt bis an den Rand der Selbstaufgabe.

Die Kraftquellen von Helmut Schmidt liegen wohl, ähnlich wie bei mir, im Generationsschrecken des Krieges; dann in einem enormen Schaffens- und Gestaltungsdrang, der allerdings mehr im Analysieren als im »Machen« seinen Ausdruck findet. Schmidt, der »Macher«, war eine nützliche öffentliche Fehleinschätzung. Schmidt, der glasklare Analytiker, ist die Realität. Zuletzt aber und vor allem gibt es seine musischen Neigungen und Talente.

Unsere gemeinsamen Interessen führten schon vor Jahrzehnten zur Dreierfreundschaft mit Rolf Liebermann. Wir haben gemeinsam die Johannes-Brahms-Gedenkstätte in Hamburg am Karl-Muck-Platz geplant und dafür auch die Jury gebildet (vgl. Abb. 28). Helmut Schmidt sammelt Kunst mit Kennerblick und Leidenschaft. Zum 70. Geburtstag schenkten ihm die Hamburger Freunde ein Bild von Emil Nolde, das in seiner nuancenreichen Melancholie auf Schmidts norddeutsches Temperament eingeht.

Aber am meisten ist er mit sich selbst im reinen, wenn er auf dem Klavier spielt, häufig Bachs Orgelwerke. Im März 1979, anläßlich des 60. Geburtstages von Loki, fand im Bundeskanzler-Bungalow im kleinen Freundeskreis mit der Sängerin Felicitas Weathers und dem Pianisten Carl Michalski ein Konzert statt. Als zur mitternächtlichen Stunde der Wunsch nach Musik von Gershwin laut wurde und die Künstler wegen fehlender Noten passen mußten, ging Helmut Schmidt in sein Arbeitszimmer, kam zu unser aller Überraschung mit den Gershwin-Noten zurück und setzte sich selbst zur Begleitung von Felicitas Weathers ans Klavier (vgl. Abb. 29). Genauso wie er zu meinem 70. Geburtstag, im September 1979, die »Rhapsody in Blue« am Klavier begleitete.

Als Helmut Kanzler wurde, suchte Loki eine Rolle und fragte mich, was ich ihr raten könne. Auf der Fahrt zum Neubergerweg, der Schmidtschen Behausung, hatte ich den entscheidenen Einfall: Loki sollte Bundes-Flora werden. Sie und ihr Mann, wo immer sie gingen oder standen, speziell aber in meinem Tegernseer Anwesen, kannten die Namen auf deutsch und auf lateinisch von allen Pflanzen und Tieren und hatten daran ein lebhaftes Interesse. Eine seltene Blume zu entdecken, die man schon ausgestorben glaubte, war ihnen ein Fest. Warum sollte Loki nicht – Umweltschutz war noch nicht die große Mode – eine Stiftung zum Schutze gefährdeter Pflanzen ins Leben rufen? Ich ging mit in das Kuratorium dieser Stiftung und sorgte für die Starthilfe. Büro und Leitung lagen eine Zeitlang bei mir im Werk. Heute denkt Helmut Schmidt an eine eigene Stiftung, deren Ziele hochgesteckt sind. So schrieb er mir:

»Der Graben zwischen den Deutschen, die im Laufe der Jahrzehnte in zwei kategorisch verschiedenen geistigen, politischen und ökonomischen Klimazonen gelebt haben, ist tiefer, als viele es erwartet haben. Die seelische und geistige Überwindung der Trennlinien wird noch lange Fristen verlangen, bis es wieder zu einem allgemeinen Bewußtsein der gleichen nationalen kulturellen Identität kommt.«

Hier verbindet sich die große moralische Herausforderung unserer Zeit mit der entscheidenden politischen Aufgabe der Zukunft. Keine Stiftung kann diese Probleme allein lösen. Aber sie kann, unabhängig vom Staat, notfalls die Politik korrigierend, Rat und Tat schaffen. Ich werde Helmut Schmidt bei dieser nationalen Aufgabe unterstützen.

Ich weiß nicht zu sagen, wer in unserer langen Freundschaft mehr der Gebende und mehr der Nehmende war. Über die Jahre hat sich das wohl ausgeglichen. Ich meine, worauf es in einer Freundschaft ankommt, ist die innere Wahlverwandtschaft, die mit geistiger Souveränität einhergeht. Ich sehe das so und bin sicher, Helmut Schmidt sieht es nicht anders.

VI. Kapitel

ETHIK IN DER INDUSTRIELLEN GESELLSCHAFT

> Technischer Fortschritt darf
> nicht mit ethischem Stillstand oder
> gar Rückschritt bezahlt werden.

»Was wir zum Leben brauchen«

Am 17. Februar 1980 wurde mir die Ehre zuteil, von der sogenannten Bürgerkanzel in der Nikolaikirche in Hamburg eine Art Predigt zu halten, in der ich mein ethisches Credo, den moralischen Impetus meines Handelns, darlegte.

Kurz zuvor, am 13. Februar 1980, war mir mit der Verleihung der Bürgermeister-Stolten-Medaille die höchste Auszeichnung zuteil geworden, die die Freie und Hansestadt Hamburg zu vergeben hat und die das Motto trägt:

»Das Gemeinwohl ist das höchste Gesetz«.

Vielleicht ist dieses Motto die kürzeste Antwort auf die Frage nach der Ethik, der ich mich verpflichtet weiß.

Als Ingenieur und Unternehmer habe ich nach 1945 aus kleinsten Anfängen heraus mit Hilfe eigener Erfindungen einen Industriekonzern aufgebaut, der mittlerweile eine Vielzahl von Unternehmen im In- und Ausland umfaßt.

Nach der Katastrophe von Dresden, die meine Lebenseinstellung völlig verändert hat, und im Bewußtsein des unermeßlichen Leides, das Krieg und Naziherrschaft so vielen Menschen und Gesellschaften vor allem in Europa gebracht hatten, war mir vom Anfang meiner Karriere an klar, daß sich die »neue« Gesellschaft in Deutschland auf die Dauer nicht durch materielle Leistungen allein legitimieren konnte. Deshalb verfolgte ich mit dem Aufbau meiner Unternehmensgruppe das Ziel, es nicht bei technologischen und kaufmännischen Erfolgen bewenden zu

lassen. Vielmehr ging und geht es mir darum, meine unternehmerischen Möglichkeiten mit gesellschaftspolitischen Initiativen zu verbinden, die dazu beitragen sollten, daß unsere von
ökonomischem Zweckdenken beherrschte Welt nicht einer
moralischen und sittlichen Erosion verfällt.

Ich habe mir anläßlich meiner damaligen Predigt Gedanken
zum Thema »Was wir zum Leben brauchen« gemacht und mich
dabei der Worte des Neuen Testaments erinnert, die das Schicksal eines reichen Mannes betreffen, eines Mannes also, der mir
durchaus vergleichbar wäre.

Im Lukas-Evangelium heißt es dazu im 12. Kapitel:
»Und Jesus sprach zu ihnen:
sehet zu und hütet euch vor dem Geiz,
denn niemand lebt davon, daß er viele
Güter hat.

Und er sagte ihnen ein Gleichnis und sprach:
Es war ein reicher Mensch, des Feld hatte
wohl getragen, und sprach: Was soll ich tun?
Ich will meine Scheunen abbrechen und größere
bauen, will darin sammeln alles, was mir
gewachsen ist, und meine Güter.

Und will sagen zu meiner Seele: Liebe Seele,
du hast einen großen Vorrat auf viele Jahre.
Habe nun Ruhe, iß und trink und habe guten
Mut.

Aber Gott sprach zu ihm: Du Narr, diese
Nacht wird man deine Seele von dir fordern,
und wem wird gehören, was du bereitet
hast?

Also geht es, wer sich Schätze sammelt und
ist nicht reich in Gott.«

Wenn ich dieses Gleichnis recht verstehe, so kommt darin der Maßstab zum Ausdruck, an dem einer wie ich, der zu großem Wohlstand gekommen ist, gemessen wird.

Aber, so frage ich mich, wie ist diese Lehre, die dem reichen Mann und damit vielen von uns erteilt wird, für unser sittliches und soziales Verhalten verbindlich zu machen? In unserem Grundgesetz, Artikel 14, heißt es zwar mit Bezug auf die Sozialbindung des Kapitals: »Eigentum verpflichtet. Sein Gebrauch soll zugleich dem Wohle der Allgemeinheit dienen.« Diese Forderung kann jedoch, will man die persönliche Freiheit nicht aufs Spiel setzen, nicht durch gesetzliche Maßnahmen erzwungen werden. Sie ist ein Appell an das moralische Gewissen der Kapitalträger und verpflichtet auch die gesetzgebenden Instanzen, was die Bundesrepublik mit ihrer Sozialverpflichtung besonders auszeichnet. So gesehen ist unser demokratisches gesellschaftliches System auf moralisches Verhalten angelegt. Inwieweit dem Rechnung getragen wird, dürfte daher einer besonderen Betrachtung wert sein.

Im Evangelium des Lukas ist der reiche Mann ein Landwirt. Das ist begreiflich, weil zur Zeit Jesu ausschließlich eine agrarische Gesellschaft von Landbesitzern und Hirten vorstellbar war. Wenn wir heute nach dem Wandel von der Agrar- zur Industriegesellschaft für den reichen Mann anstelle des Landwirtes einen Unternehmer setzen, ergeben sich zwangsläufig erhebliche Unterschiede.

Zum Beispiel ist die satte Zufriedenheit des damaligen reichen Landwirtes, der sich sagte: »Liebe Seele, du hast einen großen Vorrat auf viele Jahre, habe nun Ruhe«, den heutigen Industrieunternehmern fremd. Nicht etwa, weil sie tugendhafter sind, sondern einfach deshalb, weil die Situation in der vom Fortschritt in Wissenschaft und Technik getriebenen Wirtschaft es uns unmöglich macht, ruhig sein zu können und gut zu schlafen. Die moderne Wirtschaft zwingt uns ständig, äußerst wachsam zu bleiben. Wenn uns Unternehmer also die »Profitgier« überfällt, dann ist das nicht die Art von Geiz, von der in den ersten Worten im Evangelium des Lukas die Rede ist, sondern es ist eine andere Form von Gewinnstreben, die aus dem Bewußtsein des modernen Unternehmers zu sozialer Verpflichtung entspringt. Es geht nicht um die Zufriedenheit, gut verdient zu haben und sich auf den Lorbeeren des Gewinns ausruhen zu können. Es geht vielmehr um die ständige Sorge, daß man nie genug Investitionskapital für die fortschreitende Modernisierung der Betriebe erwirtschaften kann. Der heutige Unternehmer steht unter einem Investitionszwang, der durch den Wettbewerb um Marktanteile bei kontinuierlich steigenden Produktionskosten immer neue Hochleistungs-Produktionsanlagen und -maschinen verlangt.

Also nichts da mit »habe nun Ruhe, meine Seele«. Der Reiche heute, sofern er Unternehmer ist, muß im Gegenteil »hellwach sein«, weil er morgen schon vor einer Situation stehen könnte, die all das gefährdet, was er zur Erhaltung der Arbeitsplätze, zur Sicherung der Existenz seines Unternehmens und seiner Mitarbeiter aufgebaut hat. Die Dynamik im modernen Wirtschaftsprozeß ist unerbittlich. Allein in den letzten zehn Jahren sind in der Bundesrepublik zigtausend Unternehmen auf der Strecke geblieben.

Ich möchte noch auf eine andere, durch den Strukturwandel in unserer Gesellschaft bewirkte Veränderung der gesellschaftlichen Funktion des reichen Mannes gegenüber dem des Lukas-Evangeliums hinweisen. Wenn wir den biblischen Landwirt mit einem heutigen Unternehmer vergleichen, dann befindet sich bei Lukas der Landwirt nicht in der Rolle eines Arbeitgebers. Von der Beziehung des reichen Mannes zu Untergebenen ist keine Rede, nicht von Herr und Knecht, nicht von Entfremdung und Klassenkampf und den daraus abgeleiteten sozialen Problemen, nicht von Ausbeutung des Menschen durch den Menschen. Ich meine, es wäre auch falsch, im Lukas-Evangelium auf diese Fragen eine Antwort zu suchen, denn es geht dort vorrangig um das Seelenheil der Reichen.

Vom reichen Landwirt im Evangelium heißt es: »Er sprach, das will ich tun: ich will meine Scheunen abbrechen und größere bauen und will darin sammeln alles, was mir gewachsen ist, und meine Güter.« Darauf die Antwort Gottes: »Du Narr, was wird dir davon bleiben?«

Nach dieser Lehre könnte man die Frage stellen, ob die wirtschaftliche Expansion, wie wir sie heute zu betreiben gezwungen sind, mit der ständigen Anhäufung von Produktionskapital für neue Investitionen im Sinne der Bibel falsch und tadelnswert ist.

Ich meine, nein. Wenn man das mit Recht von marxistischen Ideologen verurteilte sogenannte »Einkommen ohne Arbeit« ausklammert, sind Gewinn und Besitz ein Produkt von Arbeit. Arbeit aber gehört zur Würde des Menschen. Die Arbeit ist sein Schicksal. Er soll wissen, daß er mit dem materiellen Reichtum, den er erwirbt, sein ewiges Heil nicht »kapitalisieren« kann. Die »Lilien auf dem Felde«, von denen der Apostel im weiteren dann sagt, sie seien prächtiger als die Pracht des Königs Salomon, sollen uns zeigen, wo die Grenzen des Reichtums gezogen sind.

Arbeit und Zukunftsplanung gehören zum Sinn unseres Daseins. Sowohl Wirtschaftswachstum als auch die Anwendung neuer wissenschaftlicher Erkenntnisse und technischer Erfindungen bedürfen heute aber mehr denn je einer sittlichen und moralischen Rechtfertigung. Anders als noch vor Jahrzehnten müssen wir – wenn wir unseren Planeten nicht zerstören wollen – viel mehr auf Störungen im ökologischen Gleichgewicht der Natur wie auch auf Störungen des Gleichgewichts zwischen Wirtschaft und Kultur achten. Wir müssen das materialistische Denken, das zu den Auswüchsen der Konsum- und Wegwerfgesellschaft geführt hat, ernsthaft überprüfen. Wenn wir die Zukunft sichern wollen, müssen wir der Konsumwirtschaft Grenzen auferlegen und eine Erhaltungswirtschaft mit mehr ethischen Daseinsinhalten anstreben.

Zu solchem Verhalten finden wir einen Hinweis in den Worten des Evangeliums, wo es heißt: »Niemand lebt davon, daß er viele Güter hat.«

Damit ist ein Leben gemeint, das sich an moralisch-ethischen und religiös-transzendentalen Werten und Geboten orientiert. Damit ist aber auch die große und einfache Wahrheit zum

177

Ausdruck gebracht, daß derjenige, der materiell im Reichtum lebt, noch lange nicht zwangsläufig ein innerlich reiches Leben führt. Selbstverständlich kann sich der Reiche vieles leisten, was dem Armen verwehrt ist. Aber mit Geld, mit Macht und den sich daraus ergebenden Möglichkeiten kann auch er sich nicht die höchsten und schönsten Lebensgüter, wie Liebe, Zuneigung, Freundschaft, Familienglück, Begabung und Talent sowie die Gnade der Gesundheit kaufen.

Was aber macht glücklich? Dazu möchte ich einen unbekannten Dichter zitieren:

> Willst du glücklich sein im Leben,
> trage bei zu andrer Glück,
> denn die Freude, die wir geben,
> kehrt ins eigne Herz zurück.

Das deckt sich mit dem, was ich als die moralische Pflicht der Reichen ansehe: mit ihrem Reichtum anderen zu helfen, Initiativen zu ergreifen, etwas zum Besseren zu wenden. Mit dem Einsatz des Reichtums für die Linderung von Not und für Beiträge im Interesse des Gemeinwohls erhält Profit aus wirtschaftlicher Tätigkeit eine gesellschaftliche und moralische Legitimation. Und für den gebenden Reichen kann es darüber hinaus bedeuten, daß aus materiellem ein seelischer Gewinn wird, nämlich das glückliche Bewußtsein, geholfen zu haben und helfen zu können.

Denn was man erworben und – sei es auch nur teilweise – im Interesse des Gemeinwohls weitergegeben hat, das wirkt im Sinne der Aussage des Philosophen Immanuel Kant:

> Je mehr du gedacht,
> je mehr du getan hast,
> desto länger hast du gelebt.

Aber sicher zielt das Gleichnis, das Lukas erzählt, nicht auf das bloße soziale Gewissen des Reichen ab. Denn im 21. Vers heißt es: »Also geht es, wer sich Schätze sammelt und ist nicht reich in Gott.«

Das weist auf den religiösen Ursprung unserer Moral hin. Denn das Evangelium ist keine bloße Moralepistel oder ein Manifest morgenländischer Weisheit, sondern Gottes Wort. Alle moralischen Konsequenzen, die wir daraus ziehen, haben als Basis die christliche Offenbarung. Die Mahnung Gottes an den zufriedenen Reichen: »Du Narr, diese Nacht wird man deine Seele von dir fordern«, hat ganz sicher in unseren Ohren nicht nur einen moralischen Klang, sondern vor allem einen religiösen, nämlich an das Heil seiner Seele zu denken.

Moral und Tugenden

Moral nennen wir die Normen, die für das Verhalten der Menschen untereinander gesetzt sind. Jede Religion hat ihren Sittenkodex. Es ist sehr fraglich, ob ein Sittenkodex, also die Grenze zwischen Gut und Böse, auch von einer weltlichen Macht aufgestellt und durch Gesetz verbindlich gemacht werden kann. Denn das entscheidende bei einer Religion ist, daß die Morallehre als von Gott kommend gesehen wird. Damit ist sie der menschlichen Willkür und Manipulation enthoben und kann zu einem über Jahrhunderte oder Jahrtausende dauernden Fundament menschlichen Zusammenlebens werden.

Die Stärke dieses Fundaments beruht nicht auf einem Gesetz, sondern auf Vertrauen und Glauben an die Botschaft. Wird dieser Glaube erschüttert, wird auch die Moral brüchig, wie wir es heute bei vielen Menschen erleben.

Aber verhalten wir uns mit unserm Tun wirklich so, daß wir aus dieser Erkenntnis die notwendigen Konsequenzen ziehen? Der reiche Mann ist im Evangelium nur eine Symbolfigur, die als Stellvertreter für viele satte Bürger auch ohne große Bankguthaben betrachtet werden sollte. Überwiegend ist in unserer Wohlstandsgesellschaft ein Streben nach materiellen Werten feststellbar. Seit einigen Jahren merken wir nun – insbesondere aus

Impulsen, die von der Jugend kamen –, daß das nicht ausreicht. Wir wären schlecht beraten, wenn wir diese Erkenntnis verdrängen würden, anstatt ihr durch Reduzierung unserer materiellen Wünsche zugunsten höherer sittlicher und ethischer Daseinswerte zu folgen.

Was kann getan werden, um in unserer Gesellschaft den sittlichen und ethischen Werten mehr Geltung zu verschaffen? Ich meine, wir sollten uns alle in unserem Verhalten, sei es in der Familie, sei es am Arbeitsplatz, sei es in der Gesellschaft, ernsthaft bemühen, daß unsere weitgehend vom Christentum geprägten Tugenden wieder in Mode kommen. Dazu zähle ich nicht nur »Treu und Redlichkeit«, also jene alten Tugenden, denen ich wünsche, daß sie noch wesentlich älter werden, sondern auch Fleiß, Gewissenhaftigkeit bei der Arbeit, aber auch Zivilcourage; modernes Führungsverhalten Mitarbeitern gegenüber.

Die Schwierigkeit mit diesen Tugenden sehe ich darin, daß sie als Begriffe wohlbekannt sind, aber in unserer heutigen Gesellschaft viel zuwenig gefordert werden: weder in der Erziehung noch in der Ausbildung oder in der Wahl der Menschen, denen wir uns anvertrauen. Fleiß und Sorgfalt in der Arbeit sind Tugenden: Geldverdienen ist eine schöne Sache, aber keine Tugend; wir sollten daraus auch keine machen. Erfolgsstreben an sich ist keine Tugend, auch keine moderne.

Bei den strenggläubigen Puritanern in England und Amerika galt Erfolgsstreben als gottgefällig, jedoch nur dann, wenn es sich mit der Tugend der Anspruchslosigkeit verband. Diese Kombination: einerseits »viel verdienen« und andererseits »für die persönlichen Bedürfnisse wenig ausgeben«, schuf die Grundlage zur Kapitalisierung der industriellen Revolution, ohne die wir heute nicht im Wohlstand leben würden.

Aber es gibt auch moderne Tugenden. Dazu gehört der Wille zur Rationalität, zur Solidarität, zur Loyalität und zu vernünftig kalkulierbarem Handeln. Tugenden und Moralität der Gesellschaft mögen sich verändern. Was sich jedoch nicht verändert, ist das Bedürfnis nach ihnen – objektiv wie subjektiv.

Die Tugenden Solidarität und Loyalität in Initiativen zu verwandeln, heißt zum Beispiel, die Randgruppen zu integrieren, ob es nur eine brillierende Randgruppe wie die der Künstler ist oder ob es das Alter ist, das durch das Verschwinden der Großfamilie an die Peripherie der Gesellschaft gedrängt ist. All dies sind ungewollte Resultate unserer Entwicklung. Aber wenn man schärfer und kritischer hinsieht, zeigen sich hier die Symptome einer moralischen Erosion.

Um diese moralische Verflachung abzubremsen, sind alle aufgerufen, die Tugenden aus dem Abseits wieder in den Mittelpunkt der gesellschaftlichen Aufmerksamkeit zu rücken. Als Unternehmer möchte ich sagen, wir haben in ungeheurem Umfang Produktionsmittel und materielle Güter hergestellt. Warum sollten wir nicht auch die moralischen Mittel mobilisieren können, die den Menschen befähigen, unserem System, unserer Gesellschaft gerecht zu werden? Und wenn ich gerecht sage, so meine ich Gerechtigkeit als Tugend.

Es ist heute allgemein zu beobachten, daß in den Industriestaaten die sozialen Spannungen abnehmen, aber die kulturellen Entwicklungen in zunehmendem Maße zum gesellschaftlichen Konfliktherd werden. In den zurückliegenden Generationen standen, insbesondere in den heutigen Industrieländern, die sozialen Kämpfe im Mittelpunkt der gesellschaftlichen Auseinandersetzungen. Durch das wachsende kritische Bewußtsein breiter Schichten in diesen Ländern beginnt man, die sozialen Konflikte wesentlich realitätsnäher, besonnener anzugehen.

Was das Anwachsen der kulturellen Krisensituation angeht, so will ich für unsere Gesellschaft nur einige Beispiele nennen:
- nicht bewältigte Konflikte zwischen den Generationen,
- bei Teilen der Jugend die Flucht in Drogen und Sekten,
- ausgebliebene Maßnahmen zur Stabilisierung der Ökologie; dem Thema Umweltschutz kommt dabei ein besonderes Schwergewicht zu,
- wachsende Schwierigkeiten im Erziehungswesen,
- die Entwicklung zur multikulturellen, heterogenen Gesellschaft.

Die Schwierigkeiten zeigen sich überall beim Umgang mit ethnischen und anderen Minderheiten.

Solche Konflikte gleichen nicht mehr den sozialen Problemen von früher, sondern sie sind ungelöste Kulturfragen erster Ordnung, Kulturprobleme, die für unsere gesellschaftliche Entwicklung genauso gefährlich sind wie die überkommenen Sozialkonflikte.

Zu den vielschichtigen ungelösten Kulturproblemen der Industriestaaten kommt weltweit der Aufbruch der islamischen Völker hinzu, die zur Durchsetzung ihrer kulturellen Forderungen das Privileg haben, an den Quellen unserer Energieversorgung zu sitzen. Verständlich, daß sich Zukunftsangst immer mehr ausbreitet.

Ich meine aber, wir alle könnten vertrauensvoller einer friedlichen Zukunft entgegensehen, wenn wir einerseits gesellschaftlich stark genug wären, um nicht erpreßbar zu sein, und wenn andererseits bei der Lösung vorhandener und auf uns zukommender Konflikte die moralischen Aspekte, insbesondere gegenüber der Dritten Welt, mehr als bisher zum Zuge kämen.

Bleiben wir der geschichtlichen Erfahrung eingedenk, daß eine Gesellschaft ohne transzendente Bindungen auf Dauer zum Untergang verurteilt ist. Deshalb sollten wir den Mut haben, unser Leben mit mehr Ethik, mit mehr moralischem Verhalten, mit der Verwirklichung unserer Tugenden wieder inhaltsreicher zu gestalten.

Diese Grundpositionen möchte ich im folgenden anhand einiger Beispiele und konkreter Initiativen aus meinem unmittelbaren Erfahrungsbereich verdeutlichen.

Ethik und Industriegesellschaft

In der Industriegesellschaft von heute ist der technische Fortschritt mit seinen enormen wirtschaftlichen und sozialen Veränderungen, die er bewirkt hat und ständig weiter bewirkt, mit der

Moral und den ethischen Normen des vortechnischen Zeitalters sicher nicht mehr zu bewältigen. Ethik und Moral entstehen, wie wir wissen, aus Erfahrungen. Und neue Erfahrungen erzwingen neue ethische und moralische Normen.

Nehmen wir als Beispiel das Recht. Als immer mehr Eisenbahnen mit immer größeren Geschwindigkeiten durchs Land fuhren, zeigte sich, daß die neuen Verkehrswege Gefahren ganz anderer Art für den Menschen mit sich brachten, als es sie im Zeitalter der Postkutsche und Pferdefuhrwerke gegeben hatte. Deshalb wurde für die Eisenbahn die Gefährdungshaftung eingeführt. Das heißt, die Eisenbahn mußte für Unfälle haften, die auf ihrem Gelände passierten. Die Aufstellung von Warnzeichen und Schranken wurde verfügt.

Genauso ist Jahrzehnte später aus den Erfahrungen des dichter werdenden Autoverkehrs das Straßenverkehrsrecht entwickelt worden. Auch hier ist es im Sinne der Durchsetzung moralischer Prinzipien zu einer immer weiter verfeinerten Rechtsordnung gekommen. Das Verkehrsrecht enthält – allen Autofahrern ist dies bekannt – nicht nur die objektiven Regelungen über Vorfahrt, Fahrgeschwindigkeit und andere Verbote und Gebote. Es verlangt vom Autofahrer vielmehr ein besonderes ethisches Verhalten: Aufmerksamkeit, Rücksichtnahme, kein Alkohol am Steuer.

Ein weiteres Beispiel bietet der »Umweltschutz«, der keinesfalls nur eine neue Art ökonomischen Verhaltens darstellt, sondern damit verbinden sich zahlreiche ethische Normen, die unter dem Schlagwort »Erhaltung der natürlichen Lebensbedingungen des Menschen« zusammengefaßt werden können. Dazu gehören Ziele wie: die Luft sauber zu halten; die Flüsse und Meere nicht zu Kloaken verkommen zu lassen; nicht immer mehr Natur- in Industrie- und Wohnlandschaften umzuwandeln, die Lebensräume der Tierwelt nicht so einzuengen, daß Arten verschwinden; die tropischen Regenwälder als Ökosystem und Sauerstoffquelle zu erhalten; mit den Rohstoffen dieser Erde sorgsam umzugehen – einschließlich ihrer Wiederverwendung –, damit kommenden Generationen nicht die Lebensgrundlage entzogen wird; das Bevölkerungswachstum in einer Größenordnung zu halten, die menschliches Leben in Freiheit zuläßt.

Mensch und Natur

Das Verhältnis Mensch und Natur steht heute im Mittelpunkt der Diskussion um die »Fortschreibung« unserer Ethik. Die Menschen der Frühzeit betrachteten die Natur mit Scheu, Angst und Verehrung. Mit der Entwicklung des Landbaus und der damit verbundenen Seßhaftigkeit begann der Mensch, die Kräfte der Natur für sich zu zähmen und zu nutzen. Dabei paßte er sich ihren Gesetzen an. In unseren Breitengraden mit den vier Jahreszeiten verband sich das Naturerleben des Menschen mit dem ständigen Wechsel von Werden und Vergehen. Der Frühling wurde als immer neues Wunder wiedererwachenden Lebens empfunden.

Die Achtung des Menschen vor der Natur wurde dem »göttlichen Prinzip« geradezu gleichgestellt. Das galt besonders für die ländliche Lebenswelt, in der das biblische Prinzip, daß der Mensch sich die Erde untertan machen solle, nie als Arbeit ohne oder gegen die Natur mißverstanden wurde.

Die moderne Industriegesellschaft dagegen läßt den Menschen im wachsenden Maße vergessen, daß er Teil der Natur ist, weil ihm seine Lebensgewohnheiten – besonders in den Großstädten – den Kontakt zur Natur nehmen. Die meisten Großstadtmenschen fühlen nicht mehr das, was ich die »Beseeltheit« der Natur nennen möchte. Und je mehr Menschen diesen seelischen Bezug zur Natur verlieren, um so weniger haben sie Verständnis für »Natürliches«, für die Zusammenhänge des menschlichen Lebens mit der Natur. Natur wird »genutzt«, »verbraucht« – seit mehr als einem Jahrhundert –, ohne daß die Mehrheit der Menschen über die Folgen überhaupt nachgedacht hätte.

Wenn heute wieder mehr Menschen die Zusammenhänge

unserer Gattung mit der Natur bedenken, so geschieht dies weniger aus Einsicht als aus der Angst, die überall sichtbar werdenden Folgen der Naturmißachtung könnten das Überleben der ganzen Menschheit und damit auch das eigene Leben gefährden. Mit anderen Worten: Der lange anhaltende Fortschrittsoptimismus beginnt bei uns vielfach in Angst umzuschlagen.

So beunruhigt das Waldsterben viele Menschen, die ansonsten wenig Sensibilität für Umweltfragen zeigen. Bäume gelten – nicht nur in unserem Kulturkreis – als Sinnbild der Beständigkeit des Lebens. Das Fortschreiten einer Familie von Generation zu Generation wird in einem »Stammbaum« festgehalten. Welch tiefe Symbolik liegt in diesem Begriff.

Die Frage ist akut geworden, wie die Erde ihre Bewohner von morgen ernähren soll, wenn nicht bald im Verhältnis des Menschen zur nahrungsspendenden Erde eine gründliche Änderung eintritt, insbesondere was Bodenkultur und Bodenpflege sowie die Nutzung und Wahrung der natürlichen Ressourcen angeht.

Trotz vieler mahnender Stimmen kam das Verhältnis von technischer Zivilisation und Umwelt erst in den sechziger Jahren allmählich in die öffentliche Diskussion. Ich erinnere nur an Bücher wie »Im Würgegriff des Fortschritts« von Bodo Manstein oder an »Der Stumme Frühling« von Rachel Carsons. Die Flut der Umweltliteratur in den siebziger und achtziger Jahren zeigte dann eine generelle Änderung des öffentlichen Bewußtseins an.

In den letzten zehn Jahren wuchs das Gefühl für Umweltprobleme bei uns so weit an, daß handfest zugepackt wurde, um Schäden zu begrenzen und zu beseitigen. Halbherzige Maßnahmen der sechziger Jahre, wie zum Beispiel die Erhöhung von Schornsteinen, wurden als Fehler erkannt und wirkungsvolle Filter für die Abgase von Großkraftwerken entwickelt. Die allmähliche Durchsetzung des Katalysators für Personenkraftwagen oder die schrittweise Reduzierung der Herstellung von Spraygasen, welche die Ozonhülle gefährden, sind weitere Beispiele.

Langsam aber stetig setzte sich in der Industrie der Gedanke durch, Produkte und Verfahren schon in der Entstehungsphase auf ihre Umweltverträglichkeit zu prüfen, um Belastungen der Umwelt von vornherein gering zu halten. Die ersten Tanker mit doppelten Böden verlassen die Werften. Ein großer Fortschritt zur Vermeidung von Ölkatastrophen. Zunehmend wird Recyclingpapier genutzt. Bei der Herstellung von Reinigungsmitteln wird immer stärker auf biologische Abbaubarkeit geachtet. Das Übermaß an umweltfeindlicher Verpackung ist ins Gerede gekommen. Biologisches Baumaterial und Farben finden wachsenden Absatz. Und wenn Firmen heute Patenschaften zur Erhaltung bedrohter Tiere, wie den Seeadler, übernehmen, ist dies nicht nur Ausdruck schlechten Gewissens, sondern sich durchsetzender Vernunft.

Zweifelsohne hat die ökologische Bewegung in Deutschland Impulse für ein aufmerksameres Umweltverständnis gegeben. So manche Umweltschutzmaßnahme wäre ohne den Bund für Umweltschutz oder ohne die Grünen nicht oder nicht so schnell realisiert worden.

Auf der anderen Seite gilt: Wären die warnenden Stimmen eines Erhard Eppler in der SPD und eines Herbert Gruhl in der CDU nicht so ungehört verhallt, wäre der Aufstieg einer grünen Partei nicht möglich gewesen.

Als Unternehmer, dem die Entwicklung von Staat und Gesellschaft nicht gleichgültig ist, habe ich die Umweltdiskussion aufmerksam verfolgt. Aus dem von mir 1961 ins Leben gerufenen Bergedorfer Gesprächskreis, in dem Wissenschaftler und Experten zu Fragen der Zeit diskutieren, ist so mancher Impuls zur Erkennung der Umweltproblematik hervorgegangen. Daß es auf einem endlichen Planeten kein unendliches Wachstum geben kann, liegt auf der Hand. Als kritischer Optimist, der ich nun einmal bin, habe ich jedoch die Überzeugung, daß wachstumsfeindliches Denken einer wachsenden Menschheit kaum helfen kann. Ziel kann es nur sein, möglichst umweltverträglich zu wirtschaften und quantitatives Wachstum, wo immer dies möglich ist, durch qualitatives Wachstum zu ersetzen.

Ich erwähne dies nicht aus Selbstgefälligkeit, mit der Gründung des Bergedorfer Gesprächskreises vielleicht diesen oder jenen Anstoß für die politische Praxis gegeben zu haben, sondern um anderen Unternehmern zuzurufen: Tut gleiches! Verbündet euch mit den Besten der Wissenschaft, mit den führenden Publizisten und auch den Kritikern der Zeit! Unternehmer gehören zu den wesentlichen Trägern unserer demokratischen Gesellschaft. Je mehr sie sich selbst um die Zukunft kümmern, mit Wissenschaftlern, Politikern, Journalisten über das Heute und Morgen diskutieren, um so stärker werden sie ihrer gesellschaftlichen Stellung gerecht. Dabei will ich in keiner Weise verkennen, daß Unternehmer durch ihre industrielle Tätigkeit mit zu den größten Verursachern der Umweltverschmutzung zählen. Um so mehr sollten sie die Verpflichtung empfinden, zur Erhaltung der Lebensbedingungen beizutragen.

Unser dynamisches Wirtschaftssystem erfordert Unternehmensleitungen, die sich durch folgende Eigenschaften auszeichnen sollten: Entfaltung von Initiative, Entscheidungsbereitschaft, Chancenwahrnehmung, Risikobewußtsein und Aufspüren zukünftiger Perspektiven. Gerade letzteres bedeutet für einen Unternehmer oder Manager jedoch, daß er sich mit Politik und Wissenschaft auseinandersetzt.

Ökologische Verantwortung der Unternehmer

Wie steht es um meine persönlichen Erfahrungen als Unternehmer mit dem Umweltschutz? Theoretische Einsichten sind zwar wichtig, aber ihre praktische Umsetzung entscheidet erst über deren Wert.

Als Maschinen- und Anlagenbauer ist die Körber AG kein »Biobetrieb«. Wir haben zwar auf dem Werksgelände viele Bäume und pflegen grüne Rabatten mit Blumen, so daß mancher Besucher von einer »parkähnlichen Anlage« der Körber-Werke spricht. Aber wir stellen weder Jutesäcke noch

Bioshampoos her. Wir sind nun einmal ein Unternehmen des Maschinen- und Anlagenbaus. Wenn ich also von Umweltschutz spreche, so meine ich für die Unternehmen der Körber AG in erster Linie eine umweltverträgliche Fertigungsweise.

Viele Jahre haben wir uns beispielsweise um vernünftige Wege zur Beseitigung des Produktionsabfalls bemüht. 1987 entwickelten wir Unternehmensleitsätze zur Umweltverträglichkeit für die betriebliche Praxis. Die traditionelle Ausrichtung meines Unternehmens auf Gewinn und Sozialverträglichkeit wurde darin um die Komponente der Umweltverträglichkeit erweitert.

Als Aufgaben nahmen wir in Angriff:

– Ausbildung eigener Ver- und Entsorger und die Einrichtung von Entsorgungslehrgängen in allen Lehrberufen (1988 waren wir das erste bundesdeutsche Unternehmen, das Ver- und Entsorger im Fachbereich Abfall ausbildete. Einer fundierten theoretischen Ausbildung mit Mikroskopie, Kenntnisvermittlung über Bakterien, Viren, chemische Stoffe und Analysen, über Pumpenbau- und Rohrsysteme steht eine vielseitige praktische Ausbildung über Lagerung, Arbeitsabläufe, fachgerechten Transport usw. zur Seite);

– Koppelung der Ver- und Entsorgung mit eingeräumtem Vetorecht seitens der Entsorgung bei der Materialbeschaffung;

– Aufbau eines zentralen Entsorgungszentrums zur Sortierung des Werkabfalls und zur Erstellung einer Unternehmensschadstoffbilanz;

– Überwachung des Wasser-, Strom- und Heizungsenergiebedarfs und Durchführung von Maßnahmen zur Verringerung des Verbrauchs;

– seit 1990 auch Führung einer Unternehmensumweltbilanz für alle meine Unternehmen.

Bei solchen Maßnahmen steigen selbstverständlich die Entsorgungskosten ungeachtet der Ersparnisse, die etwa durch die Vorsortierung des Mülls oder die Senkung der Stromspitzenlast erreicht wurden.

Inzwischen wissen die Mitarbeiter meiner Unternehmensgruppe, daß wir innerhalb eines Kreislaufsystems wirtschaften und Abfall nichts anderes ist als unverkäufliche Produktion. Ich bin der festen Überzeugung, konsequent gehandhabter betrieblicher Umweltschutz schmälert nicht die Ertragskraft eines Unternehmens, sondern hilft sie auf Dauer zu sichern. Deshalb unterstütze ich alle umweltschonenden Aktivitäten in meinen Betrieben, weil klar erkennbar ist, daß Umwelt- und Entsorgungsfragen in den nächsten Jahren immer mehr an Bedeutung gewinnen werden. Zum einen werden die behördlichen Auflagen immer weiter verschärft werden, zum anderen müssen wir mit einer ständigen Steigerung der Entsorgungskosten rechnen. Hierbei steht es verantwortungsvoll handelnden Unternehmern gut an, eine Vorreiterrolle zu spielen und Umweltbelastungen aus eigenem Antrieb zu verringern – unabhängig von gesetzgeberischen Entscheidungen.

Seit 1985 konzentriert sich der von der Körber-Stiftung vergebene Förderpreis für die Europäische Wissenschaft auf die Umweltforschung. In der Satzung heißt es:»Nur solche wissenschaftlichen Leistungen sollen als förderungswürdig anerkannt werden, die einen wesentlichen Beitrag zur Erhaltung der Lebensbedingungen auf unserem Planeten liefern.« Auf diese Weise will ich mit meiner Stiftung dazu beitragen, daß der gegenwärtige Rückstand an Umwelterkenntnissen durch aktive Umweltforschung aufgeholt wird.

So erhielten 1988 die renommierten Forscher Hansjörg Sinn und Walter Kaminski aus Hamburg, Vasilij Dragalov aus Moskau und Alfons Buckens aus Brüssel den Preis für die Entwicklung des Pyrolyse-Verfahrens zur Umwandlung von Müll – auch hochgiftigem Sondermüll – in harmlose Endprodukte durch die Anwendung chemischer Verfahren. Dabei geht es nicht nur um die Nutzbarmachung des Heizwertes von Abfallstoffen, sondern Kunststoffabfälle und alte Autoreifen sollen zur Herstellung neuer chemischer Produkte genutzt werden. Die Schwierigkeit besteht darin, die komplexen Kohlenwasserstoffverbindungen von Einkaufstüten, Bierkästen, Joghurtbechern oder Putzmittelflaschen in einfachere Verbindungen zurückzuverwandeln.

Bedeutende Anfangserfolge sind erzielt. Endziel der Forschungsarbeiten ist es, daß bei der Müllverwertung nur ganz wenige Reststoffe übrigbleiben – und zwar solche, die nicht auf Sondermülldeponien gelagert werden müssen. Diese Forschungen wurden mit 1,75 Millionen D-Mark von der Körber-Stiftung gefördert, ein Betrag, der alljährlich durch den Förderpreis der Europäischen Wissenschaft zur Verbesserung unserer ökologischen Lebensbedingungen zur Verfügung gestellt wird.

Der intensive Umgang mit der Umweltschutzpraxis förderte bei mir wie auch bei anderen Unternehmern, die das Thema ernst nehmen, verschiedene Handlungsaktivitäten. Die Politik allerdings ist gehalten, durch eine entsprechende Gesetzgebung dafür zu sorgen, daß die Herstellung umweltfreundlicher Produkte und die Anwendung umweltschonender Fertigungsverfahren nicht zum Nachteil der verantwortlich Handelnden wird. Denn sie stehen letztlich in einem harten Wettbewerb mit in- und ausländischen Unternehmen.

Alle Industriestaaten entwickeln derzeit – wenn auch mit unterschiedlicher Intensität – Rechtsordnungen zum Schutz der Umwelt. Wer gegen Umweltgesetze verstößt, wer zum Beispiel das Öl seines Autos im Freien abläßt, seinen Müll in Wäldern ablagert, gefährliche chemische Stoffe nicht ordnungsgemäß entsorgt, macht sich strafbar – als einzelner wie als Unternehmer. Worauf es nach meiner Auffassung jedoch entscheidend ankommt, ist, bei den Menschen eine neue Moral auf dem Gebiet von Wirtschaft und Technik zu bilden, welche sie mit der Umwelt pfleglich umgehen läßt. Dies ist nicht zuletzt auch eine Aufgabe von Bildung und Erziehung.

Technik und Ethik

In einem Vortrag vor dem Bundeselternrat zum Thema »Technischer Fortschritt – ethischer Rückstand?« habe ich mir 1986 Gedanken zum modernen Bildungswesen in einer technischen Welt gemacht und betont, daß zwischen Technik und Kultur eine enge Beziehung besteht. Die Technik sei zu einem beherrschenden Teil unserer Kultur geworden. Auch diejenigen, die der Technik heute mit Mißtrauen und Vorbehalten begegneten und gegen das wachsende technische Risiko in unserer Welt demonstrierten, dächten keinesfalls daran, auf technische Errungenschaften wie Auto, Fernseher, Waschmaschine zu verzichten. Wörtlich sagte ich damals: »Technische Güter sind Konsumgüter höchsten Ranges, und ohne die Technik bei der Massenproduktion unserer Bedarfsgüter würden wir alle sehr viel ärmlicher leben, als wir es heute für selbstverständlich halten.«

Diese technischen Güter sind selbstverständlich etwas ganz anderes als das, was wir unsere geistigen Güter nennen. Die Technik kann gesellschaftlich gut und zugleich schlecht, sie kann fehlerfreundlich bis katastrophal sein!

Sie steht dem Terroristen ebenso zur Verfügung wie der Polizei. Das Flugzeug kann Menschen und lebenswichtige Güter, aber auch Bomben transportieren. Selbst wenn wir es wollten, könnten wir keine Ordnung schaffen, in der die Anwendungsmöglichkeit der Technik von vornherein und grundsätzlich nur einem guten, ethisch zu rechtfertigenden Zweck dienen kann.

Ich gehe sogar noch einen Schritt weiter. Selbst dann, wenn wir wissen, daß zum Beispiel die Kernspaltung oder die Gentechnologie in gefährliche Vernichtungswaffen verwandelt werden können, sind wir nicht in der Lage, deshalb die Kernspaltung oder die Gentechnologie zu verbieten.

Würden wir das zum Beispiel in Deutschland tun, dann bedeutete das gar nichts für deren Weiterentwicklung in Amerika oder Japan oder in der ehemaligen Sowjetunion. Die Anwendung der Technik ist heute international möglich. Ihre

Verbreitung kennt im Prinzip keine Grenzen. Und das Beispiel Tschernobyl hat uns ja gezeigt, daß die vergleichsweise hohe Funktionssicherheit unserer eigenen Kernkraft uns keineswegs schützt, wenn anderswo eine atomare Katastrophe passiert.

Die Technik hat nun in meinem Verständnis sehr grundsätzlich etwas mit Ethik zu tun, weil sie die Inhalte der Ethik verändert. Dieses Zusammenhangs sind sich Schule und Erziehung, so meine ich, bis heute nicht ausreichend bewußt. Das ist zum nicht geringen Teil – zumal in Deutschland – historisch bedingt. Denn unser Bildungswesen, wie es sich unter den Ideen der Aufklärung und ihren Idealen der Humanität und Moral entwickelt hat, hat die Entwicklung von Industrie und Technik im Verlauf der industriellen Revolution nicht oder kaum begleitet.

Die industrielle Arbeiterschaft galt als ungebildet, und auch die Techniker und Industriellen kamen großenteils nicht aus den gebildeten Ständen. Sie waren, wie Alfred Krupp, Handwerker. Technische Wissenschaften konnte man nicht an der Universität studieren, und der Bildungsstoff der höheren Schulen enthielt nur die Mathematik als entsprechendes Lehrfach. Die Lehrer und die damals im Schulwesen noch einflußreichen Theologen waren technisch unwissend und standen der industriellen Entwicklung im Grunde hilflos gegenüber.

Die Beziehung zwischen Technik auf der einen und Bildung und Erziehung auf der anderen Seite hat sich denn auch weitgehend außerhalb des allgemeinbildenden Schulwesens vollzogen. Bildung, die den materiellen Interessen dient, wurde lange Zeit schlicht als Berufsbildung abqualifiziert. Noch in den siebziger Jahren, als angesichts der Weltwirtschaftskrise und ihrer Folgen die Illusionen der Bildungsreformer zerstoben und sie keine Antwort wußten auf die Fragen der von Arbeitslosigkeit bedrohten Jugendlichen, war es die Wirtschaft, die durch eine bis dahin nicht gekannte Ausweitung der betrieblichen Schulung und Ausbildung ihr soziales Ethos unter Beweis gestellt hat.

Die moderne technische Zivilisation versetzt uns ohne Frage mit ihren Risiken zwischen dem, was sie neu schafft, und dem, was sie in der Tat zerstört, in eine ungeheure Spannung. Das ist zweifellos ein tiefer Kulturkonflikt. Aber Ethik ist immer Konfliktethik gewesen. Gäbe es keine Konflikte, brauchten wir keine Ethik; und da wir immer Konflikte haben werden, muß unser ethisches Verhalten die Basis unseres Handelns sein und bleiben. Die moderne Ethik ist deshalb – im Unterschied zu früheren ethischen Systemen – eine Ethik des Risikos. Sie ist auch nicht mehr vorwiegend eine Ethik der sozialen Beziehungen. Sie muß zudem in sich aufnehmen, was früher durch die Ordnung des religiösen Glaubens geregelt wurde, und sie kann auch nicht mehr, wie das Ethos der Aufklärung, auf die Herrschaft der Vernunft vertrauen.

Insofern befinden wir uns heute in einem ständigen Konflikt zwischen der Destruktion der alten und dem Wachsen einer neuen Kultur. Es ist auch der Konflikt zwischen dem, was wir tatsächlich alles können, und dem, was wir nicht tun dürfen.

Konflikte dieser Art verlangen eine Autonomie des Menschen, die im Computerzeitalter der Massengesellschaft fraglich geworden ist und statt dessen eine bis in das Intimleben der Familie hineinreichende Kontrolle und Manipulation zur Folge haben kann. Das kann Spannungen hervorrufen, die schwer zu ertragen sind. Spannungen, die eine Belastung des Gewissens mit Schuldgefühlen hervorrufen und im Ergebnis aber Nihilismus und Angst erzeugen.

Deshalb gehört die Stabilisierung des Individuums zu den großen Aufgaben der modernen Erziehung. Früher erzog man junge Menschen zu Gehorsam, Einordnung und Demut. Heute erfordern gerade die Disziplin, die Vernunft und die Fähigkeit zum rationalen Denken, die wir dem Menschen abverlangen, eine Erziehung zum Selbstbewußtsein, zur Selbständigkeit und zur Selbstkontrolle.

Das braucht nicht gerade ein Gegensatz zu sein. Aber es ist doch eine wichtige Veränderung des Erziehungsbildes. Die zusätzlichen Tugenden des organisierten Menschen sind Spontaneität und Initiative, auch der Mut zu einer Eigenständigkeit, wobei der Sinn und Zweck unseres Handelns stets von ethischen Motiven gesteuert werden sollte. Unsere Gesellschaft sollte, jenseits aller sonstigen Reformziele, in diesen Fragen in einem modernen Sinne ethisch denken, das heißt nicht ideologisch und nicht bloß bürokratisch-organisatorisch, sonst machen wir die Jugend zu einer chronischen Problemgruppe unserer Gesellschaft.

Mögliche Widersprüche zwischen Technik und Ethik haben für mich auch einen ganz persönlichen Bezug. Meine Unternehmensgruppe stellt unter anderem Filterzigarettenmaschinen her. Das Rauchen ist seit langem vielseitiger Kritik ausgesetzt. Während Pfeifentabak und die Zigarre Genußmittel sind, die vorwiegend Duft- und Geschmacksreize auslösen und ähnlich wie Schnupf- und Kautabak insbesondere die Schleimhäute der Nase und den Gaumen stimulieren und so ein befriedigendes Gefühl erzeugen, ist die Zigarette in der Lage, darüber hinaus dem Raucher durch die leichte und unbeschwerte Möglichkeit beim Inhalieren ein erhöhtes Lebensgefühl zu verschaffen. Das war der Grund für ihren Siegeszug in der ganzen Welt gegenüber der Zigarre und dem Pfeifentabak.

Es ist nicht von der Hand zu weisen, daß starke Raucher anfälliger für Lungenkrebs sind, als dies bei Nichtrauchern der Fall ist. Deshalb habe ich mich bereits Ende der vierziger Jahre mit der Entwicklung eines Herstellungsverfahrens für eine weniger schädliche Zigarette – die Filterzigarette – befaßt. Dem Verfahren lag die Absicht zugrunde, möglichst viele Rauchinhaltstoffe aus den Zigaretten für den Raucher zurückzuhalten.

Im übrigen bin ich der Meinung, daß die Auseinandersetzung um das Rauchen nicht isoliert zu betrachten ist. Schließlich sind alle Formen des Genusses mit einem Risiko behaftet. So hat bereits Paracelsus festgestellt: »Es gibt kein Gift, und nichts ist ohne Gift; allein die Dosis macht, daß es zum Gift wird.«

Der »Selbstmord mit Messer und Gabel« ist zu einem geflügelten Wort geworden. Auch die Mobilität, die das Auto uns bringt, hat nicht nur zur Luftverpestung erheblich beigetragen, sondern der Verkehr hat jährlich allein in Europa Hunderttausende von Toten und Verletzten zur Folge. Diese bedauerlichen Folgeerscheinungen der technischen Zivilisation lassen sich nicht mit gesetzlichen Beschränkungen allein lösen. Denn hierbei geht es dann immer auch um Eingriffe in die persönliche Freiheit des einzelnen. Die Lebensfreude läßt sich in einem freiheitlichen Rechtsstaat nicht durch Gesetz reglementieren. Was indes notwendig ist, sind systematische Aufklärung über gesunde Ernährung, Verbesserung der Nahrungsmittelqualität, natürlich auch Geschwindigkeitsbeschränkungen, bessere Straßen und sicherere Autos.

Mit meinen Bestrebungen, die Zigarette durch praktische Maßnahmen von Rauchinhaltsstoffen zu befreien und dadurch bekömmlicher zu machen, wird es niemanden überraschen, daß ich mich nicht für gesetzliche Rauchverbote ausspreche. Ich erinnere nur an den Fehlschlag in den USA, den Alkohol zu verbieten, was lediglich zu einem Boom des Schwarzbrennens und zu einer Welle damit verbundener Kriminalität führte. Auch die Erfahrungen, die Gorbatschow in der Sowjetunion mit seinen drastischen Antialkoholmaßnahmen machen mußte, ermutigen nicht gerade zur Nachahmung derartiger dirigistischer Aktionen. Die Menschen wollen und werden rauchen.

Schon General Washington schrieb während der Befreiungskriege der Vereinigten Staaten 1776, indem er Mittel zur Stärkung des Widerstandswillens seiner Armee anforderte, an den Kontinentalkongreß: »If you can't send money send tobacco.« Auch Boris Jelzin hat bereits, um soziale Unruhen in seinem Land zu vermeiden, zur eigenen russischen Zigarettenproduktion zusätzlich für eine Milliarde 400 Millionen Dollar Zigaretten aus den USA eingekauft.

In diese unternehmenseigenen Forschungen zur Weiterentwicklung der Filterzigaretten habe ich in all den Jahren viel investiert, und dies wird auch in Zukunft der Fall sein. Auch eine weniger schädliche Zigarette enthebt den Raucher indes nicht eines verantwortlichen Umgangs mit diesem Stimulanzmittel –

sowenig wie das »sicherere Auto« den Autofahrer vom verantwortlichen Fahren entbindet.

Ein weiteres Problem der modernen Gesellschaft sehe ich in der generellen Ambivalenz des technischen Fortschritts, der sich sowohl zum Nutzen wie zum Schaden für den Menschen verwenden läßt. Hinzu kommt, daß die negativen Folgen einer technisch-wissenschaftlichen Entwicklung sich häufig erst im Laufe der Zeit herausstellen. Auf dem 32. Bergedorfer Gesprächskreis 1969 zum Thema »Die Biologie als technische Weltmacht« erwähnte der große Schweizer Biologe Adolf Portmann seine persönlichen Erfahrungen bei der Erforschung bestimmter Pilzgifte, die er bei Indianern in Mexiko kennengelernt hatte und über deren wunderbare Wirkung er sogar im Baseler Stadtbuch geschrieben hatte. Kurze Zeit später stand er vor einer völlig veränderten Lage, als sich nämlich herausstellte, was es mit der gefundenen Substanz LSD auf sich hatte. Was wenige Jahre zuvor als großer wissenschaftlicher Fortschritt gefeiert worden war, erwies sich jetzt als eine gefährliche Droge, die sich, besonders für Jugendliche, zu einer bedrohlichen gesellschaftlichen Problematik entwickelt hatte.

Darf der Mensch alles tun, was er kann? Bedürfen Forschung und Technik strengerer ethischer Maßstäbe und Richtlinien? Wie werden wir dem »Prinzip Verantwortung«, um Hans Jonas zu zitieren, gerecht?

Zweifellos hat sich die Kluft zwischen wissenschaftlicher Neugier und wertgebundener Selbstbeschränkung der Forscher immer mehr vergrößert. Das zeigt sich heute besonders in der Gentechnologie, wo manche Wissenschaftler von einem goldenen Zeitalter ohne Erbkrankheiten, ohne pflanzliche und tierische »Schädlinge« träumen, wo Umweltgifte von eigens zu diesem Zweck gezüchteten Bakterien gefressen werden und die Leistung von Nutztieren vervielfacht werden kann. Ich meine, hier haben wir ein Feld betreten, das nicht den Forschern allein überlassen bleiben darf. Hier bedarf es strenger Sicherheitsrichtlinien seitens des Staates und der Gesellschaft.

Je weiter der Mensch das Geheimnis des Lebens lüftet, je

tiefer er zu den Urbausteinen vordringt, um so notwendiger ist eine strenge Bindung der Forschung an ethische Normen. Dies läßt sich, ich wiederhole es, nicht allein durch staatliche Gesetzgebungen erreichen, die letztlich wenig bewirken, wenn nicht bei der moralischen Grundeinstellung selbst angesetzt wird.

Kennedy-Mission

Als ein Beispiel zur Wiederbelebung einer Tugend, nämlich der Hilfsbereitschaft, möchte ich meine »Kennedy-Mission« erwähnen. Am 23. November 1963, einen Tag nach der Ermordung des US-Präsidenten John F. Kennedy, rief ich die Mitarbeiter der Hauni-Werke zu einer Betriebsversammlung zusammen. Der Tod Kennedys hatte tiefe Erschütterung auch unter meinen Mitarbeitern ausgelöst. Ich brachte zum Ausdruck, daß man nicht allein auf die Friedensbemühungen der Regierungen warten sollte, sondern daß jeder selbst einen Beitrag für ein friedliches Miteinander zwischen den Menschen zu leisten hätte. Mein Appell richtete sich vor allem an die Lehrlinge, eine »Kennedy-Mission« zu gründen, die mit Hilfe einer Silberfischaktion Nachbarschaftshilfe leisten sollte.

Die Silberfischaktion lief folgendermaßen ab: Die Lehrlinge erfragten bei den Sozialämtern die Adressen hilfsbedürftiger Menschen, in der Regel älterer Mitbürger. In der Lehrwerkstatt wurden aus Aluminiumblech Silberfische gefertigt und an die betreffenden Bürger verteilt. Die alten Menschen wurden gebeten, die Silberfische in ihre Fenster zu hängen, sobald sie Hilfe benötigten.

Die Lehrlinge als Mitglieder der »Kennedy-Mission« gingen nach Feierabend durch die Straßen und suchten die Leute auf, bei denen Silberfische in den Fenstern zu sehen waren. Da galt es zum Beispiel, die Wohnung aufzuräumen, einzukaufen oder kleine Reparaturen vorzunehmen. Eine schöne und beispielhafte Aktion, die über viele Monate lief und dann ganz in meinem Sinne zum Erliegen kam. Denn Bewohner, an deren Häusern Silberfische hingen, schämten sich der mangelnden Nachbarschaftshilfe und baten die Hilfsbedürftigen schließlich, die Silberfische nicht mehr ans Fenster, sondern an die Wohnungstüren zu hängen. Die von der »Kennedy-Mission« gestartete Hilfsbereitschaft wurde dann von der Hausgemeinschaft wahrgenommen.

VII. KAPITEL

STIFTUNG – AUSWEG AUS DEM DILEMMA DER PROFITORIENTIERTEN MARKTWIRTSCHAFT

Gedanken über das Stiften

Am 29. April 1983 wurde mir in der Paulskirche zu Frankfurt am Main in Anwesenheit des damaligen Bundespräsidenten Karl Carstens die »Medaille für Verdienste um das Stiftungswesen« durch die Arbeitsgemeinschaft Deutscher Stiftungen verliehen. Ich habe aus diesem Anlaß ausgeführt, daß ich den ideellen Saldo und den gesellschaftlichen Mehrwert meiner Stiftungen genauso streng verfolge, wie ich in meinem Unternehmen Soll und Haben und kommerziellen Profit unter Kontrolle habe. Das heißt, auch als unternehmender Stifter scheue ich mich in gar keiner Weise, von »Profit«, von geistigem Mehrwert zu sprechen. So wie ich in meinem industriellen Schaffen nach dem Grundsatz handele, die langfristige Zukunftssicherung durch Re-Investition der materiellen Gewinne zu leisten, bin ich der Überzeugung, daß Kultur und Gesellschaft zur Erhaltung ihrer Innovationskraft der Re-Investition bedürfen.

Wir leben von der geistigen Fruchtbarkeit unserer Gesellschaft. Diese zu erhalten und zu fördern kann nicht allein Aufgabe des Staates sein. Dazu bedarf es auch vielfältiger individueller Initiativen. Was ich als meine »Botschaft« in diesem Buch vermitteln möchte, ist, das Bewußtsein beim Bürger zu schärfen, daß es auf jeden einzelnen ankommt, zur Erhaltung unseres Gemeinwesens beizutragen. Anderenfalls sehe ich die große Gefahr, daß unsere Gesellschaft sich im bloßen Verdienen erschöpft und damit jene ethischen Quellen versiegen, ohne die eine ständige Erneuerung und kreative Weiterentwicklung von

Staat und Gesellschaft nicht möglich sind. Wenn die Parole mehr und mehr heißt, abzukassieren statt vom persönlichen auf den gesellschaftlichen Nutzen umzuverteilen, sägen wir den Ast ab, auf dem wir sitzen, gefährden wir eben jene Grundlagen, die unsere gesellschaftliche Ordnung und unseren Wohlstand sichern.

Ich wende mich mit meinem Appell keineswegs nur an die Reichen und Wohlhabenden – obwohl an diese ganz besonders –, sondern in der Tat an jeden einzelnen Bürger, sich im Rahmen seiner Möglichkeiten zu fragen, was er – wie John F. Kennedy es bei seiner Amtseinführung als Präsident der Vereinigten Staaten seinerzeit gefordert hat – für sein Land und nicht, was sein Land für ihn tun kann. Wir müssen den Acker, der uns gute Ernte bringen soll, düngen, uns also als vorsorgende Ökonomen verhalten und nicht wie die Sammler und Jäger früherer Epochen nur von der Hand in den Mund leben.

Ich will diese Forderung nicht als moralischen Appell verstanden wissen, der auf die meisten Menschen nur abschreckend wirken würde, weil er gewissermaßen an das schlechte Gewissen des einzelnen appelliert. Vielmehr ist es meine persönliche Erfahrung, daß stiften, etwas für andere, für das Gemeinwohl zu tun, zu einem erhöhten Lebensgefühl, zur eigenen Lebensfreude entscheidend beiträgt. Aus diesem Grunde setze ich mich auch immer wieder dafür ein, gemeinnütziges Engagement, ehrenamtliches Wirken auszuzeichnen. Denn es bedarf der gesellschaftlichen Anerkennung, wenn der einzelne über seine privaten Interessen hinaus etwas für die Allgemeinheit tut.

So habe ich bei allen Bundespräsidenten die Einrichtung eines Bundes-Stiftungssenats angeregt, um verdienstvolle Stifter öffentlich zu ehren und herauszustellen. Und ich habe mit der Aktion »Kacheln für die Deichtorhallen« eine Initiative ausgelöst, die einzelne Bürger selbst zu Stiftern macht. Ich werde darauf noch eingehen.

Mit all meinen Aktivitäten kann und will ich Anstöße geben. Ich spreche nur Empfehlungen aus, die ich auch in meiner eigenen Lebenspraxis vorgelebt habe. Es sind meine ganz persönlichen Erfahrungen, die ich beispielhaft anführe. Andere Menschen mögen andere Erfahrungen machen. Jeder »Stifter« muß sich das Feld aussuchen, das seinen Neigungen und Begabungen entspricht. Worauf es mir ankommt, ist, den Blick zu öffnen für eine veränderte Einstellung gegenüber unserer Gesellschaft, nämlich zu erkennen, daß wir auf die Dauer unseren eigenen Interessen am besten dadurch dienen, daß wir nicht nur egoistisch an uns selbst denken, sondern mit dafür sorgen, daß wir auch den Interessen anderer gerecht werden, und zwar nicht durch Predigen, sondern durch vorgelebte Taten. Soviel habe ich jedenfalls aus meiner sozial orientierten Erziehung gelernt, daß eine Gesellschaft nur dann Bestand haben kann, wenn sie das Gemeinwohl als ihr höchstes Gesetz anerkennt.

Der Fehler des realen Sozialismus war, dies in einem ideologisch geprägten gesellschaftlichen Zwangssystem realisieren zu wollen. Damit hat er die wichtigste Kraftquelle verschüttet: die individuelle Freiheit, die Voraussetzung für die kreative Entfaltung des einzelnen ist. Ich bin der festen Überzeugung, daß das Individuum Prinzip und Ziel unserer Gemeinschaft ist. Doch auch diese Freiheit des einzelnen will in gewissem Sinne »gelernt« sein. Deshalb habe ich stets die Bedeutung der Bildung so stark betont.

Stiftung als Bürgerinitiative

Professor Hans Maier, der vormalige bayerische Kultusminister, hat mir 1984, zum 25. Jahrestag der Körber-Stiftung, einige bedenkenswerte Überlegungen zum Stiftungswesen gewidmet, an die ich hier anknüpfen möchte. Hans Maier stellt fest – und das ist heute noch genauso gültig –, daß das Wirken von Stiftungen bei uns in der Bundesrepublik Deutschland in der breiten Öffentlichkeit viel zuwenig bekannt sei. Ganz anders verhält es sich damit beispielsweise in den USA, wo Stifterpersönlichkeiten hochgeehrt werden und auch weitaus günstigere Voraussetzungen für das Errichten und Betreiben von Stiftungen vorhanden sind.

Bei uns steht das Stiftungswesen in der Tat immer noch nicht im Brennpunkt des öffentlichen Interesses, sosehr auch das Bewußtsein inzwischen gewachsen ist, daß Stiftungen für Staat und Gesellschaft unentbehrlich sind. Dabei sind Stiftungen nachgerade Ausweis einer freiheitlichen Gesellschaft, die sie als selbständige Einrichtungen privaten Engagements unabhängig von staatlichen Institutionen anerkennt und fördert. Bezeichnenderweise gibt es in totalitären Gesellschaften keine Stiftungen. Weder im Dritten Reich noch in den bisherigen sozialistischen Staaten waren Stiftungen bekannt. In einem allzuständigen und alleinbeglückenden Staatswesen haben solche selbständigen Privatinitiativen keinen Platz. Deshalb sind Stiftungen geradezu Indikatoren für die Freiheitlichkeit eines Gemeinwesens.

Stifter sein bedeutet nicht nur, einen Teil des eigenen Vermögens für gemeinnützige Zwecke zur Verfügung zu stellen, sondern ist – und darauf kommt es mir besonders an – eigenständiges, aktives Handeln. Daher habe ich mich auch nie als Mäzen verstanden, was sich im öffentlichen Bewußtsein stets mit Geldgeben für andere verbindet, sondern als Anstifter, der selber etwas in Gang bringen und verantwortlich betreiben will. So gesehen ist jede Stiftung auch eine Art Bürgerinitiative, die uneigennützig Leistungen für Staat und Gesellschaft erbringt und nicht Leistungen vom Staat fordert. Hinzu kommt, daß Stiftungen keine kurzlebigen Ziele verfolgen, sondern auf Dauer angelegt sind, geprägt vom Willen des jeweiligen Stifters.

Die Bedeutung von Stiftungen sollte man auch keineswegs daran messen, ob ihnen epochemachende Ergebnisse zu danken sind. Vielmehr ist es die Aufgabe der Stiftungen, an der Gestaltung unserer gesellschaftlichen Zukunft mitzuwirken. Auf diese Weise treten sie natürlich in Beziehung zum Staat und zu anderen gesellschaftlichen Kräften, und ihre wichtigste Aufgabe sehe ich darin, sich in staatsfreien Räumen zu engagieren und geradezu das ständige weitere Vordringen des Staates in alle Lebensbereiche zu begrenzen.

Dank ihrer Selbständigkeit und Unabhängigkeit sind Stiftungen von vielen Fesseln frei, die den Staat binden. Sie können deshalb andere Akzente setzen und Alternativen zu eingespielten Verfahrensweisen und Handlungsabläufen aufzeigen und erproben; sie können auch zur Schaffung neuer Wertvorstellungen einen wichtigen Beitrag leisten, Verkrustungen aufbrechen und den Boden für neue Aktivitäten bereiten.

Ein weiterer Vorteil von Stiftungen ist, daß sie nicht dem reinen Kosten-Nutzen-Diktat unterworfen sind, sich also auch der Fragestellungen und Probleme annehmen können, die vom Staat und anderen Institutionen vernachlässigt werden, weil sich bei ihnen keine kurzfristigen Erfolgsbilanzen aufstellen lassen. Stiftungen sind zudem in ihrem Finanzgebaren flexibler und schneller als der Staat, wenn es darum geht, in bestimmten Fällen rasch zu handeln. Die Restaurierung und Erhaltung der Deichtorhallen, die ich übernommen hatte, sind dafür ein gutes Beispiel.

Die Erhaltung der Umwelt, die Denkmalpflege, die Förderung besonderer künstlerischer Leistungen, die Schaffung von modellhaften Einrichtungen für Senioren oder Jugendliche, neue Initiativen, die der Völkerverständigung dienen, dies alles sind Felder, auf denen Stiftungen ihre gesellschaftlich wichtige Rolle spielen können. Ob also im lokalen, regionalen, landesweiten oder internationalen Rahmen, überall finden sich lohnende Projekte für Stiftungen.

Ob mit größeren oder kleineren Vermögen ausgestattet und welchen Aktivitäten eine Stiftung sich auch zuwendet: Stiftungen haben wichtige Aufgaben zu erfüllen, jede an ihrem Platz und nach ihren Möglichkeiten. Potentielle Stifter seien deshalb mit einem Wort des heiligen Franz von Sales ermuntert: »Ein Gramm gutes Beispiel wiegt mehr als ein Zentner gute Worte.«

Nach Ralf Dahrendorf wird eine freie Gesellschaft von drei Säulen getragen
- von der politischen Verfassung der wehrhaften Demokratie,
- von der ökonomischen Verfassung der sozialen Marktwirtschaft,

- von der moralischen Verfassung der Bürgergesellschaft (civil society, société civile).

Alle drei sind nötig; keine der drei begründet die anderen. Jede der drei Säulen verlangt also Phantasie und die Tatkraft derer, die Freiheit wollen.

Zur *politischen Verfassung* gehören die Institutionen von Demokratie und Rechtsstaat. Rein formal sind diese leicht zu schaffen; die Demokratien des östlichen Mitteleuropa haben nur ein paar Monate dazu gebraucht. Die Verfassungswirklichkeit von Demokratie und Rechtsstaat verlangt indes weit mehr. Erst der Test des »mehrfachen Machtwechsels« zwischen den konkurrierenden Parteien beweist den Erfolg. Die Bundesrepublik Deutschland hat ihn nach dem Zweiten Weltkrieg bestanden.

Die *ökonomische Verfassung* der sozialen Marktwirtschaft ist in Deutschland modellhaft verwirklicht. Doch ist sie ein kompliziertes Gebilde. Marktwirtschaftliche und soziale Elemente gehören nicht notwendig zusammen; Ludwig Erhard und die Tradition der christlichen Soziallehre sowie der Sozialdemokratie sind eine schwierige, wenngleich erfolgreiche Ehe eingegangen. In diesem Fall führt die Etablierung der sozialen Marktwirtschaft durch ein Tal der Tränen, aus dem nur beharrliches Handeln über mehrere Jahre heraushilft.

Die *moralische Verfassung* der Bürgergesellschaft stellt die schwierigste und eine langfristige Aufgabe dar. Zwei Generationen sind kein zu knapp bemessener Zeitraum. Hier geht es um die Durchsetzung der Einsicht, daß nicht alle Macht vom Staate und nicht alle Kraft von der Wirtschaft ausgeht.

Bürger und Bürgerinnen brauchen die innere Fähigkeit und die äußere Möglichkeit, um ihre Neigungen, Interessen, Hoffnungen und Sehnsüchte jenseits von Staat und Wirtschaft verfolgen zu können. Das bedeutet Bürgersinn, Selbstbestimmung und Solidarität; es bedeutet zugleich aber auch jenes schöpferische Chaos von selbständigen Organisationen und autonomen Institutionen, durch die allein eine freie Gesellschaft gedeiht.

Die Elemente dieser Bürgergesellschaft in der vom Staat nicht kontrollierten Sphäre reichen von den politischen Parteien, die eben keine Staatsparteien sein sollen, über kleine und mittlere Unternehmen bis hin zu jenen vielfältigen autonomen Institutionen, die den Kern der Bürgergesellschaft ausmachen. Dazu gehören als ein wesentlicher Bestandteil gerade auch die privaten gemeinnützigen Stiftungen. Sie sind von Staat und Markt losgelöste Instrumente, deren Ergebnisse der gesamten Gesellschaft zugute kommen.

In diesem Zusammenhang will ich erwähnen, daß ich 1989 die Schaffung einer großen Bürgerstiftung vorgeschlagen habe, die die Entwicklung von Bürgergesellschaften vor allem in den neuen Demokratien Osteuropas und in den neuen Bundesländern fördern sollte. Zu den vielfältigen Aufgaben einer solchen Bürgerstiftung gehören:
- Starthilfe für nichtstaatliche Organisationen und Projekte
- Unterstützung von Selbsthilfegruppen und -einrichtungen
- internationaler Austausch von Personen und Ideen
- Erforschung und Verbreitung von Kenntnissen zu Fragen der ethischen Grundlagen freier Gesellschaften.

In meinem Auftrag hat Klaus von Dohnanyi für die Körber-Stiftung ein Gutachten über den Nutzen von Stiftungen und die Möglichkeit ihrer Errichtung im Zuge der Privatisierung volkseigener Betriebe in der ehemaligen DDR angefertigt.

Stifter der Vergangenheit

Meine Gründung einer gemeinnützigen Stiftung und mein Wirken als Stifter und Anstifter geschah natürlich nicht ohne Orientierung an Vorbildern großer Stifterpersönlichkeiten aus näherer und fernerer Vergangenheit.

Schon in meiner Jugendzeit begeisterte ich mich für das großartige Lebenswerk eines Ernst Abbe, der zusammen mit Carl Zeiss und Otto Schott im 19. Jahrhundert die Zeiss-Werke in Jena mit begründet, mit aufgebaut und zu Weltruhm gebracht hatte und deren alleiniger Inhaber er später war. Abbe hat nicht nur zahlreiche Wohlfahrtseinrichtungen geschaffen, sondern vor allem auch die Wissenschaften gefördert. 1891 – mit 52 Jahren – vermachte er sein gesamtes Vermögen der Carl-Zeiss-Stiftung. In seinem Unternehmen setzte er konsequent durch, daß bei der Anstellung und Beförderung von Mitarbeitern nationale, konfessionelle oder parteipolitische Gesichtspunkte keine Rolle spielen durften, sondern nur Fähigkeiten und Leistungen sowie Rücksicht auf das Wohl des Unternehmens entscheidend sind. Auch vertrat er die Überzeugung, daß seine Mitarbeiter am wirtschaftlichen Erfolg seines Unternehmens beteiligt werden müßten. Als einer der ersten zahlte er ihnen Prämien für Erfindungen und Einsparungsideen.

Abbes Begriff von Freiheit beschränkte sich nicht auf die individuelle Willensfreiheit, sondern war eng an die Gemeinschaft gebunden. Um ihn selbst zu zitieren: »Die wirtschaftliche Freiheit der alten Nationalökonomie ist nichts anderes als wirtschaftliches Faustrecht – das Recht der Starken, die Schwachen ungestört ausbeuten zu dürfen.« Drastisch kritisierte er die Auswüchse des Frühkapitalismus und setzte sich für die Lösung der sozialen Frage ein, eine Aufgabe, die er nicht allein dem Staat überlassen wollte. Bei alledem ging es ihm nicht um Wohltätigkeit, sondern um Gerechtigkeit.

Mit seiner Stiftung dachte Abbe jedoch keineswegs primär an die Mitarbeiter seines Unternehmens, sondern an das Wohlergehen der Gesellschaft, speziell der Stadt Jena, um »allen, nicht nur einzelnen Interessengruppen« seine Mittel zugute kommen zu lassen. In seinem Testament sprach Abbe die Überzeugung aus: »Durch die eigene Lebenserfahrung als Unternehmer bin ich mehr und mehr darin gestärkt worden, verpflichtet vor meinem Gewissen, die Mittel, welche die Gunst der Umstände in meine Hand gelegt hat, bei meinen Lebzeiten zu gemeinnütziger Verwendung zu bringen und rechtzeitig Vorkehrung zu treffen, daß auch nach meinem Tode gleiches geschehe.«

Auch Ernst Abbe war darum besorgt, daß nachfolgende Generationen oft das wieder verspielen, was die Vorfahren mühevoll geschaffen haben. Deshalb sei es allemal besser, das Vermögen in eine Stiftung einzubringen, als ein großes Lebenswerk in die Hände möglicherweise unfähiger Nachkommen zu legen. Ich werde noch darlegen, wie sehr mich gerade diese Frage immer wieder beschäftigt. Ernst Abbes Leben und Wirken hat auf mich jedenfalls eine große Vorbildfunktion ausgeübt. Und ich unterschreibe auch jenen Satz von ihm: »Es ist wie im Lotteriespiel; nur wenige haben das Glück, einen Vorteil ihrer erfinderischen Tätigkeit zu genießen.«

Ich gehörte wie er zu diesen Glücklichen. Seine Vorstellungen von der Verantwortlichkeit des Unternehmers für sein soziales und kulturelles Umfeld haben auch mich in meinen gemeinnützigen Aktivitäten geleitet. Meine Schlußfolgerung ist: Alle guten Taten wirken weiter, sind Ansporn für künftige Generationen, so wie Abbes Beispiel mich und andere Unternehmer beflügelt hat, die sittliche Einstellung über die persönlichen Interessen zu stellen.

Ernst Abbe stand mir als Stifterpersönlichkeit zweifellos am nächsten. Aber auch andere große Stifter, wie zum Beispiel Robert Bosch, haben mich beeindruckt und beeinflußt; oder die Fugger, die in Augsburg das Kultur- und Sozialleben ihrer Stadt nachhaltig geprägt haben und mit ihren Wohltätigkeits- sowie zahllosen Kultur- und Wissenschaftsstiftungen beispielgebend für ihre Zeit wirkten. Nicht zuletzt möchte ich Alfred Nobel nennen, der die Millionen, die ihm seine Erfindungen eingebracht hatten, humanitären Stiftungen vermachte, aus denen nach seinem Tode der Nobelpreis geschaffen wurde. Die ersten Preisverleihungen fanden 1901 statt und gingen zum Beispiel an heute noch weltbekannte Naturwissenschaftler wie Konrad Röntgen für seine Strahlenforschung und Emil Behring für die Gewinnung des Diphtherieserums.

Anders als der Nobelpreis, der hervorragende Leistungen, die bereits in der Vergangenheit erbracht wurden, prämiert, bin ich mit meinem 1984 ins Leben gerufenen »Förderpreis für die Europäische Wissenschaft« bewußt einen anderen Weg gegangen: Nicht die vergangene Leistung soll ausgezeichnet werden, sondern das Neue, zur Bewährung Drängende, insbesondere wissenschaftliche Leistungen, die einen wesentlichen Beitrag zur Erhaltung der Lebensbedingungen auf unserem Planeten liefern.

Die Körber-Stiftung als Unternehmensträgerstiftung

Ich habe verschiedentlich deutlich gemacht, daß ich mich in der Doppelfunktion sowohl als stiftender Unternehmer wie auch als unternehmender Stifter begreife. Von daher ist sicher verständlich, daß ich auch den Stiftungsgedanken unternehmerisch adaptiert und entwickelt habe; orientiert an der gesellschaftlichen Praxis und ihren Bedürfnissen. Mit meinen Stiftungen habe ich mich – genauso wie als Unternehmer – stets um das Auffinden von »Marktlücken« bemüht, die mir einen »gesellschaftlichen Mehrwert« versprachen. Ich sehe darin die wichtigste Funktion eines kreativen Stifters und Anstifters.

Ende der fünfziger Jahre kündigte sich in der Bundesrepublik ein gesellschaftliches Defizit an, das später mit dem einprägsamen Begriff von »Bildungsnotstand« charakterisiert wurde. Ich habe diese Entwicklung an meinen eigenen Bildungsinitiativen bereits ausführlicher dargestellt. Deshalb gründete ich 1959 als meine erste eigene Stiftung die Kurt A. Körber-Stiftung, die die Aufgabe hatte, meine Intentionen und Erfahrungen auf dem Bildungs- und Ausbildungssektor zu koordinieren und auf ein höheres Niveau zu stellen, das heißt, auch für eine wissenschaftliche Fundierung dieser Bemühungen Sorge zu tragen.

Folgerichtig lautete der satzungsgemäße Auftrag der Kurt A. Körber-Stiftung »die Schaffung und Förderung von Einrichtungen, die der Bildung und Förderung von Wissenschaft und Forschung dienen«. Mit einem Startkapital von 6,6 Millionen D-Mark gab ich den Anstoß zum Bau und zur fachspezifischen Neugestaltung einer Ingenieurschule neuen Typs, die in der Folgezeit staatlicherseits zur Fachhochschule Hamburg für Produktions- und Verfahrenstechnik mit Standort Bergedorf ausgeweitet und weiterentwickelt wurde. Neben Produktions- und

Verfahrenstechniken wurden dort – ebenfalls auf meine Anregungen und Initiativen hin – Wirtschaftsingenieure ausgebildet und außerdem erstmals in der Bundesrepublik die Fachrichtung Bioingenieurwesen eingeführt, die vor allem den verstärkten Anforderungen des Umweltschutzes Rechnung tragen sollte – mit Erfolg, wie die nachfolgende Entwicklung und zunehmende Bedeutung dieses Studienganges gezeigt hat.

In diesem Zusammenhang ist auch die Gründung des Bergedorfer Gesprächskreises zu sehen, der, anfangs als geistiges Vorfeld für die neue Ingenieurhochschule gedacht, die Kernfragen der freien westlichen industriellen Gesellschaften erkunden und diskutieren sollte, um den geistigen Hintergrund für die gesellschaftlichen Bildungsintentionen abzugeben und um einen Genius loci am Standort der neuen Fachhochschule zu begründen. Der Gesprächskreis hat sich dann nach Etablierung der Fachhochschule weit über den ursprünglichen Ansatz hinaus zur wichtigsten meiner Stiftungsaktivitäten entwickelt, der nicht nur die politischen, wirtschaftlichen, sozialen, bildungsmäßigen und kulturellen Kernfragen unserer Industriegesellschaft diskutierte, sondern international einen wesentlichen Beitrag zur Völkerverständigung, insbesondere in der Überwindung des Ost-West-Konflikts geleistet hat. Ich werde darauf noch ausführlicher eingehen.

Als dritte Aufgabe übernahm die Kurt A. Körber-Stiftung 1965 die Errichtung des »Lehr- und Forschungsinstituts für industrielle Koordinierung« (LFK), das ich ebenfalls bereits dargestellt habe.

Damit sind im wesentlichen die Aktivitäten der Kurt A. Körber-Stiftung umrissen, deren finanzielle Ausstattung von mir mit ausreichendem Kapital gewährleistet war. Um deutlich zu machen, daß es sich bei dieser Stiftung um meinen Nachlaß handelt, gab ich ihr meinen vollen Namen.

Angeregt durch verschiedene Bergedorfer Gesprächskreise und eingehende eigene Überlegungen über die Zukunft meines Unternehmens über mein Ableben hinaus, gründete ich 1969 als zweite Stiftung die Hauni-Stiftung, der ich nach und nach erhebliche Teile meines Firmenvermögens übereignete und verfügte, daß ihr durch Schenkung oder Testament weitere Beteiligungswerte übertragen wurden.

Mit der Gründung der Hauni-Stiftung verfolgte ich zwei Ziele: zum einen die Sicherung der finanziellen Substanz des Unternehmens – heute der Unternehmensgruppe – für die Zukunft und zum anderen die ständige Verpflichtung, einen Teil der Unternehmensgewinne für gesamtgesellschaftliche gemeinnützige Aufgaben zu verwenden.

Im Jahre 1981 habe ich die beiden vorgenannten Stiftungen unter Beibehaltung der bisherigen Stiftungszwecke unter dem Namen Körber-Stiftung zusammengefaßt; nicht zuletzt, um eine straffere Organisation der zu leistenden Stiftungsaufgaben und den konzentrierten Einsatz der Stiftungsmittel zu gewährleisten. Ich habe also die Körber-Stiftung zu meiner Nachfolgerin als Eigentümer der Körber AG bestimmt. In der Körber AG sind alle meine Unternehmen, einschließlich der Hauni-Werke, in einer Dachgesellschaft zusammengefaßt. Ich habe somit der Körber-Stiftung bereits größere Teile des Firmenvermögens vermacht – sie ist heute schon zu 45 Prozent am Grundkapital der Körber AG beteiligt. Testamentarisch habe ich verfügt, daß die Stiftung dereinst auch mein restliches Vermögen erbt.

Der Vorteil einer gemeinnützigen Stiftung ist, daß sie im Erbfall keine Erbschaftssteuer zu zahlen hat, die heute ja nach Steuerklasse und Umfang der Erbmasse bis zu 70 Prozent des ererbten Vermögens betragen kann. Da die Stiftung im Erbfall das Grundkapital der Körber AG zu 100 Prozent erhält und dafür eben keine Erbschaftssteuer zahlen muß, ist der Bestand der Unternehmensgruppe ohne Einflußnahme von außen, beispielsweise fremder Kapitalgeber, für die Zukunft gewährleistet. Dies entspricht meiner von Anbeginn verfolgten Unternehmensphilosophie im Sinne der Unabhängigkeit und Handlungsfähigkeit und damit der Zukunftssicherung meiner Firmengruppe.

Warum verzichtet der Staat bei einer gemeinnützigen Stiftung auf die nicht unerhebliche Erbschaftssteuer? Der Grund liegt darin, daß die Stiftung ihre Erträge aus der Erbschaft, insbesondere Zinsen und Dividenden, die sie von der Körber AG erhält, der Allgemeinheit wieder zugute kommen lassen muß, indem sie gezielt dort fördert, wo der Staat, aus welchen Gründen auch immer, nicht helfen kann oder will. Von ihren jährlichen Einnahmen muß die Stiftung 75 Prozent noch im selben Jahr für ihre satzungsmäßigen Zwecke ausgeben. Lediglich 25 Prozent der Erträge darf sie in eine freie Rücklage einbringen. Diese Regelung dient der Substanzerhaltung des Stiftungsvermögens angesichts der Geldentwertung und im Falle rückläufiger Wirtschaftsentwicklung.

Ich habe diesen Entwicklungsprozeß meiner Stiftungen dargestellt, um deutlich zu machen, daß unternehmerische Entscheidungen immer wieder an der sich verändernden gesellschaftlichen und wirtschaftlichen Wirklichkeit auf ihre Zweckmäßigkeit und Effizienz hin überprüft und angepaßt werden müssen.

Mit meinen testamentarischen unternehmens- und stiftungsrechtlichen Verfügungen habe ich deshalb Vorsorge getroffen, daß mein Lebenswerk auch nach mir, wie bisher, den kommenden gesellschaftlichen Veränderungen in der Welt angepaßt werden kann. Dabei gehe ich von der Überzeugung aus, daß meine Richtlinienkompetenz als alleiniger Eigentümer der Unternehmensgruppe und meine gesellschaftliche Verantwortung als Stifter keine Nachfolge in einer einzigen Person finden können. Die strategischen und operativen Entscheidungen in meiner mehrere Branchen umfassenden Unternehmensgruppe und in meiner Stiftung mit den vielseitigen, gemeinnützigen Aktivitäten werden künftig nicht mehr in einer Hand liegen, sondern organisch von verschiedenen Verantwortungsträgern wahrgenommen werden müssen.

Die Organe sind für die Unternehmensgruppe der Vorstand der Körber AG und der ihn berufende und kontrollierende Aufsichtsrat. Für die Stiftung sind es ein Kuratorium, der Vorstand und der ihn kontrollierende Stiftungsrat.

Da der Stiftung mein gesamtes Vermögen zufließt, sie somit als Eigentümerin der Unternehmensgruppe bei der Berufung der zukünftigen Anteilseigner im Aufsichtsrat der Körber AG über das alleinige Stimmrecht verfügt und der Stiftungsrat ausschließlich die gemeinnützigen Stiftungsaktivitäten kontrolliert, habe ich Vorsorge getroffen, daß die Stimmrechte von einem Stiftungskuratorium ausgeübt werden. Dieses Kuratorium, dem auch meine Testamentsvollstrecker angehören, wird auch den zukünftigen Stiftungsvorstand berufen.

Ich weiß aus vielen Beispielen, daß es keinen Königsweg gibt, um die Zukunft eines Unternehmens und auch einer Stiftung für alle Zeit wirklich sicherzustellen. Ich kann im letzten nur darauf vertrauen, mit meiner Vorsorge optimal die richtigen Entscheidungen für den langfristigen Bestand meines Lebenswerkes getroffen zu haben.

Ich habe am Anfang deutlich gemacht, daß der erfolgreiche Stifter den erfolgreichen Unternehmer voraussetzt. In meinem Verständnis kann ich beides nicht trennen. Für mich ist die Stiftung nicht irgendein persönliches Hobby, das ich mir leiste, wie andere sich aufwendige Hobbys leisten, sondern meine Lebensaufgabe sehe ich darin verwirklicht, daß ich die ökonomische Zielsetzung, nämlich ein Unternehmen aufzubauen und materielle Gewinne zu erzielen, verbunden habe mit der sozialkulturellen Zielsetzung, die Gesellschaft, in der und von der ich lebe, durch gemeinnützige Aktivitäten zu stärken.

Beides habe ich versucht, in meiner Person zu verwirklichen und für meine nachfolgenden Entscheidungsträger an der Spitze meiner Unternehmensgruppe und meiner Stiftung vorzuleben. Sie werden selbst zu erkennen haben, wie die Gesellschaft sich entwickelt und was daraus für die Wirtschaft folgt. Ich möchte, daß sie bei den anstehenden Entscheidungen mit ihrer eigenen Handschrift ihren eigenen Text schreiben.

Jedes Unternehmen braucht einen Imageträger, um gegenüber der Öffentlichkeit Wertvorstellungen zum Ausdruck zu bringen, die über das Ökonomische hinausweisen. Für die Körber AG ist dieser Imageträger zweifellos die Körber-Stiftung. Ich habe als Symbol für diese Verbindung von Wirtschaft und Kultur die beiden ineinander verflochtenen Ringe gewählt. Dies ist für mich also ein durchgängiges Prinzip, das sowohl für mich persönlich als Unternehmer und Stifter gilt, als auch für mein Unternehmen und meine Stiftung zutrifft und darüber hinaus die Verbindung von Wirtschaft und Kultur symbolisiert.

Mit meinen unternehmens- und stiftungsrechtlichen Verfügungen, einschließlich der personellen Entscheidungen in bezug auf die Besetzung der wichtigsten Positionen im Unternehmen und in der Stiftung, habe ich Vorsorge dafür getroffen, daß mein Lebenswerk nach mir in diesem Sinne weitergeführt wird. Ich gehe noch einen Schritt weiter: Wenn eine Gesellschaft sich nicht im Geldverdienen erschöpfen soll, dann muß in der Wirtschaft, die sich an Rationalität, Effizienz und Profit orientiert, das Bewußtsein einer *kulturellen Verpflichtung* – Kultur hier verstanden im Sinne des Gemeinwohls – vorhanden sein.

Aufgaben der Körber-Stiftung

Bei meinen Stiftungsprojekten und -aktivitäten geht es mir, wie ich bereits ausgeführt habe, um das Aufspüren gesellschaftlicher, wissenschaftlicher, kultureller oder politischer »Marktlücken«, für die ich meine finanziellen Mittel zur Verfügung stellte und die von meiner Stiftung organisatorisch betreut werden. Gemeinnützige Aktivitäten anderer Personen oder Institutionen habe ich nur in Ausnahmefällen unterstützt. Die Stiftungszwecke, die in der von der staatlichen Stiftungsaufsicht genehmigten Satzung verankert sind, habe ich zu Beginn meiner Stiftertätigkeit nicht ein für allemal zementiert und festgeschrieben, sondern nach und nach erweitert und ergänzt, sowie sich neue Aufgaben als wichtig und dringlich erwiesen.

Heute engagiert sich die Körber-Stiftung auf folgenden Feldern:
- Wissenschaft und Forschung
- Bildung und Erziehung
- Kulturelle Vorhaben und Einrichtungen
- Fürsorge für ältere oder kranke Menschen
- Völkerverständigung
- Schutz der natürlichen Lebensbedingungen auf unserem Planeten (Umweltschutz).

Der Bergedorfer Gesprächskreis zu Fragen der freien industriellen Gesellschaft, meine älteste und wichtigste Stiftungsinitiative, ist den vorgenannten Stiftungsfeldern gewissermaßen vor- und übergeordnet; denn aus den diesbezüglichen Diskussionen seit 1961 habe ich immer wieder entscheidende Anregungen und Anstöße für neue Stiftungsaktivitäten und Projekte, aber auch für unternehmenspolitische Initiativen gewonnen.

Bergedorfer Gesprächskreis

Im Jahre 1961 gründete ich den Bergedorfer Gesprächskreis als ein politisch und wirtschaftlich unabhängiges Forum, das von allen Aktivitäten der Körber-Stiftung am stärksten in die politische und gesellschaftliche Öffentlichkeit hineinwirkt. Er hat sich, wie es in der Präambel heißt, »als Aufgabe gesetzt, alternative Wege für neue Initiativen zur Entwicklung freier industrieller Gesellschaften aufzuzeigen. Er versucht auch, eine neue Form der Zusammenarbeit zu verwirklichen, um bestehende Konflikte zwischen unterschiedlichen Gesellschaftssystemen abzubauen«.

In den Gesprächen mit jeweils etwa 25 Experten des In- und Auslandes werden außen-, wirtschafts- und gesellschaftspolitische Kernfragen der industriellen Gesellschaften offen und kontrovers diskutiert. An den bisher über 90 Tagungen nahmen mehr als 2000 Persönlichkeiten aus über 30 Ländern aus Ost und West sowie aus der Dritten Welt teil.

Die Ergebnisse werden als »Bergedorfer Protokolle« in mehreren tausend Exemplaren an politische, wirtschaftliche und andere Entscheidungsträger im In- und Ausland abgegeben. Selbstverständlich sind sie auch in allen bedeutenden Bibliotheken zu finden.

Von besonderer Wichtigkeit waren mir seit Ende der sechziger Jahre die bereits erwähnten Ost-West-Gespräche, die auch nach den politischen und gesellschaftlichen Umbrüchen im ehemaligen Ostblock nichts von ihrer Bedeutung eingebüßt haben. Nach dem Ende der Ost-West-Konfrontation wird es gegenwärtig und in Zukunft darum gehen, die vormals sozialistischen Länder beim Aufbau stabiler politischer Demokratien und funktionsfähiger Marktwirtschaften zu unterstützen.

Die außenpolitische Komponente des Gesprächskreises zeigt sich aber nicht nur in den Ost-West-Gesprächen, sondern auch in Tagungen, die dem westlichen Selbstverständnis dienen. Neben diesen starken politischen Akzenten in der Themenstellung spielen auch weiterhin die Grundfragen der industriellen Gesellschaft, der Innen- und Gesellschaftspolitik, der Ökonomie und Sozialpolitik und nicht zuletzt der Umwelt eine Rolle.

Nur einige Tagungsthemen seien hier genannt, um das breite Spektrum der behandelten Probleme zu umreißen: »Kulturkrise in der industriellen Gesellschaft«, »Die Fragwürdigkeit der Bildungspolitik«, »Die westliche Gesellschaft und die kommunistische Drohung«, »Wohin treibt die EWG? Europa mit oder ohne England«, »Planung in der freien Marktwirtschaft«, »Wohin Deutschland in Europa?«, »Entwicklungshilfe – Mittel des Aufstiegs oder des Verfalls?«, »Industrielle Gesellschaft – menschlich oder unmenschlich?«, »Automatisierung – eine gesellschaftliche Herausforderung?«, »Ist der Weltfriede unvermeidlich?«, »Fördern die Bündnissysteme die Sicherheit Europas?«, »Welchen Spielraum hat die Entspannungspolitik?«, »Demokratisierung der Demokratie?«, »Globalsteuerung der Wirtschaft – Illusion oder Realität?«, »Wo bleiben die alten Menschen in der Leistungsgesellschaft?«, »Rohstoff- und Energieverknappung – Herausforderung der Industriegesellschaft?«, »Kooperation oder Konfrontation – Stürzt die Wirtschaft in eine weltpolitische Krise?«, »Europa und die Weltwirtschaft – Politische und ökonomische Ansätze zur Lösung des Nord-Süd-Konfliktes«, »Die ökologische Wende – hat sie noch Chancen?«, »Nach dem ›Sozialismus‹: Wie geht es weiter mit den neuen Demokratien in Europa?«.

Weitere Themen seien nur stichwortartig genannt: Pressekonzentration – Hochschulreform – Biologie als technische Weltmacht – Gewalt und Terrorismus – Infrastrukturreform – Bildung und Berufsgesellschaft – Europäische Arbeitslosigkeit – Jugend und Gesellschaft – islamische Revolution – das Sozialstaatsdilemma – Krise der politischen Kultur. (Eine Aufstellung sämtlicher Themen findet sich im Anhang, vgl. S. 267–274.)

Der ursprünglich im Bergedorfer Schloß (vgl. Abb. 31) beheimatete Gesprächskreis tagte auch in Berlin, Bonn, Brüssel, Budapest, Dresden, Genf, Leningrad, Luxemburg, Moskau, München, Paris, Prag, Rom, Washington, Wien und Zürich. Unter den Tagungsteilnehmern befanden sich Staats- und Regierungschefs, Minister, Staatssekretäre, Wissenschaftler, Gewerkschaftler, Publizisten sowie Vertreter internationaler Organisationen.

Als Referenten, Diskussionsleiter und Teilnehmer konnte ich im Laufe der Jahre so bedeutende Politiker, Wissenschaftler und Publizisten gewinnen, wie die Bundespräsidenten Richard von Weizsäcker, Karl Carstens, Walter Scheel und Gustav Heinemann, die amtierenden oder vormaligen Bundeskanzler Helmut Schmidt, Willy Brandt, Helmut Kohl und Bruno Kreisky, die Professoren Ralf Dahrendorf, Theodor Eschenburg, Arnold Gehlen, Eugen Kogon, Alexander Mitscherlich, Helmut Schelsky, Carl Friedrich von Weizsäcker, Raymond Aron, Alfred Grosser, Robert Jungk, Friedrich Heer, Richard Löwenthal, Michael Stürmer. Aus dem Feld der Publizistik seien nur Rüdiger Altmann, Marion Gräfin Dönhoff, Joachim Fest, Theo Sommer und François Bondy genannt.

Aufgaben und Funktion dieses internationalen Gesprächsforums habe ich in meiner Ansprache zum 25. Jubiläum des

Gesprächskreises am 22. Juni 1986 im Bergedorfer Schloß in Anwesenheit von Bundespräsident von Weizsäcker deutlich umrissen, so daß ich diesen Text hier ungekürzt wiedergebe:

»Hochverehrter Herr Bundespräsident, liebe Gäste und Freunde! Eigentlich möchte ich Sie so zwanglos wie möglich in diesem alten Schloßhof begrüßen, etwa wie das Kasperle im Kindertheater: ›Seid Ihr alle da?‹ Das geht natürlich nicht, denn der Bergedorfer Gesprächskreis ist längst aus seinen Kinderschuhen heraus; er ist mit seinen nationalen und internationalen Konferenzen eine Institution geworden. Aber er hat glücklicherweise nichts von seiner Spontaneität und Frische verloren.

Es ist nicht nur eine große Ehre für uns, verehrter Herr von Weizsäcker, daß Sie unter uns sind. Es ist auch, das weiß ich aus vielen Bergedorfer Tagungen, ein Vergnügen, mit Ihnen zusammenzusein, mit einem Staatsoberhaupt, dem sich die Bürger nicht nur respektvoll nähern, sondern mit dem wir uns als dem ersten Bürger des Landes wirklich identifizieren!

Ein Jubiläum wie dieses – 25 Jahre gemeinsamer Arbeit – ist so etwas wie eine silberne Hochzeit. Man erinnert sich, wie es damals war, als wir anfingen, welche Zukunft wir vor Augen haben und wie es kam, daß es so wurde, wie es ist. Aber:

Eins-zwei-drei! Im Sauseschritt
läuft die Zeit; wir laufen mit.
(Wilhelm Busch)

Es ist, unter der Last unserer heutigen Probleme, gar nicht so leicht, sich in die Atmosphäre von damals zurückzuversetzen: das Ende der Ära Adenauer, die Bundesrepublik nach dem Wirtschaftswunder, ein führender Welthandelsstaat. ›Keine Experimente‹ – besser kann es nicht werden, hat der greise Bundeskanzler uns damals zugerufen.

Auch eine langsam aufkommende Unruhe, ein Bedürfnis nach Erneuerung war zu spüren. Aber die Bundesrepublik war noch musterhaft stabil, eine konservativ bürokratische Demokratie und zugleich ein Sozialstaat von großer Leistungsfähigkeit. Wer hatte das 1945 zu hoffen gewagt? Im Gründungsjahr des Bergedorfer Gesprächskreises, 1961, hätte ich zufrieden sein können. Die Hauni-Werke waren aufgebaut und hatten bereits einen hohen Leistungsstandard erreicht. Die technische und wirtschaftliche Plattform für eine Weiterentwicklung des Unternehmens war geschaffen. Aber, so schien es mir, war es jetzt nicht auch an der Zeit, einen größeren Horizont ins Auge zu fassen? War nicht die Gesellschaft der Bundesrepublik, nachdem sie die Not der schweren Jahre beseitigt hatte, waren wir nicht alle herausgefordert, auch einmal jenseits von wirtschaftlichen Aspekten, von Angebot und Nachfrage, von Parteienparlament und Gruppeninteressen über unsere zukünftige gemeinsame gesellschaftliche Existenz nachzudenken?

Das war mein Motiv für die Gründung des Bergedorfer Gesprächskreises. So wie ein Unternehmer ständig um Innovation bemüht bleiben muß, wenn er die Existenz seines Unternehmens sichern will, muß auch die Industriegesellschaft als Ganzes offenbleiben für ihre Weiterentwicklung. Das sollte das Programm des Gesprächskreises sein. Aber um Himmels willen – keine Problemküche, kein ideologisches Katzenfutter!

Wer mitmachen wollte, sollte das als einzelner tun, nicht als Repräsentant einer Organisation oder als amtlicher Vertreter mit vorher zementierter Meinung. Ich weiß wohl und wußte es auch damals, daß so etwas nicht leicht durchzuhalten ist. Diejenigen, die öffentliche Verantwortung tragen, müssen der Rolle Rechnung tragen, die sie nun einmal in Politik und Gesellschaft spielen.

Aber gerade deshalb müssen sie auch den Mut zu einer persönlichen Meinung haben. Davon lebt die Freiheit in der Demokratie. Um das zu erleichtern, habe ich dafür gesorgt, daß in den Debatten des Gesprächskreises – ohne Presse, Funk und Fernsehen – nicht zum Fenster hinaus gesprochen wird. Die Teilnahme der Medien an den Tagungen mußte schon deshalb ausgeschlossen werden, weil den lange und differenzierten Gesprächen eine verkürzte, einseitige Berichterstattung nicht gerecht wird. Erst durch die ausführlichen Tagungsprotokolle wird die Öffentlichkeit unserer Konferenzen hergestellt. Die Protokolle haben inzwischen im Schrifttum und in den Parlamenten einen breiten und qualifizierten Platz gefunden, und ich meine, sie sind tatsächlich Dokumente von zeitgeschichtlicher Bedeutung.

Das Vierteljahrhundert, das wir nun hinter uns gebracht haben, hat vieles verändert in unserem Land und in der Welt. Es hat auch die Akzente des Gesprächskreises, seine Themen und seinen Horizont erweitert. Wir sind internationaler geworden, sind auf Reisen gegangen – wir waren einige Male in der Sowjetunion, in Washington, in Brüssel und auch beim Papst in Rom –, die Zahl unserer ausländischen Gäste ist groß geworden. Wir haben gelernt, unsere eigenen deutschen Probleme in die internationalen Beziehungen einzuordnen. Auf diesem Feld wurde der Gesprächskreis eine Institution, ohne seinen privaten Charakter einzubüßen. Wir haben unsere geistige Bewegungsfreiheit von niemandem in Frage stellen lassen. Eine elementare Voraussetzung dafür war unsere materielle Unabhängigkeit – keine Subventionen, keine Förderungen!

Bei einem Jubiläum wie diesem fragt man natürlich auch nach der konkreten Leistung des Gesprächskreises. Was haben wir erreicht? Ist es uns gelungen, praktikable Lösungen anzubieten, ist unsere kritische Analyse dieses oder jenes Problems auf fruchtbaren Boden gefallen? Ich will mir die Antwort auf diese Fragen nicht zu leichtmachen. Damals, als wir anfingen, habe ich immer wieder auf die Erarbeitung konkreter Lösungsvorschläge gedrängt, und zwar im Blick auf unsere industrielle Gesellschaft. Aber mit der Erweiterung unserer Gesichtsfelder wurde mir klar, daß solche Problemlösungen, wie sie in einem Unternehmen durchgesetzt werden müssen, in Politik und Gesellschaft schwierig sind.

In der Gesellschaft geht es um Zielkonflikte mannigfacher Art, um Kompromisse, oft um bloßen Zeitgewinn. ›Leicht beieinander wohnen die Gedanken, doch hart im Raume stoßen sich die Sachen‹ (Goethe). Die Leistung des Gesprächskreises konnte nur darin bestehen, den Horizont für die politische Praxis zu erweitern, ihre Perspektiven aus dem kurzfristigen Alltag in die Zukunft zu verlängern, Gesichtspunkte aufzuzeigen, die im Streit der Parteien und Interessen leicht übersehen werden.

Ich denke, daß wir diese Leistung – im großen und ganzen – erbracht haben. Bestechende Einsichten, interessante Formeln, viel produktiver Abfall, aber keine Rezepte. Diskussionen, wie wir sie führen, können Entscheidungen nicht vorwegnehmen, aber, und das erscheint mir besonders wichtig, sie leisten eine hervorragende Voraussetzung zur Entscheidungsfindung und damit einen optimalen Beitrag zur friedlichen Entwicklung der Gesellschaft.

Im übrigen sehen wir, daß gesellschaftliche Entscheidungen oft auch kurze Beine haben. Nichts scheint heute für die Politik schwieriger, als die großen Entwicklungen zu steuern. Das liegt nicht an Willensschwäche oder mangelnder Begabung. Wir leben vielmehr in einer Gesellschaft, die sich immer wieder selbst erfinden muß. An dieser Aufgabe mitzuwirken – das ist das Motiv und der Ehrgeiz des Bergedorfer Gesprächskreises in diesen 25 Jahren geblieben.

Der Bergedorfer Gesprächskreis ist kein Kammerorchester, das im Inland und Ausland Konzerte interessanter Meinungen veranstaltet. Er ist eher eine Expedition, die sich auf unwegsames Gelände vorwagt, um Schwierigkeiten zu erforschen und neue Einsichten und Ausblicke zu gewinnen. Unsere Arbeit ist zukunftsorientiert und soll es bleiben.

Nun will ich selbstverständlich nicht bestreiten, daß wir an akuten Problemen und Konflikten übergenug haben. Insofern hat sich unsere Lage – im Vergleich zur Situation vor

17 Oskar Kokoschka an seinen »Thermopylen«

18 Mit Stalins Chefdolmetscher Valentin Bereshkow

19 Der Autor zeichnet Carl Friedrich von Weizsäcker

20 Trio mit einer Person: Präsidentengattin Hilda Heinemann

21 Helmut Kohl und der Autor

22 Brahms-Gedenkstätte der Körber-Stiftung vor
der Hamburger Musikhalle: Maria Pirwitz mit ihrer Plastik

23 Restaurierte Deichtorhallen in Hamburg

24 Willy Brandt und Kurt A. Körber bei der
Schulbuchübergabe in Dresden

25 Die vier Nachfolger Bürgermeister Weichmanns:
v. l.: Henning Voscherau, Peter Schulz,
Klaus von Dohnanyi, Hans-Ulrich Klose

26 Mit Klaus von Dohnanyi im
»Stifterkabinett« des Hamburger Rathauses

27 Festakt bei der Verleihung des Förderpreises für
die Europäische Wissenschaft im Hamburger Rathaus

28 Freunde: Rolf Liebermann, Kurt A. Körber, Helmut Schmidt

29 Geburtstagsständchen für Frau Loki:
Helmut Schmidt und Felicitas Weathers

30 Mit dem Bundespräsidenten und Hamburgs Kultursenatorin
Helga Schuchardt beim 25jährigen Jubiläum des
Bergedorfer Gesprächskreises 1986

31 Der 80. und Jubiläumsgesprächskreis
im Rittersaal des Bergedorfer Schlosses

25 Jahren – wesentlich und ungünstig verändert. Wir waren auch damals nicht ohne Sorgen. Aber es wurde rationaler darüber diskutiert. Die Gemeinsamkeiten zwischen den Parteien und den gesellschaftlichen Gruppen waren größer, Kompromisse leichter zu erreichen.

Heute gibt es durch die Sensationshascherei einiger Medien und emotionell geprägter gesellschaftlicher Gruppen ein Maß von Desorientierung, das man damals nicht für möglich gehalten hätte. Es gibt mehr Demonstrationen der Ängste als konstruktive Arbeitsprogramme, man könnte fast sagen, mehr Irrationalität als kühle Vernunft.

Aber sowenig wir uns von solchen Auseinandersetzungen völlig fernhalten können, so wichtig scheint es mir zu sein, über dies alles hinweg unbeirrt das Kommende der Politik, die Weiterentwicklung der industriellen Gesellschaften in den unterschiedlichen Systemen unserer Zivilisation ins Auge zu fassen. Denn der Zeitraum der Gegenwart hat sich doch erheblich verkürzt, die gegenwärtigen Zielprojektionen lassen sich weniger als in früheren Jahren in die Zukunft verlängern. Der Bergedorfer Gesprächskreis tut also gut daran, den Blick nach vorn zu richten. Denn, wer die Zukunft nicht bedenkt, sagt schon ein altes Sprichwort, macht sich das Schicksal zum Feind.

So sind diese 25 Jahre Gesprächskreis, so interessant sie waren, für mich eigentlich nur eine Plattform, von der aus ich nach vorne blicke. Nicht so sehr die Schwierigkeiten, mit denen wir zu rechnen haben werden, interessieren mich, sondern vielmehr die Mittel und Methoden, um mit diesen fertig zu werden. So wie wir die Hoffnung nicht aufgeben dürfen, bin ich mein Leben lang Optimist geblieben, und ich denke, auch der Bergedorfer Gesprächskreis wird weiter darüber nachdenken, wie wir die Zukunft gewinnen können; die Bemühungen darum erscheinen mir wichtiger, als Andachten der zerfallenden Welt zu zelebrieren.

Lassen Sie sich, verehrte Freunde und Gäste, heute in diesem alten Schloß, der Heimat des Bergedorfer Gesprächskrei-

ses, von dieser Hoffnung, von diesem Optimismus ein wenig
anstecken. Feiern wir im Glauben an eine gute Zukunft unser
Jubiläum.«

Die Antwort des Bundespräsidenten bei jener Jubiläumsveran-
staltung möchte ich ebenfalls – auszugsweise – zitieren, weil
Richard von Weizsäcker darin die besondere Bedeutung des
Gesprächskreises eingehend gewürdigt hat:

»Goethe hat einmal geschrieben: Die Idee ist das Resultat der
Erfahrung; jenes zu ziehen, wird Verstand, dieses zu erfassen,
Vernunft erfordern. Herr Körber, Sie haben die Vernunft,
Erfahrungen zu sammeln, den Verstand, Resultate zu ziehen,
die Kraft, daraus eine Idee zu schöpfen. Aber es genügt Ihnen
nicht, dort stehenzubleiben, wo Goethe stehenbleibt, nämlich bei der Idee, sondern Sie lassen sie zur Tat werden. Das ist
eigentlich schon die ganze Geschichte des Bergedorfer Gesprächskreises.
    Seine Gründung beruht auf der Erfahrung eines Mannes
mit reicher Erfindungsgabe, scharfem Verstand, großem
Fleiß, harten Anforderungen an sich selbst und auch an seine
Mitarbeiter – ein Unternehmer, der viel vom Leistungsprinzip
hält, der einen großen materiellen Erfolg erzielt und sich dann
fragt, was damit geschehen soll; denn als Selbstzweck haben
Sie materiellen Erfolg nie verstanden. Sie haben sich intensive
Gedanken darüber gemacht, wie sich dieser Erfolg in menschliche Ziele umsetzen läßt. Unternehmerischen Gewinn bejahen Sie und haben entsprechend gehandelt; aber ihn umzusetzen in humane Ideen und Praxis, das ist es, was Sie vor so
vielen anderen auszeichnet.
    Sie haben vielerlei Ziele gefördert. Heute geht es um den
Bergedorfer Gesprächskreis. Sie haben die Protokolle erwähnt, die nach jedem Gesprächskreis erstellt werden. Ein
einzigartiges Nachschlagewerk ist da entstanden. In diesen
Gesprächen wird miteinander nachgedacht, und man lernt
auch, miteinander umzugehen. Es ist eine Art Übungsplatz

einer offenen Gesellschaft, Vorbild eines gesellschaftlichen Pluralismus, der es – frei nach Raymond Aron – erlaubt, die Bürger über ihren Staat, die Gläubigen über ihren Glauben, die Reformatoren über ihre Vorhaben und die Revolutionäre über ihre Träume sprechen zu lassen.

Es ist nicht nur ein Umschlagplatz für bestechende Einsichten und inspirierende Ideen, sondern auch eine Anforderung an die Revolutionäre, mit den Reformatoren zu sprechen, und an die Gläubigen, mit den Ungläubigen Positionen gemeinsam zu überprüfen. Der Rittersaal des Bergedorfer Schlosses ist im besten Sinne ein Trainingslager für alle, die bereit sind, die Grenzen der eigenen Disziplin, der jeweiligen Parteien und sonstigen Interessen zu überschreiten, um in der Konfrontation mit der Vielfalt von Erfahrungen und Perspektiven anderer zu lernen.

Bergedorf ist ein Novum, ohne Vorbild und Beispiel bei uns, das – wenn ich es richtig sehe – bis zum heutigen Tage auch in Europa einzigartig geblieben ist. Offenheit im Gespräch paart sich hier mit Weltoffenheit im Denken. Die Öffentlichkeit bleibt ausgeschlossen und wird erst durch die überarbeiteten Beiträge in den Protokollen beteiligt.

Vielleicht gelingt dieses Zusammenkommen unter Menschen, die in ihren Lagern fest verankert sind und bleiben, am besten im außenpolitischen Bereich, vor allem im Ost-West-Bereich. Was der Bergedorfer Gesprächskreis auf diesem Gebiet zustande gebracht hat, ist für beide Seiten eine einzigartige Erfahrung. Jeder von uns, der ein solches Ost-West-Gespräch einmal miterlebt hat, weiß, daß man einige Geduld aufbringen muß, wenn einem Positionen präsentiert werden, die man aus offiziellen Verlautbarungen sehr gut kennt. Natürlich kann der Bergedorfer Gesprächskreis im Ost-West-Verhältnis nicht von heute auf morgen die Welt verändern; aber wie anders sollten wir denn miteinander auskommen, wenn wir nicht jede Möglichkeit zum Dialog, zur Auseinandersetzung wahrnehmen, wie das in solchen Gesprächen geschieht?

Ich habe bei diesen Ost-West-Begegnungen im übrigen auch erlebt, daß Dinge, die anderswo unüberwindliche Hindernisse darstellten, plötzlich ohne weiteres möglich wurden. So bin ich als Berliner Abgeordneter einmal mit dem Gesprächskreis in Moskau gewesen, und zwar als vollwertiges Mitglied der Delegation aus der Bundesrepublik Deutschland. Ich wiederhole, das hat die Welt nicht verändert; aber ich erinnere mich an keine anderen Ost-West-Gespräche mit so viel Substanz wie diese.

Ich meine, Herr Körber, wir können über jeden Gesprächskreis, der sich diesem Thema widmet, dankbar sein. Altbekannte, stets aktuelle Fragen stehen immer wieder zur Debatte. Muß man wirklich auf Äquidistanz zu den Großmächten gehen, wie oft behauptet wird, wenn man Europa stärken will? Soll man eine Destabilisierung der Herrschaftssysteme in den Ländern des Warschauer Paktes anstreben, oder soll man ihre Reformfähigkeit stärken? Für solche und andere Fragestellungen gibt es, soweit ich sehe, keinen Ersatz für den Bergedorfer Gesprächskreis.«

Und ich will noch eine weitere Stimme zitieren, die von Sir Ralf Dahrendorf, der bei anderer Gelegenheit gefragt hat:

»Was kommt bei den Bergedorfer Gesprächen heraus? Das ist so eine Frage, die der Praktiker naturgemäß stellt. Dr. Kurt Körber, der in seinem langen Leben nicht viel Zeit mit nutzlosen Dingen vergeudet hat, stellt die Frage am Ende jedes Gespräches. Die Antwort ist indes nicht einfach. Was kommt schon heraus, wenn man sich einen Tag lang intensiv mit Menschen, die einen anderen Erfahrungshintergrund und andere Meinungen haben, unterhalten hat?

Vielleicht ist die Antwort folgenreicher als manches oberflächlich sichtbare Resultat menschlicher Anstrengungen. Die Antwort lautet nämlich, daß die Teilnehmer sich verändert haben. Das mögen oft nur Veränderungen in Nuancen sein, die Tatsache beispielsweise, daß man bestimmte Thesen nicht mehr naiv und uneingeschränkt vertritt, sondern sich der Gegenargumente bewußt ist. Auf längere Sicht gehen solche Veränderungen noch tiefer. Ich zum Beispiel denke oft an dieses oder jenes Bergedorfer Gespräch, bevor ich etwas sage oder zu Papier bringe – und es gibt sicher ein paar hundert Menschen, denen es ähnlich geht. Die so häufig – und oft so vergebens – beschworene Veränderung der Einstellungen, die wir vor allem brauchen, findet hier in Bergedorf statt. Und, wenn das Bild nicht zu einfach ist: Steter Tropfen höhlt den Stein. Das Bild beantwortet schon die Frage nach der Zukunft des Bergedorfer Gesprächskreises. Ja, die Chance, in Diskretion und Offenheit brennende Themen zu besprechen, bleibt wichtig. Sie hat in dieser Zeit der großen Ungewißheiten keinen Deut von ihrer Bedeutung verloren. Die Körber-Stiftung sollte ohne Scheu auf den 150. Gesprächskreis im Jahre 2009 zusteuern!«

Der Gesprächskreis, der nur geladene Teilnehmer kennt, ist also keine Institution im traditionellen Sinne. Sein Renommee liegt in der Spannung zwischen persönlicher Begegnung und kontroverser Disputation. In einem internen Erfahrungsaustausch ist der einzelne Gesprächspartner eher bereit, die eigene Position zu überprüfen. Deshalb wird von den eingeladenen Experten mehr erwartet als nur das Abliefern vorgefaßter Meinungen.

Der Gesprächskreis besteht nur in jeweiligen Gesprächen selbst; das heißt, er ist ein jeweils anderer, weil Themen und Teilnehmer wechseln. Es ist auch keine auf Mitgliedschaft und Meinungsbekenntnissen beruhende Organisation. Deshalb kann es in den Diskussionen nicht darum gehen, Beschlüsse zu fassen oder Empfehlungen zu erarbeiten. In diesem Sinne kann und will der Gesprächskreis nicht beschlußfähig sein.

Wichtig ist die Erkenntnis, daß eine freie industrielle Gesellschaft nicht als eine starre, einmal gegebene Ordnung begriffen werden kann. Sie ist vielmehr ein System, das ständig neue soziale Spannungen und Konflikte produziert, mit denen es fertig werden muß. Von daher liegt dem Gesprächskreis ein multiperspektivischer Ansatz zugrunde, der eine Pluralität gesellschaftlicher Zielvorstellungen und Erscheinungsformen einschließt, an keine Ideologie gebunden ist und sich einem Gesellschaftssystem verpflichtet weiß, das die Wahl für verschiedene Entwürfe gesellschaftlicher Entwicklung offenläßt.

Der Gesprächskreis produziert keine Problemlösungen; denn Probleme löst man durch Entscheidungen. Diskussionen können solche Entscheidungen nur vorbereiten, nicht ersetzen. Das hat mich indes nie irritiert. Wenn heute von praktikablen Lösungen die Rede ist, handelt es sich oft weniger um punktuelle Entscheidungen, sondern um die Steuerung von Entwicklungen. Und nichts scheint für die Politiker heute schwieriger, als die großen Entwicklungen zu steuern.

Die politischen Kräfte sind offensichtlich aus dem Regieren ins Reagieren gekommen. Wir leben in einer Gesellschaft, die sich selbst erfinden muß. Genau das wollte ich mit meinen Stiftungsaktivitäten fördern, vor allem aber mit dem Bergedorfer Gesprächskreis.

Um auf diesem Wege voranzukommen, habe ich das Aktionsfeld des Gesprächskreises, der ursprünglich mehr ein freischwebendes Diskussionsensemble war, immer mehr ausgeweitet und auf konkretere Funktionen festgelegt. Unbeschadet seiner Unabhängigkeit, Offenheit und Spontaneität habe ich den Gesprächskreis gewissermaßen zu einem Dienstleistungsunternehmen formiert, das Rat und Beratung dort anbietet, wo die Politik nach neuen Orientierungen sucht. Das ist indes keine Angelegenheit irgendwelcher Interessen oder Parteien, sondern des politischen Horizonts im ganzen, wobei ich keineswegs nur an Gesellschaft und Politik der Bundesrepublik Deutschland denke, sondern eine internationale Perspektive zugrunde lege.

Bei der Besetzung der Bergedorfer Gesprächskreise habe ich stets darauf geachtet, daß die zum jeweiligen Thema aussagefähigen Teilnehmer aus dem Spektrum der politischen Parteien eingeladen wurden. Dank des durchweg hohen Niveaus des Gesprächskreises sind die Gespräche trotz der unterschiedlichen politischen Ausrichtungen der Parteienvertreter nie in polemische Auseinandersetzungen ausgeartet. Die faire Diskussionsbasis wurde insbesondere bei unseren Tagungen deutlich, die im Ausland stattfanden. Dafür ein Beispiel: Anläßlich des 62. Bergedorfer Gesprächskreises im Januar 1979 in Moskau brachte Richard von Weizsäcker als Vertreter der CDU zum Ausdruck, daß die CDU, sollte sie bei der nächsten Wahl die sozialliberale Koalition Schmidt/Genscher ablösen, die bestehenden Ostverträge selbstverständlich einhalten würde. Daraufhin entgegnete der sowjetische Vertreter, daß sein Land sehr unsicher würde, wenn die CDU an die Regierung käme, unsicher deshalb, weil dann die Verträge anders ausgelegt und nicht so eingehalten würden, wie das zur Zeit der bestehenden sozialliberalen Koalition der Fall wäre. Gegen diesen Angriff auf CDU-Mitglied Richard von Weizsäcker meldete sich Richard Löwenthal, SPD, sofort zu Wort und sagte: »Es ist nicht zu begreifen, daß die Sowjetunion unsicher wäre, wenn die CDU die Regierung in der Bundesrepublik bilden sollte, obwohl Ihr Generalsekretär, Leonid Breschnew, Herrn Kohl und Herrn Strauß anläßlich seines Deutschlandbesuches persönlich kennengelernt hat. Stellen Sie sich bitte vor, wie unsicher wir Deutschen sein müßten, wenn wir daran denken, wer wohl Herrn Breschnew ablöst. Wenn also jemand unsicher sein könnte, dann wir Deutschen, weil wir die Nachfolge im Kreml nicht kennen, während Sie den Vorteil haben, mit unserer Opposition bereits in Kontakt zu stehen.«

Der Gesprächskreis beim Papst

So manche wichtige Begegnung ist durch den Bergedorfer Gesprächskreis zustande gekommen. Nachdem der Kreis bereits Tagungen in den USA, in der UdSSR sowie in einigen europäischen Staaten durchgeführt und ein »internationales Flair« bekommen hatte, war es Anfang der achtziger Jahre meine Absicht, einmal einen Gesprächskreis in Rom, am liebsten beim

Papst im Vatikan, durchzuführen. Die Schwierigkeit bestand darin: Wie und von wem man eine Einladung zu einer derartigen Tagung im Vatikan erhalten kann.

Um das Ergebnis vorwegzunehmen: Mein Wunsch ging in Erfüllung. Der Bergedorfer Gesprächskreis wurde von Papst Johannes Paul II. am 17. und 18. Dezember 1984 zur Privataudienz und zu einer Tagung im Vatikan empfangen. Doch wie es zu dieser Einladung kam, ist eine unglaubliche Geschichte, deren Dramaturgie nirgends vorgeplant war und die nur von den Göttern des Zufalls – oder wer immer für Zufälligkeiten verantwortlich ist – gesteuert wurde.

Ich lasse diese Geschichte am besten wie ein Märchen beginnen: Es waren einmal zwei Freunde, der eine Komponist und Opernchef von Weltrang, Rolf Liebermann, der andere war ich. Beide waren bemüht, die Freie und Hansestadt Hamburg zu einer Metropole der Kultur und Wirtschaft in der Welt zu machen. Die Kultur war sein, die Wirtschaft mein Metier. Rückblickend betrachtet hat diese Symbiose recht gut funktioniert – »not too bad« würde der Engländer sagen –, denn sie hat manches bewirkt und einiges bewegt.

Rolf Liebermann hatte bei dem berühmten französischen »theologischen« Komponisten Olivier Messiaen ein Auftragswerk bestellt, »Der Heilige Franz von Assisi«. Acht Jahre hatte Messiaen an dem fünfstündigen Epos gearbeitet. 1983 war es vollendet. Bei der Verleihung des »Rolf-Liebermann-Preises für Opernkomponisten«, den ich in Anerkennung der herausragenden Arbeit Rolf Liebermann gestiftet hatte, erhielten am 18. September 1983 Olivier Messiaen für sein Werk »Der Heilige Franz von Assisi« und der Niederländer Konrad Boehmer für die Oper »Dr. Faustus« den Komponistenpreis in Hamburg.

Am 28. November 1983 fand die Uraufführung des Werkes von Messiaen in der Pariser Oper statt. Zu den Ehrengästen, die in der Loge von Präsident Mitterrand saßen, zählte auch der Bischof im Vatikan, Cordes, einer der engsten Vertrauten von Papst Johannes Paul II. Die Musik des fast wie ein Oratorium anmutenden Werkes ergriff ihn. Spontan sagte er zu mir: »Dieses

Werk soll in Rom aufgeführt werden, wenn der Papst Ostern 1984 die Jugend der Weltkirche einlädt.« Auch der Ort der Aufführung stand sofort fest: die Nervi-Halle neben dem Petersdom. Alle waren begeistert, auch der damalige Intendant der Pariser Oper, Massimo Bogianckino, der spätere Bürgermeister von Florenz. Gedacht, getan. Der Papst wollte es, der Komponist Messiaen stimmte mit Begeisterung zu, auch Intendant Bogianckino war mit Eifer dabei. Die Organisation lag bei der Körber-Stiftung in bewährten Händen. Zwei Jumbos der Air France waren bereits gechartert. Doch wir hatten die Rechnung ohne den Wirt gemacht, in diesem Falle ohne das Orchester der Pariser Oper und die dazugehörige mächtige Gewerkschaft. Plötzlich ging es nicht mehr um das kulturelle Ereignis, sondern nur noch um den schnöden Mammon. Dabei waren durch die Körber-Stiftung bereits die Finanzierung der Flugkosten für 260 Orchester-, Chor- und Opernmitglieder einschließlich des Instrumententransports sowie Unterkunft, Verpflegung in Rom garantiert worden. Bei weitem nicht ausreichend, wie sich herausstellte.

Die ganze Angelegenheit war ein bißchen zum Lachen, ein bißchen zum Weinen. Denn am Ende des Dramas kam aus Paris die Forderung, die Flugzeiten als zusätzliche Probezeiten zu bezahlen, obwohl die Instrumente doch nachweislich im Frachtraum deponiert sein würden. Ich erspare dem Leser weitere Details. Es war den Vogelstimmen des »Heiligen Franz« jedenfalls nicht vergönnt, in Rom zu zwitschern.

Hier könnte die Geschichte zu Ende sein, aber dann hätte sie kein Happy-End. Der Papst war laufend über die Entwicklung informiert worden, und es herrschte Betroffenheit im Vatikan, als das Projekt endgültig verabschiedet werden mußte. Die Drähte zwischen Rom und Hamburg liefen heiß. Johannes Paul II. wollte eine Verbindung zur Körber-Stiftung herstellen, die sich mit großem Einsatz, wenn auch ohne Erfolg um eine Aufführung von Messiaens »Heiligem Franz« im Vatikan so sehr bemüht hatte. Die Direktverbindung Rom–Hamburg hatte Erfolg. Der Bergedorfer Gesprächskreis wurde im Dezember 1984 nach Rom zur Privataudienz bei Papst Johannes Paul II. und zur Tagung in den Sala dei Papi auf dem Campo Santo Teutonico eingeladen.

Das Thema dieser 76. Tagung des Bergedorfer Gesprächskreises lautete: »Ist die Spaltung Europas das letzte Wort? Europa der Gegensätze auf dem Wege zu sich selbst.« Diskussionsleiter war der italienische Botschafter in der Bundesrepublik Deutschland, Professor Luigi Vittorio Graf Ferraris, die Referenten waren Kardinal König aus Wien und Bundeskanzler a.D. Helmut Schmidt. Zu den Teilnehmern gehörte unter anderen Bundespräsident Dr. Richard von Weizsäcker. So war also der »Rolf-Liebermann-Preis« für Olivier Messiaen der Schlüssel zum Tor und »Der Heilige Franz von Assisi« der Pförtner, der für den Bergedorfer Gesprächskreis den Weg zum Papst und in den römischen Vatikan frei machte.

Ich will an dieser Stelle noch eine andere kleine Geschichte einfügen. Als mir vor Jahren auf Grund eines gewonnenen Patentprozesses plötzlich beträchtliches Kapital zur Verfügung stand, hatte mich der damalige Erste Bürgermeister der Freien und Hansestadt Hamburg angestiftet, diese Gelder in den Neubau eines Luxusliners zu investieren, der unter Hamburgs Flagge die Weltmeere befahren sollte. Als größter Kapitalgeber des Schiffes, der TS »Hamburg«, wurde ich Präsident dieser Schifffahrtsgesellschaft. Als 1973 durch die Ölkrise der Betrieb des Schiffes für die Bundesrepublik unrentabel wurde, habe ich die TS »Hamburg« an die Sowjets verkauft. Seitdem läuft sie unter dem Namen »Maxim Gorki«. Während der 89. Gesprächskreis in Prag tagte, wurde in den Nachrichten bekannt, daß Michail Gorbatschow und George Bush ihre Besprechung vor Malta wegen der stürmischen See nicht wie vorgesehen auf ihren Kriegsschiffen, sondern auf ebendieser »Maxim Gorki« abgehalten haben. Sie haben also in meiner ehemaligen Präsidentensuite zusammengesessen und den Weltfrieden gestiftet, was mich als Initiator des Bergedorfer Gesprächskreises, der sich der Völkerverständigung verschrieben hat, mit Genugtuung erfüllt.

Jedenfalls hat sich der Gesprächskreis als eine Ideen- und, wie ich scherzhaft hinzufüge, als eine Prominentenschmiede in über drei Jahrzehnten bewährt. Denn, wenn ich es recht sehe, sind alle Bundespräsidenten und die meisten Bundeskanzler sowie auch viele Minister vor ihrer Berufung in ihre politischen Ämter im Bergedorfer Gesprächskreis einem Härtetest unterworfen gewesen. Dazu eine kleine Begebenheit am Rande der Bergedorfer Gespräche: Anfang des Jahres 1984 hatte ich mit Richard von Weizsäcker eine Zusammenkunft in meinem Haus am Tegernsee verabredet. Wir wollten im Anschluß an den 74. Bergedorfer Gesprächskreis, der im November 1983 über das Thema »Die deutsche Frage – neu gestellt« bei ihm in Berlin stattgefunden hatte, die Gründung eines wissenschaftlichen Gremiums besprechen. Von Weizsäcker als Regierender Bürgermeister von Berlin war damals gerade zum Bundespräsidenten nominiert worden.

Wir waren am 5. März 1984 nachmittags verabredet. Ich erwartete ihn also, als plötzlich das Telefon klingelte. Von Weizsäcker war am Apparat, um mir mitzuteilen, daß sein Fahrer von der Berliner Polizei sich verfahren habe und jetzt im Schnee festsäße. Es stellte sich heraus, daß dies nur etwa 500 Meter von meinem Haus entfernt war. Deshalb bat ich von Weizsäcker, doch zu Fuß zur Hauptstraße herunterzugehen, wo ich ihn erwarten würde.

Bei unserer Begrüßung stellte ich fest, daß seine Hose am rechten Bein zerrissen war. Auf meine besorgte Frage erzählte mir der Bundespräsident, daß er im Vorgarten des Hauses, von dem aus er mit mir telefonieren wollte, von einem Schäferhund gebissen worden sei. Und da sah ich auch, daß er am Bein blutete. Es war klar, die Wunde mußte sofort ärztlich versorgt werden. Ich habe meinen Freund, den Arzt Dr. Karl Neresheimer in Bad Wiessee, benachrichtigt, der auch nach kurzer Zeit in meinem Haus eintraf, um von Weizsäcker eine Tetanusspritze zu geben und ihn zu verbinden.

Natürlich habe ich meinen Freund Neresheimer und die Hausleute verpflichtet, über den Vorfall Stillschweigen zu bewahren; denn ich wollte ja nicht, daß dieses Ereignis am nächsten Tag groß in der »Bild«-Zeitung unter der Schlagzeile stand: Zukünftiger Bundespräsident von Schäferhund zerfleischt . . . Wir haben anschließend bei einer Brotzeit unsere Besprechung durchgeführt, und der kleine Unfall hatte damit sein Bewenden. Die Angelegenheit hatte jedoch noch ein lustiges Nachspiel. Regina, die kleine Tochter meiner Hausangestellten, die bei uns wohnte, hatte den hohen Besuch bei uns gesehen. Sie war damals sechs Jahre alt und gerade eingeschult worden. Als ich sie eines Tages von der Schule am Tegernsee abholte und in der Eingangshalle auf sie wartete – der Bundespräsident war inzwischen offiziell im Amt, und sein Bild hing in der Halle an der Wand –, kam mir die Kleine fröhlich entgegengehüpft, lächelte mich verschmitzt an, zeigte auf das Bild und sagte: »Kennst du den?«

Aufgaben für morgen

Seit Gründung des Bergedorfer Gesprächskreises war der promovierte Industriesoziologe Gerhard Böhme dessen unermüdlicher Organisator. Mit dem Wissen um die brennenden Fragen unserer Zeit war er bis zu seinem Tod im Dezember 1991 rastlos unterwegs, um mit sicherem Gespür und viel Fingerspitzengefühl die richtigen Leute zu einem Thema an einen Tisch zusammenzubringen. Die Geschichte dieses bedeutsamen internationalen Forums kann ohne die Handschrift meines über drei Jahrzehnte bewährten Mitarbeiters Gerhard Böhme nicht geschrieben werden.

Der Gesprächskreis hat sich besonders in den Zeiten des Kalten Krieges als Brückenbauer zwischen Ost und West bewährt. Nach dem Ende der großen Systemkonfrontation sind die Aufgaben des Gesprächskreises nicht geringer; denn die Welt ist eher noch komplizierter geworden: Als Beispiel dafür nenne ich nur die Flüchtlingsströme als tickende Zeitbombe.

Wenn man heute auf den vier Jahrzehnte dauernden Kalten Krieg zurückschaut, muß man feststellen, daß diese Periode

lange den Blick auf das verstellte, was die Welt in den kommenden Jahren und Jahrzehnten tief verändern wird.

Im Dezember 1988 sprach Michail Gorbatschow vor den
Vereinten Nationen von den großen »Menschheitsfragen«, wenig später, beim April-Gipfel 1989, sprachen die NATO-Häup-
ter von den »global challenges«, den weltweiten Herausforderungen. Beide Seiten meinten auf russisch und auf englisch im
wesentlichen dasselbe: Ost und West treiben gemeinsam in eine
existentielle Krise, die sich zusammenfügt aus der Übervölke-
rung großer Teile der Welt, aus Massenarmut, Naturzerstörung
und Ressourcenknappheit.

Die neuen Völkerwanderungen sind Folge dieser Krisenele-
mente. Die Ursachen liegen großenteils jenseits jener industriellen Staaten, die ihr Schicksal aus eigener Kraft meistern können;
aber die Folgen werden den industriellen Demokratien zum
Schicksal werden. Seit vielen Jahren registriert Westeuropa jährlich eine Zuwanderung von fast 800 000 Menschen, die meisten
davon kommen nach Deutschland. 1991 waren es bereits 256 000,
viele aus dem zerfallenen Jugoslawien und aus dem zwischen
Diktatur und Demokratie schwankenden Rumänien. Dazu kamen auch noch einmal über 200 000 ethnisch Deutsche aus den
Ländern der Sowjetunion, aus Polen und dem übrigen Osteuropa. Osteuropa von Oder und Neiße bis zum Ural kann für die
Deutschen zum Schicksal werden, so wie das Mittelmeer für die
südlichen Staaten der Europäischen Gemeinschaft.

Die Vorzeichen sind überall zu sehen und zu spüren. In Italien
leben bereits zwei Millionen Zuwanderer aus dem Süden, in
Frankreich hat sich eine Protestbewegung am rechten Flügel
gebildet. Aber es gibt kein geteiltes Europa, eines, das nach
Osten, und eines, das nach Süden schaut: Es gibt nur ein Europa,
oder es wird keines geben.

Es steht viel auf dem Spiel. Für jenes Europa ohne Grenzen,
das jetzt im Entstehen ist, sind die Völkerwanderungen dieser
Zeit sowohl eine große Bedrohung als auch eine noch größere
Aufgabe. Denn hinter den Umbrüchen Europas und den Auf-
brüchen der islamischen Welt zeichnen sich Bevölkerungs-

explosionen ab, die katastrophal zu nennen keine Übertreibung ist.

Der Bevölkerungsbericht der Vereinten Nationen von 1990 stellt folgende Diagnose: »Das schnelle Bevölkerungswachstum in den armen Ländern hat bereits begonnen, die Erde unwiderruflich zu verändern. Diese Veränderungen werden in den neunziger Jahren ein kritisches Ausmaß erreichen. Zu Beginn der neunziger Jahre müssen wir uns für konsequente Maßnahmen entscheiden, um das Bevölkerungswachstum aufzuhalten, die Armut zu bekämpfen und die Umwelt zu schützen. Anderenfalls können wir unseren Kindern nur ein vergiftetes Erbe hinterlassen.«

Leider haben auch die Vereinten Nationen nicht das Patentrezept, und man muß befürchten, daß es keines gibt. Es wird statt dessen viele Einzelmaßnahmen geben müssen, die vielleicht in ihrer Gesamtheit der Menschheit das Überleben sichern.

Als der Bericht der Vereinten Nationen im Sommer 1990 erschien, wurde die Weltbevölkerung auf 5,3 Milliarden Menschen beziffert. Inzwischen sind bis jetzt 150 Millionen, bis zum Ende des Jahrhunderts werden noch rund 1000 Millionen dazukommen, das sind noch einmal soviel wie die Bevölkerung Chinas.

Die industriellen Demokratien befinden sich heute mitten in einer existentiellen Herausforderung ihrer moralischen und materiellen Existenz. Die Vorstellung, Europa könne sich nur um sich selbst kümmern, während große Teile der Welt verkommen, ist nicht realistisch. Denn wenn nichts geschieht, dann werden große Teile der Elendswelt aufbrechen und nicht erst höflich an unsere Tür klopfen und um Einlaß bitten.

Was heute noch ein Wind ist, kann bald zum Sturm werden. Wenn die großen Völkerwanderungen erst einmal unterwegs sind, ist es längst zu spät. In nationalen Alleingängen werden die Europäer nicht mehr viel erreichen. Auch deshalb ist Europa eine Notwendigkeit.

Förderpreis für die Europäische Wissenschaft

Im Zusammenhang mit dem 25jährigen Jubiläum der Körber-Stiftung hob ich 1984 den »Förderpreis für die Europäische Wissenschaft« aus der Taufe. Mit diesem Preis wollte ich nicht die vergangenen Leistungen eines Wissenschaftlers als Person auszeichnen, wie das zum Beispiel beim Nobelpreis geschieht, sondern in die Zukunft gerichtete wissenschaftliche Arbeiten fördern, also Forschungsergebnisse, die zur Bewährung drängen. Diese Konzeption entspricht insofern meiner Mentalität, als es mir vor allem darum geht, mit meinen Stiftungsmitteln die Zukunft mitzugestalten und nicht vergangene Leistungen zu prämiieren.

1985 zum ersten Mal verliehen, hat der Förderpreis in den ersten sieben Jahren seines Bestehens insgesamt zwölf Millionen D-Mark an Fördergeldern für Arbeiten auf den Gebieten der Technologie, Physik, Chemie, Biologie und Medizin vergeben. Satzungsgemäße Bedingung ist, daß nur solche wissenschaftlichen Leistungen als förderungswürdig anerkannt werden, die »einen wesentlichen Beitrag zur Erhaltung der Lebensbedingungen auf unserem Planeten« zu liefern versprechen. Wissenschaftliche Ergebnisse, die eine unmittelbare militärische Anwendung erlauben, sind von dem Preis ausgeschlossen.

Hinzu kommt als weitere Zielsetzung des Preises, daß vorrangig solche Forschungsprojekte gefördert werden sollen, bei denen Wissenschaftler aus verschiedenen europäischen Ländern vom Atlantik bis zum Ural zusammenarbeiten und auf diese Weise die wissenschaftliche Gemeinsamkeit Europas vorantreiben.

Der Förderpreis hat in der wissenschaftlichen Öffentlichkeit rasch Anerkennung gefunden, nicht zuletzt deshalb, weil die Auswahl der Preisträger von einem unabhängigen Kuratorium international anerkannter Wissenschaftler aus West und Ost getroffen wird, dem seit seiner Gründung 1985, also noch lange vor der Wende, auch Vertreter der ehrwürdigen »Deutschen Akademie der Naturforscher Leopoldina« in Halle/Saale angehören. Die »Leopoldina« konnte sich zu Zeiten der DDR in bewundernswerter Weise eine große Unabhängigkeit vom SED-Regime bewahren.

Unter dem Vorsitz von Reimar Lüst, dem langjährigen Vorsitzenden der Max-Planck-Gesellschaft und der Europäischen Raumfahrtbehörde, gehören dem Kuratorium folgende weitere Mitglieder an: Heinz Bethge (Physik) und Benno Parthier (Biochemie), Deutsche Akademie der Naturforscher Leopoldina, Halle; Eberhard Buchborn, Universität München (Medizin); Hans-Jürgen Engell, Max-Planck-Institut für Eisenforschung, Düsseldorf (Metallurgie); Heinz Gretz, Hamburg (Technologie); Fritz Widmer, ETH Zürich (Verfahrenstechnik); Hubert Ziegler, TU München (Botanik und Mikrobiologie); Hans F. Zacher, Max-Planck-Gesellschaft, München (Jurisprudenz). Außerdem gibt es einen großen Kreis international anerkannter Wissenschaftler als Ansprechpartner bei der Auswahl der Preisträger.

Der Förderpreis besteht aus zwei Teilen, zum einen aus der »Grünen Rosette der Europäischen Wissenschaft« und zum anderen aus dem »Mentorat« der Körber-Stiftung.

Die »Grüne Rosette« wird an Wissenschaftler verliehen, die mit ihrer Forschertätigkeit wegweisende Erkenntnisse und damit erst die Voraussetzungen für die Vergabe des »Mentorats« geschaffen haben. Die »Grüne Rosette« trägt im Kern einen Brillanten, einen Edelstein aus Kohlenstoff, Sinnbild für lebens- und wärmespendende Energie, ein Gebilde von luzider Klarheit, wie man sich die Ergebnisse wissenschaftlicher Arbeiten wünscht. Der Brillant ist gefaßt in der grünen Farbe Europas, jener Farbe, in der eine schon sehr alte mythologische Deutung das Symbol der Hoffnung sieht. Mit den finanziellen Mitteln des Mentorats sollen, wie gesagt, keine bereits vollbrachten, sondern nur neue, zur Bewährung drängende wissenschaftliche Leistungen auf dem Gebiet der Technologie und der Naturwissenschaften gefördert werden.

Die jährliche Preisvergabe erfolgt in feierlichem Rahmen im Rathaus der Freien und Hansestadt Hamburg (vgl. Abb. 27). Die

Stiftung des Förderpreises nahm der Hamburger Senat zum Anlaß, nachstehende Inschrift in der oberen Eingangshalle des Rathauses in Marmor schlagen zu lassen (vgl. Abb. 26).

»Anläßlich des von Kurt Körber, Unternehmer in Hamburg, am 7. September 1984 in Anwesenheit des Bundespräsidenten Richard von Weizsäcker gestifteten ›Förderpreis für die Europäische Wissenschaft‹ widmet der Senat diesen Raum dem Dank an alle Stifter, die in unseren Tagen die Entwicklung der Freien und Hansestadt Hamburg durch ihren Beitrag entscheidend fördern.«

Grundlagenforschung ist in Europa, wie überall in der Welt, kostenintensiv und langwierig. Erfolg kann naturgemäß nicht garantiert werden, schon gar nicht in relativ kurzer Zeit. Die durch den Förderpreis ausgezeichneten Wissenschaftler konnten jedoch bereits vielversprechende Ergebnisse vorweisen, und ich möchte einige Projekte näher vorstellen.

Die 1985 durch die erste Verleihung des Förderpreises ausgezeichnete Münchner Medizinergruppe um Walter Brendel und Gustav Paumgartner gehörte zu den Pionieren der nicht-operativen Nierensteinzertrümmerung durch Schalldruck-Stoßwellen. Die Mittel des Förderpreises wurden dazu verwandt, diese überaus erfolgreiche Technik auch auf andere medizinische Gebiete zu übertragen, nämlich die Zertrümmerung von Gallensteinen und die Tumortherapie. Inzwischen hat sich die naheliegende Anwendung von Stoßwellen bei der nicht-operativen Entfernung von Gallensteinen als eine wertvolle Ergänzung der bisherigen Behandlungsmethoden erwiesen. Brendels Versuch, mit Hilfe von Stoßwellen Tumorgewebe selektiv zu zerstören oder wenigstens in einem sehr frühen Stadium eindeutig zu diagnostizieren, war dagegen mit sehr vielen offenen Fragen und Risiken behaftet. Aber auch hier sind die Forschungen weiter vorangekommen.

Dem ersten Vorschlag des Kuratoriums des Förderpreises habe ich damals übrigens nicht mit Begeisterung zustimmen können, weil ich dem vorgeschlagenen Kandidaten seit vielen Jahren freundschaftlich verbunden war. Ich wollte keineswegs den Eindruck von Günstlingswirtschaft aufkommen lassen. Das

Kuratorium bestand jedoch auf dem Kandidaten Walter Brendel wegen seiner hervorragenden wissenschaftlichen Leistungen.

Der Beginn meiner Freundschaft mit Walter Brendel geht auf eine amüsante Geschichte zurück: Am 16. August 1968 lernte ich auf einer Geburtstagsfeier von Heinz Laprell, dem damaligen Chefarzt des Tegernseer Krankenhauses, den nobelpreisverdächtigen Walter Brendel kennen, der Direktor des Instituts für Chirurgische Forschung an der Ludwig-Maximilians-Universität in München war. Nobelpreisverdächtig war er durch das Antilymphozytenserum geworden, das der südafrikanische Herzspezialist Christiaan Barnard benötigte, damit die transplantierten fremden Herzen von den Körpern der Patienten immunbiologisch angenommen und nicht abgestoßen werden.

In dem illustren Kreise der vorerwähnten Geburtstagsfeier hat der lebensvolle Brendel mit seinen hellwachen Augen auf mich einen so starken Eindruck gemacht, daß ich sein Porträt sogleich auf einer Serviette festhielt. Dabei fielen mir seine ungewöhnlich kleinen Ohren auf. Ich habe mit ihm gewettet, er werde von mir den Betrag eines Nobelpreises – für den er ja ohnehin verdächtig war – erhalten, wenn er jemanden mit noch kleineren Ohren fände. Diese Wette, die bei allen Gästen helle Begeisterung auslöste, wurde in fröhlicher Runde mit Trinksprüchen feierlich besiegelt.

Einige Monate später erbrachte Brendel, der durch seine Doktoranden alle Promotionsschriften der Hals-Nasen-Ohrenärzte untersuchen ließ, den Nachweis, daß es im Ruhrgebiet einen Mann mit noch kleineren Ohren gäbe. Daraufhin habe ich seinem Institut 100 000 D-Mark überwiesen. Irgendwie hatte von dieser Geschichte die »Bild«-Zeitung erfahren und berichtete über die kuriose Wette mit der fetten Schlagzeile: »Wissenschaftler und Industrieller schließen Wette des Jahrhunderts«. Bis zu seinem Tode im Jahre 1989 verband mich mit Walter Brendel eine herzliche Freundschaft.

Eines der erschreckendsten globalen Probleme unserer Zeit ist die Immunschwächekrankheit AIDS. Mit der Vergabe des

Förderpreises 1986 an ein Team von Virologen aus fünf europäischen Ländern unter Leitung von Professor Luc Montagnier, Paris, dem kurz zuvor erstmalig die Isolierung des später HIV genannten AIDS-Erregers gelungen war, leistete ich meinen Beitrag dazu, daß Forscher aus Frankreich, Großbritannien, Dänemark, Ungarn und Deutschland gemeinsam an der weiteren Aufklärung der virusbedingten menschlichen Immunschwäche arbeiten konnten.

Bei der Preisvergabe 1986 hat sich ein weiterer positiver Aspekt der Forschungsförderung durch den Förderpreis gezeigt. Fast alle beteiligten Wissenschaftler haben inzwischen zahlreiche weitere Arbeitspartnerschaften begonnen, die ihrerseits zu bemerkenswerten Ergebnissen geführt haben, als Konsequenz der Förderung durch die Körber-Stiftung. Der direkte Einsatz der Fördermittel zur Übernahme von Forschungskosten macht mitunter nur den kleineren Teil der Wirksamkeit aus. Die eigentliche Wirkung geht von der öffentlichen Anerkennung der durch den Förderpreis ausgezeichneten Forscher aus, die ihnen zusätzliche Fördermittel und neue internationale Kontakte verschafft.

Ein besonders eindringliches Beispiel einer Förderung von wissenschaftlichen Leistungen, die der Erhaltung der Lebensbedingungen auf unserem Planeten dienen, stellt die Preisvergabe 1988 dar. Seit einigen Jahren hatten die Hamburger Chemiker Hansjörg Sinn und Walter Kaminsky ein Verfahren zur pyrolytischen, schadstofffreien Beseitigung von Öl- und Kunststoffabfällen entwickelt. Hierfür erhielten sie die »Grüne Rosette des Förderpreises«. Die Gruppe wurde verstärkt durch einen belgischen und einen sowjetischen Wissenschaftler, die zusammen mit dem Hamburger Institut den Einsatz speziell modifizierter Pyrolyseverfahren (das heißt, die thermische Zersetzung organischer Stoffe bei hohen Temperaturen unter Luftabschluß) für die Beseitigung von Abfällen zum Thema ihres Forschungsprogramms gemacht haben. Die große und auf Grund der bisherigen Resultate nicht unberechtigte Hoffnung ist es, die Pyrolyse sogar zur völlig unschädlichen Beseitigung von Giftmüll, etwa der Dioxinklasse, einsetzen zu können. Andere, mindestens ebenso gefürchtete Chlor-Ausgangsprodukte, die bei Müllverbrennungen auftreten, können jetzt schon mit Abgaswerten weit unterhalb der gesetzlichen Toleranzgrenzen beseitigt werden.

Eine besonders wichtige praktische Anwendung der Forschungsergebnisse der vorgenannten Preisträger wird sich schon bald realisieren. Es geht um die umweltfreundliche Umwandlung von Ölschlamm, der bei der Ölgewinnung aus Ölschiefer in großen Mengen anfällt. In Estland werden jährlich circa 50000 Tonnen Ölschlamm, dessen Kohlenwasserstoffgehalt ökologisch höchst bedenklich ist, zum Schaden der Umwelt offen deponiert. Zur Zeit wird in Estland mit deutscher Hilfe eine Anlage installiert, die mit dem Pyrolyseverfahren der von uns geförderten Forschergruppe den Ölschlamm in Stoffe umwandelt, die weiterverarbeitet oder unbedenklich deponiert werden können. Ich hoffe, daß dieses Projekt trotz der derzeitigen Turbulenzen in den Staaten der früheren Sowjetunion zum Erfolg geführt werden kann.

Auch die Arbeiten der Forschergruppe des Förderpreises 1989 unter Leitung von Meinhart H. Zenk, München, die der Entwicklung pflanzlicher Zellkulturen dienen, sind von außerordentlicher Bedeutung. Hier geht es unter anderem um das Thema der Resistenz von Pflanzen gegenüber Schwermetallen, mit dem Ziel, ein Verfahren für die Säuberung verseuchter Böden durch speziell dazu gezüchtete Pflanzen zu entwickeln. Eine zusätzliche Perspektive ist die Zucht von Pflanzen, die Schwermetalle aus dem Boden nicht in die Frucht eindringen lassen.

Forschung braucht Zeit. Obwohl ich an sich eher ein ungeduldiger Mensch bin, der auf schnelle, sichtbare Ergebnisse drängt, habe ich mich dazu durchgerungen, in der Wissenschaftsförderung Geduld zu üben. Die bisherigen Ergebnisse machen mich zuversichtlich, daß ich mit dem von mir gewählten System der Förderung einen Beitrag leiste, bei dem Aufwand und Ertrag in einem guten Verhältnis stehen.

Für viele Preisträger liegt die besondere Bedeutung des Preises in der unbürokratischen Vergabe der Mittel, die an keinerlei Bedingungen gebunden ist. Auch der Wissenschaftsbetrieb wird heute durch bürokratische Richtlinien der Forschungsförderung außerordentlich eingeengt. Durch den Förderpreis wird den Wissenschaftlern somit eine Bewegungsfreiheit ermöglicht, die für die Effizienz einer internationalen Verbundforschung von größter Bedeutung ist und die ihnen beispielsweise den schnellen Ankauf wichtiger Geräte, die Finanzierung gemeinsamer Arbeitssitzungen oder gar die Aufnahme eines gemeinsamen europäischen Forschungsprojekts erlaubt, dem sonst administrative Hürden im Weg gestanden hätten.

Ich glaube daher, daß ich als Unternehmer, für den Flexibilität, schnelle Entscheidungen und gezielte Investitionen die Grundlage des Erfolges darstellen, den Wissenschaftlern durch meine Art der Förderung etwas von dieser unternehmerischen Freiheit ermöglicht habe.

Schülerwettbewerb Deutsche Geschichte um den Preis des Bundespräsidenten

Ende der sechziger Jahre kam ich, wie ich bereits berichtete, mehrfach mit Gustav Heinemann zusammen, den ich in seinem Haus porträtierte. Dabei sprachen wir auch über Heinemanns Wunsch, die freiheitlich-demokratischen Traditionen ins öffentliche Bewußtsein zu heben. Insbesondere wollte er als Bundespräsident in Schloß Rastatt ein Museum für die deutschen Freiheitsbewegungen errichten.

Da Heinemann zu Recht vermutete, daß ich »ein paar Knöpfe im Kasten« habe, fragte er, ob ich seine Rastatter Museumspläne unterstützen würde. Heinemanns Anliegen, freiheitliche Traditionen im deutschen Geschichtsbild zu stärken und vor allem der Jugend zu vermitteln, sagte mir zu. Dennoch wollte ich mein Geld nicht in ein Museum investieren, sondern mir schien es sehr viel sinnvoller, Jugendliche selbst die Spuren von Freiheitsbewegungen in ihrer heimatlichen Region suchen zu lassen. Ich war überzeugt, daß eigenes Forschen viel fruchtbarer in die Geschichte hineinführt als die Besichtigung der von Fachgelehrten zusammengetragenen Exponate. Deshalb schlug ich vor, Schüler im Rahmen eines Wettbewerbs solche Traditionen in ihrem jeweiligen Ort selbst erforschen zu lassen. Heinemann ließ sich schnell von meiner Idee begeistern. Dies war die Geburtsstunde des Schülerwettbewerbs. Unter dem Thema »Deutsche Revolution 1848/49« forderten Heinemann und ich 1974 erstmals Mädchen und Jungen bundesweit dazu auf, am eigenen Wohnort auf historische Spurensuche zu gehen. Als Anreiz hatte die Körber-Stiftung, die auch die Organisation des Wettbewerbs übernommen hatte, 250000 D-Mark an Preisgeldern zur Verfügung gestellt.

Dabei ergab sich folgende Schwierigkeit: Während ich die Absicht hatte, die Schülerwettbewerbe mit dem Namen »Um den Preis des Bundespräsidenten« zu bezeichnen, wollte Heinemanns Staatssekretär im Bundespräsidialamt, Dietrich Spangenberg, die Bezeichnung »Schülerwettbewerbe um den Heinemann-Preis« einführen. Wäre ich auf den Vorschlag von Staatssekretär Spangenberg eingegangen, hätte die Gefahr bestanden, daß spätere Bundespräsidenten die Schülerwettbewerbe möglicherweise eingestellt hätten. Aus der für mich schwierigen Situation hat mich dann – unwissentlich – Willy Brandt »gerettet«, als er für die Sozialdemokratische Partei Deutschlands den »Heinemann-Bürgerpreis« ins Leben rief. Damit konnte der Name Heinemann für die Schülerwettbewerbe nicht mehr verwandt werden, und die Fortführung des Wettbewerbs nach Heinemanns Amtszeit war gesichert.

Unter der Bezeichnung »Schülerwettbewerb Deutsche Geschichte um den Preis des Bundespräsidenten« haben die Bundespräsidenten Walter Scheel, Karl Carstens und Richard von Weizsäcker bis heute die Tradition ihres Amtsvorgängers Gustav Heinemann fortgesetzt. Alle Bundespräsidenten haben die Schuljugend persönlich zur Spurensuche aufgerufen und die Spitzenpreisträger zur Preisverleihung in ihrem Amtssitz empfangen. Und der Chef des Bundespräsidialamtes ist zugleich Vorsitzender des Kuratoriums, welches das jeweilige Thema der Ausschreibung festlegt und die Aufsicht über den Wettbewerb führt.

Die Kuratoren repräsentieren ganz unterschiedliche Bereiche des öffentlichen Lebens. Dazu gehörten seit 1974: Klaus von Bismarck, Goethe Institut; Botschafter Klaus Blech; Staatssekretär Karl-Günther von Hase; Bundesministerin a.D. Hanna-Renate Laurien; Staatssekretär Andreas Meyer-Landrut; Staatssekretär Hans Neusel; Staatssekretär Dietrich Spangenberg; ZDF-Intendant Dieter Stolte; Minister Arnold Vaatz; Bürgermeister Herbert Weichmann.

Seit den ersten Anfängen 1973 hat sich der Schülerwettbewerb zur größten koordinierten Laienforschungsbewegung der Bundesrepublik entwickelt. Mehr als 60000 Schüler haben bereits Beiträge zur Lokalgeschichte verfaßt. Sie gingen den großen und kleinen Ereignissen der Vergangenheit nach, trugen Quellen und Materialien aus alten Zeitungen, Archiven und Privatbesitz zusammen, rekonstruierten die Lebenswege von Nachbarn, Eltern und Urgroßeltern. Geschichte, wie sie nicht im Schulbuch steht, wurde und wird auf diese Weise von den Jugendlichen selbst zutage gefördert.

Das Themenspektrum hat sich inzwischen weit über die Geschichte deutscher Freiheitsbewegungen hinaus entwickelt. Ob »Alltag im Nationalsozialismus«, »Umwelt hat Geschichte«, »Unser Ort – Heimat für Fremde?« oder »Tempo, Tempo ... Mensch und Verkehr in der Geschichte«, der Schülerwettbewerb hat sich mit seinen Ausschreibungen immer wieder auf Neuland gewagt und so manches Kapitel Lokalgeschichte vor dem Verdrängen oder Vergessen bewahren können.

Die Körber-Stiftung organisiert und finanziert diesen Wettbewerb. Oft werde ich gefragt, ob sich für mich als Unternehmer eine solche Investition überhaupt lohnt. Ich meine: ja. Meine Entscheidung, Jahr für Jahr große Summen zur Verfügung zu stellen, damit sich Schüler als historische Laien mit unserer Vergangenheit beschäftigen, basiert auf der Einsicht, daß wirtschaftlicher Erfolg allein keine ausreichende Basis sein kann, um den vielfältigen Herausforderungen der Gegenwart und Zukunft gerecht zu werden. Und natürlich hängt mein Engagement für den Schülerwettbewerb auch mit meinem Geschichtsverständnis zusammen.

Es geht um mehr als bloße Rückschau. Ich verstehe die Aufarbeitung der Vergangenheit durchaus als lohnende Zukunftsinvestition. Es gilt, den Spiegel der Vergangenheit blank zu putzen und der jungen Generation eine eigene Urteilsbildung zu ermöglichen. Selbstverständlich wird sich der Gewinn niemals in Mark und Pfennig ausrechnen lassen.

Der Schülerwettbewerb spornt Jugendliche an, Kontinuitäten und Brüche in der Entwicklung bis heute aufzuspüren und historische Erfahrungen für die Auseinandersetzung mit aktuellen Problemen zu nutzen. Vielen Jugendlichen ist erst im Rahmen des Schülerwettbewerbs der Fortschritt an Demokratie, Toleranz und Wohlstand nach 1945 richtig bewußt geworden. Sie haben sich mit der Gründung demokratischer Parteien ebenso befaßt wie mit der Verbesserung der Wohnverhältnisse oder dem gewachsenen Umweltbewußtsein. Aber auch menschliches Leid gab es zu erfahren: Sie entdeckten vergessene Gräber von Zwangsarbeitern, gingen den Spuren von Kriegsgefangenen nach, beschäftigten sich mit der mühsamen Integration von Flüchtlingen und Vertriebenen nach 1945 oder dokumentierten Lebenswege der ersten Gastarbeiter am Ort.

Für die Zeitzeugen war es fast immer das erste Mal, daß sich jemand für ihre Geschichte interessierte. Oftmals ist es ein Akt der Befreiung, nach jahrzehntelangem Schweigen darüber zu sprechen und die Erlebnisse der Vergangenheit im Dialog mit der jungen Generation aufzuarbeiten. Die Jugendlichen bekommen dabei ungeahnte Einblicke in die Geschichte ihrer Heimat. Hautnah können sie erleben, daß sich Politik nicht nur in fernen Hauptstädten oder Amtszimmern großer Politiker vollzieht, sondern das Alltagsleben kleiner Leute bis in die eigene Straße hinein prägt.

Zugleich erleben die Mädchen und Jungen ihre Zeitzeugen

nicht nur als Opfer oder Handlanger großer Politik. Die Menschen vor Ort sind es, die Unrecht mittragen oder sich verweigern, die den Alltag mitprägen und gestalten. Eine Erkenntnis, die bei den jungen Geschichtsforschern immer wieder den Wunsch weckt, selbst Verantwortung zu übernehmen und das öffentliche Leben in ihrer Region durch ihre neugewonnenen Erfahrungen zu bereichern.

Die Schülerforschungen sind keine Sandkastenspiele. Sie haben in manchen Fällen wichtige Anstöße für die historische Forschung gegeben. Sie erschließen Quellen aus Privatbesitz, die für professionelle Forschung nur schwer zugänglich sind, sie haben Interviews mit Zeitzeugen dokumentiert, die vielfach inzwischen verstorben sind. Vor allem aber ist der Schülerwettbewerb Trendsetter für neue Themen und Fragestellungen. Das Schicksal der zehn Millionen ausländischen Kriegsgefangenen und Zwangsarbeiter in Deutschland während des Zweiten Weltkriegs war bis zum Wettbewerbsstart 1982 zum Thema »Alltag im Nationalsozialismus« kaum aufgearbeitet worden. Das Engagement der Jugendlichen hat bewirkt, daß Gedenktafeln angebracht, in Einzelfällen Opfer von einst rehabilitiert und die Diskussion aktueller Probleme historisch untermauert wurden.

Dies gilt nicht nur für das Zusammenleben von Menschen, sondern auch für den Umgang mit der Natur. Unter dem Motto »Umwelt hat Geschichte« haben Wettbewerbsteilnehmer 1986 zum Beispiel die Geschichte von Bächen und Flüssen, von Müllabfuhr und Straßenplanung, von Feuchtgebieten und alten Fabrikgeländen erforscht. Mit ihren Ergebnissen haben sie gezeigt, welch langfristige und schwerwiegende Folgen selbst kleine menschliche Eingriffe in die Natur haben können. Umweltgeschichte wurde diesen Jugendlichen zur Warnung vor der Kurzsichtigkeit menschlichen Handelns.

Der Hartnäckigkeit der Mädchen und Jungen ist es zu verdanken, daß Lokalzeitungen vielerorts über die Ergebnisse der historischen Spurensuche berichten, Gemeindeverwaltungen, Schulvereine oder Archive die Wettbewerbsergebnisse publizieren und sich daraus eine breite öffentliche Diskussion entwickelt. Um die Nutzung der Schülerforschungen zu erleichtern, archiviert die Körber-Stiftung sorgsam alle Arbeiten und erschließt Preisträgerarbeiten durch Findbücher. Auf diese Weise können sie per Fernleihe in jedes kommunale oder staatliche Archiv entliehen werden. Dieses außergewöhnliche Angebot wird jedes Jahr viele hundert Male genutzt.

Der Schülerwettbewerb gibt weit über die unmittelbar Beteiligten hinaus Anstöße für das öffentliche Geschichtsbewußtsein. So hat die Körber-Stiftung zum Beispiel 1985 aus Materialien der Schülerarbeiten eine Wanderausstellung konzipiert, die unter dem Titel »Das Geheimnis der Versöhnung heißt Erinnerung« das Schicksal von Zwangsarbeitern und Kriegsgefangenen dokumentiert. Mehr als eine halbe Million Menschen haben diese Ausstellung, die auch in Polen und der Sowjetunion gezeigt wurde, gesehen. In Ost und West wird der Schülerwettbewerb als vorbildlich für deutsche Bemühungen geachtet, neben den Höhen auch die Tiefen deutscher Geschichte zu erforschen.

So bemerkenswert der inhaltliche Ertrag der Wettbewerbe auch sein mag, es erfüllt mich als Stifter mit Genugtuung, daß sich der Wert der Ausschreibung keineswegs darauf reduziert. Denn mein Anliegen beschränkt sich nicht nur auf die Förderung wissenschaftlicher Hochleistungen oder die Rekrutierung zukünftiger Geschichtsprofessoren. Ebenso wichtig wie die Herausforderung hochbegabter Jugendlicher ist mir die Ermutigung der vielen jungen Leute, die auch nach dem Wettbewerb historische Laien bleiben werden und doch die Erfahrungen der Vergangenheit für ihr eigenes Urteilsvermögen nutzen lernen. Darüber hinaus gehen sie noch auf andere Weise gestärkt aus ihrer Spurensuche hervor. Zahlreiche Arbeitsberichte von Teilnehmern betonen die wichtige Erfahrung, Durchhaltevermögen und Hartnäckigkeit bewiesen zu haben und zu Ergebnissen gekommen zu sein, die sie sich selbst vorher nie zugetraut hätten.

Der Herbert-Weichmann-Preis

Mein Wunsch, Jugendliche herauszufordern, sie in ihrer Neugier und Hartnäckigkeit zu bestärken, veranlaßte mich im Oktober 1984, den Teilnehmern über die Wettbewerbspreise hinaus Chancen zu eröffnen. Ich beschloß, einen Herbert-Weichmann-Preis für journalistisch ambitionierte Preisträger meines Schülerwettbewerbs auszuschreiben. Konkreter Anlaß war der erste Todestag von Herbert Weichmann, mit dem ich nicht nur einen langjährigen Freund verlor, sondern einen engagierten Partner vieler meiner Stiftungsprojekte. So gehörte Herbert Weichmann auch zu den Gründungskuratoren des Schülerwettbewerbs. Mit dem Herbert-Weichmann-Preis hoffte ich, ihm ein ehrendes Andenken zu bewahren und zugleich in seinem Sinne junge Leute vor lebendige Herausforderungen zu stellen. Weichmanns Lebensweg stand Pate für diese Stiftungsidee. Als Jude und Sozialdemokrat hatte er Deutschland 1933 verlassen müssen. Auf der Flucht vor den Nazis landete er 1940 – mit einem Dollar in der Tasche – in New York. Eindrucksvoll hat er seine Erfahrungen später in »Alltag in den USA« zu Papier gebracht.

Die Preisträger des Schülerwettbewerbs auf Weichmanns Spuren – von der Körber-Stiftung nur mit einer Fahrkarte ausgestattet und mit wenig Taschengeld versehen – erforschen das Alltagsleben in den USA und anderen Ländern mit seinen Vorzügen und Problemen, die sie zu Reportagen verarbeiten. Darum geht es beim Herbert-Weichmann-Preis. In der Praxis hat sich das Projekt hervorragend bewährt. Ob als »Obdachloser« in New York, auf der Spur von Regenwaldzerstörungen in Papua-Neuguinea oder im Mexikanerviertel von Los Angeles, die Jugendlichen haben hautnah recherchiert und ihre Eindrücke so eindrucksvoll geschildert, daß ihre Texte in »GEO«, »Die Zeit« und anderen renommierten Zeitschriften veröffentlicht wurden.

Sicherlich hat ihnen die Erfahrung als Weichmann-Stipendiat manche Chance auf dem Feld des Journalismus eröffnet. Es freut mich, wenn junge Menschen ihren Horizont erweitern, sich im

Sinne der Völkerverständigung in eine fremde Kultur einfühlen und sich in ungewohnten Situationen durchschlagen. Darum geht es mir vor allem.

In meinem Engagement für den Schülerwettbewerb Deutsche Geschichte um den Preis des Bundespräsidenten, aber auch für den Herbert-Weichmann-Preis, sehe ich einen wichtigen Beitrag zur Förderung einer Elite, die Selbstvertrauen entwickelt und es lernt, verantwortungsvoll und historisch fundiert sich ein eigenes Urteil zu bilden. Eine lohnende Investition also für die Zukunft unseres demokratischen Gemeinwesens.

Gerade heute erweist sich die Aufarbeitung der Geschichte als dringliche Herausforderung. Denn mit der DDR ist ein System zusammengebrochen, das seine Rechtfertigung wesentlich aus einem einseitigen Geschichtsverständnis bezog. Deshalb sind jetzt geistige Investitionen in den neuen Bundesländern ebenso wichtig wie der wirtschaftliche Aufbau. Bereits im April 1990 habe ich deshalb zusammen mit Willy Brandt als Sofortmaßnahme dem Bezirk Dresden 40000 Schulbücher übergeben, um einen Neuanfang im Bereich der historisch-politischen Bildung zu ermöglichen (vgl. Abb. 24).

Doch mit Schulbuchwissen allein ist es nicht getan. Auch hier sehe ich große Chancen in der Idee des freien Forschens durch den Schülerwettbewerb. Im September 1990 haben Bundespräsident Richard von Weizsäcker und ich mit der Ausschreibung »Tempo, Tempo ... Mensch und Verkehr in der Geschichte« erstmals auch die Jugend in den neuen Bundesländern dazu aufgerufen, frei und ohne ideologische Scheuklappen den Spuren der Vergangenheit nachzugehen. Auch dieser Neuanfang scheint Früchte zu tragen.

Es erfüllt mich mit großer Freude, daß diesem Aufruf auf Anhieb über 2400 Mädchen und Jungen aus dem Osten unseres Landes gefolgt sind.

Die Wettbewerbsjury schreibt dazu, sie sehe »ein hoffnungsvolles Zeichen darin, wie sich Schüler, zum Teil in freien Arbeitsgemeinschaften, die Spurensuche im Schülerwettbewerb des Bundespräsidenten ganz selbstverständlich und mit großem

Engagement sowie reicher Phantasie zu eigen gemacht haben«. Die Jury habe »den Eindruck gewonnen, daß gerade das forschende Lernen dazu beitragen kann, grundsätzliche Zweifel am Fach Geschichte in den neuen Bundesländern aufzufangen, bei der kollektiven und individuellen Identitätsfindung zu helfen und einen wichtigen Beitrag zur Entwicklung einer neuen politischen Kultur zu leisten«.

In dem Arbeitsbericht einer Schülergruppe aus dem thüringischen Vachdorf heißt es: »Eins müssen wir doch noch lernen, uns aktiv und kreativer an den Veränderungen zu beteiligen, uns zu engagieren. Wir müssen lernen, Mittel und Wege zu finden, unsere Meinung darzulegen und zu untermauern. Den Anfang haben wir mit der Erarbeitung unseres Beitrags zur Spurensuche gemacht. Wir haben uns engagiert, Hindernisse überwunden und haben gespürt, was man mit etwas Mut und Selbstvertrauen erreichen kann.«

Das sind Worte, die Mut machen für unseren Weg zur inneren Einheit und die mir zeigen, daß es sich lohnt, junge Menschen in ihrer Auseinandersetzung mit der Vergangenheit zu fördern.

Cultural Relations Fellowship (CRF)

Der Jugend habe ich auch eine weitere meiner Stiftungsinitiativen gewidmet. In der modernen Welt, die immer mehr zusammenwächst und in der die friedliche Zusammenarbeit von Staaten immer größere Bedeutung erhält, müssen Jugendliche nicht nur zur Auseinandersetzung mit der eigenen Kultur und Geschichte, sondern auch mit der anderer Völker angeregt werden. Sogar eine der unseren so ähnliche Kultur wie die Nordamerikas hat historisch, geographisch und sozial bedingte Eigenheiten, deren Nichtverstehen zu großen Problemen und Mißverständnissen führen kann, wofür die Geschichte der europäisch-amerikanischen Beziehungen seit dem Zweiten Weltkrieg genügend Beispiele bietet.

Der 66. Bergedorfer Gesprächskreis im Juli 1980 über das

Thema »Europas Sicherheit. Probleme der westlichen Welt in den 80er Jahren« beschäftigte sich mit ebendieser Problematik. Dabei wurden die Gründe für die Spannungen im Verhältnis zwischen Europa und den USA deutlich, insbesondere die mangelnden gegenseitigen Informationen, die zu sehr unterschiedlichen Einschätzungen der politischen Lage und häufig zu Unverständnis der von den Regierungen getroffenen Entscheidungen führten.

Um einen Beitrag zur besseren Verständigung zwischen den USA und Deutschland zu leisten, gründete ich das sogenannte »Cultural Relations Fellowship«, und zwar aus folgendem Anlaß: 1980 feierte Hauni Richmond, meine Tochterfirma im amerikanischen Bundesstaat Virginia, das 25jährige Jubiläum ihrer Gründung wohl als erste deutsche Produktionsstätte, die nach dem Krieg in den USA errichtet wurde. Als Dank für das mir und meinen Mitarbeitern in Richmond seit 25 Jahren gewährte »Heimatrecht« und die mir von Amerika entgegengebrachte Verbundenheit machte ich dem damaligen Gouverneur von Virginia, John Dalton, ein Angebot zur Förderung der kulturellen Beziehungen zwischen unseren Heimatländern: Ich lud eine Gruppe junger Bürger aus Virginia ein, im Rahmen des Cultural Relations Fellowship (CRF) zu einem dreimonatigen Informations- und Arbeitsaufenthalt nach Hamburg zu kommen. Ich wandte mich mit dieser Einladung ganz bewußt nicht an Studenten oder Schüler, für die es bereits eine Vielfalt an Austauschmöglichkeiten gab, sondern an Jugendliche, die kurz vor dem Übergang ins Berufsleben standen. Die ersten zehn amerikanischen CRF-Teilnehmer waren im Frühjahr 1981 in Hamburg. Das Programm war ein solcher Erfolg, daß ich es bis heute fortgeführt und wesentlich ausgebaut habe.

Ab Herbst 1982 erweiterte ich den Austausch auch auf deutsche Lehrlinge, die für zehn Wochen nach Amerika fahren. Heute gehen alljährlich etwa 40 junge Amerikaner im Collegealter von fünfzehn bis achtzehn Jahren für etwa drei Monate von den USA nach Deutschland und etwa eine gleiche Anzahl junger Bundesbürger von Deutschland in die USA.

Die jungen Leute werden als Gäste im Rahmen des CRF-Programms in privaten Familien untergebracht, damit sie mit den häuslichen Gepflogenheiten des Gastlandes vertraut werden, Sitten und Gebräuche besser kennenlernen. Während ihres Aufenthaltes werden sie in ansässigen Wirtschaftsunternehmen für ihren zukünftigen Beruf ausgebildet und über ihre zukünftige Arbeit informiert. Darüber hinaus finden Besuche von Veranstaltungen in den jeweiligen landesüblichen kulturellen Einrichtungen statt. Bisher kamen über 600 Jugendliche in den Genuß dieses kulturellen Austauschprogramms.

Der nicht zu unterschätzende Beitrag für die Völkerverständigung, den dieses Austauschprogramm leistet, fand von Beginn an auch die Anerkennung höchster Regierungsstellen beiderseits des Atlantiks. Als ich am 15. November 1982 mit der deutschen Austauschgruppe zum Antrittsbesuch des Bundeskanzlers Helmut Kohl beim amerikanischen Präsidenten Ronald Reagan ins Weiße Haus eingeladen wurde, begrüßte uns der Präsident mit den Worten: »Ich freue mich, daß unter uns junge deutsche Arbeitnehmer weilen, die im Rahmen eines großzügigen Förderprogramms für mehrere Monate bei amerikanischen Familien leben und damit ein Beispiel geben, wie man aktiv für die deutsch-amerikanische Freundschaft wirken kann.«

In der Bundesrepublik waren seit Gründung dieses Programms die amerikanischen Jugendlichen alljährlich Gäste des jeweiligen Bundeskanzlers in seinem Amtssitz in Bonn.

Das Ziel des »Cultural Relations Fellowship« ist nicht in erster Linie die fachliche Weiterbildung, sondern der Abbau von Vorurteilen durch die enge Verbindung mit dem Alltag des anderen Landes. Von diesem Miteinander in der Lebens- und Arbeitswelt profitieren nicht nur die Jugendlichen selbst: Auch Gastfamilien, Lehrlinge und Kollegen auf beiden Seiten des Atlantiks praktizieren auf diese Weise Völkerverständigung im Alltag. Sie werden angeregt zur Auseinandersetzung mit diesen beiden Kulturen, deren Ähnlichkeit es zu entdecken und deren Verschiedenheiten es zu verstehen gilt.

Ich bin stolz darauf, mit dem CRF-Programm einen kleinen,

aber wirkungsvollen Beitrag für Begegnungen von jungen Menschen initiiert zu haben, die aus finanziellen und sozialen Gründen sonst wohl kaum die Möglichkeit zu einem solchen Auslandsaufenthalt haben würden.

Senioren-Centrum »Haus im Park«

Im November 1972 lud ich eine Gruppe von Experten auf dem Gebiet der Gerontologie zum 43. Bergedorfer Gesprächskreis ein, um mit ihnen das Thema »Wo bleiben die alten Menschen in der Leistungsgesellschaft?« zu diskutieren. In einer Zeit, die von raschen Veränderungen auf allen Gebieten der Politik, Wirtschaft und Gesellschaft geprägt ist, droht das Alter ins gesellschaftliche Abseits zu geraten und nur das Jungsein Anerkennung und Förderung zu finden. Natürlich gehört der Jugend die Zukunft; genauso richtig ist jedoch die Feststellung: Die Zukunft der Jugend ist das Alter.

Das Alter soll, so wünscht es sich ein jeder von uns, die Erfüllung des Lebens bringen. Also keine Resignation, kein Beiseitetreten, sich nicht abschieben zu lassen in die Abstellkammer des Lebens. Folgerichtig lautet auch das Motto, das ich für das »Haus im Park« ausgab und das meine Lehrlinge in schmiedeeisernen Lettern angefertigt haben:

Es kommt darauf an, den Jahren Leben zu geben und nicht nur dem Leben Jahre.

Diese Überlegungen paßten nicht so ohne weiteres in unser westliches Problembewußtsein, das wir vom Alter haben, hinein. Bei uns trug man Anfang der siebziger Jahre – nicht zuletzt wohl auch eine Folge der 68er-Studentenrevolte – mehr denn je Jugend, auch wenn sie damals Bärte bevorzugte.

Wer aber das Alter vor allem als ein Problem der Caritas, der Fürsorge und der Lebenshilfe ansieht, schneidet es vom übrigen sozialen Leben ab, reduziert es zum sozialtechnischen Problem. Für die Würde und die Verantwortung des Alters, für die an Lebenserfahrung reichen Menschen gibt es unter solcher einseitigen und verkürzten Sicht keinen Platz, keine Aufgabe, keine Rolle mehr.

Weil die Würde des Menschen heute in gefährlicher Weise in Frage gestellt ist, entsteht ein gesellschaftliches Problem des Alters, das die Gesellschaft als Ganzes betrifft. Die Zukunft darf in den Projektionen unserer gesellschaftlichen Entwicklung jedenfalls nicht allein der Jugend gehören, sondern muß auch den alten Menschen Mitgestaltungsmöglichkeiten verschaffen.

Derartige Überlegungen, die auf dem Gesprächskreis eindringlich diskutiert wurden, führten mich im Anschluß an diese Tagung zu dem Entschluß, meine Stiftung für eine Initiative zu mobilisieren, um neue Wege bei der Umsetzung und Anwendung gerontologischer Erkenntnisse zu beschreiten.

In der Folgezeit führte ein interdisziplinäres Expertengremium renommierter Gerontologen unter der Leitung von Ursula Lehr, der späteren Bundesministerin für Familie und Gesundheit, eine eingehende Analyse zur Situation älterer und alter Menschen durch. Meine Absicht war, eine Einrichtung für die älteren Bürger zu schaffen, in deren Rahmen sie nicht Ziel sozialer Fürsorge, sondern Mittelpunkt gesellschaftlicher Kultur sein sollten. Hauptkenntnis der eingehenden Untersuchungen, die vergleichbare Senioreneinrichtungen in Dänemark, Schweden, England, Holland, Israel, der Schweiz und der Bundesrepublik mit einbezogen, war die Feststellung, daß es darauf ankam, dem älteren Menschen möglichst lange seine eigene Wohnung und seine vertraute soziale Umgebung zu erhalten, so daß er seinen eigenen Lebenskreis hat, seinen Interessen nachgehen und noch verschiedene Aufgaben wahrnehmen kann.

Aus den vielfältigen Überlegungen und umfassenden Recherchen entstand das »Haus im Park«, in Bergedorf, dessen Arbeit sich im wesentlichen an zwei Zielen orientiert:
– die noch aktiven Senioren zu unterstützen, aktiv zu bleiben
– den nicht mehr aktiven, teilweise auch kranken und behinderten Senioren zu helfen, wieder aktiv zu werden.
Es ist eine gerontologisch erwiesene Tatsache, daß das physische und psychische Wohlbefinden eines älteren Menschen

entscheidend davon abhängt, inwieweit es ihm möglich ist, aktiv zu bleiben. Deshalb ist das Konzept des Senioren-Centrums vornehmlich auf »Hilfe zur Selbsthilfe« ausgerichtet, getreu einem Leitsatz des Hauses, ebenfalls schmiedeeisern verewigt:

Höre nie auf anzufangen,
fange nie an aufzuhören.

Die Erfahrungen in der Senioren-Arbeit zeigen aber zugleich, daß dieses Ziel nur dann dauerhaft zu erreichen ist, wenn der Prozeß nicht nur in Gang gesetzt, sondern fortwährend begleitet wird.

Dies eben wird ermöglicht im Senioren-Centrum »Haus im Park«. Dieses Haus wurde 1977 unter der vortrefflichen Leitung meines langjährigen Mitarbeiters Hermann Tenter, der sich bereits in den Aufbaujahren meiner Unternehmensgruppe als getreuer Eckehard bewährt hatte, nach Abschluß einer mehrjährigen Planungs- und Aufbauphase in Hamburg-Bergedorf seiner Bestimmung übergeben. Diese offene Altenhilfe stellt eine Modelleinrichtung dar, die von der Körber-Stiftung organisatorisch und finanziell betreut wird.

Unter den alten Menschen gibt es sehr unterschiedliche Gruppen, die jeweils spezifische Angebote benötigen. Da sind die hilfsbedürftigen Senioren, die Unterstützung brauchen, um so lange wie möglich in ihrer Wohnung zu verbleiben, die aber das »Haus im Park« besuchen können. Da sind kranke alte Menschen, die nach Therapie und Rehabilitation die Chance erhalten, die vielfältigen Angebote des Hauses zu nutzen. Und es gibt auch die überwiegende Zahl der selbständigen, gesunden alten Menschen, die durch die Angebote dieses Hauses ihre Interessen und Aktivitäten erhalten und weiterentfalten können.

Daraus ergibt sich eine vielfältige Angebotspalette: Eine »Senioren-Akademie« bietet die Möglichkeit, handwerkliche, künstlerische oder geistige Interessen wahrzunehmen, sich auch im Alter noch mit neuen Fragestellungen und Inhalten auseinanderzusetzen und sich darüber hinaus körperlich fit zu halten. Ein

Café, konzipiert als Raum der Geselligkeit und Kommunikation, ist Anlaufstelle für soziale Kontakte, für Unterhaltungen und Gespräche. Ein ambulanter Pflegedienst kommt dort zum Tragen, wo Hilfe und – in Grenzen – Pflege zum Verbleib in der eigenen Wohnung erforderlich sind. Die Abteilung »Physikalische Therapie« macht medizinisch-therapeutische, rehabilitative und vorbeugende Angebote in Form von Krankengymnastik, Bäderbehandlungen, Massagen und Bewegungsübungen im Wasser, also Schwimmen und Wassergymnastik. Eine Seniorenwerkstatt im »Haus im Park« wendet sich an handwerklich begabte und interessierte ältere Männer, die Freude daran haben, für gemeinnützige Zwecke tätig zu werden.

In der Vielgestaltigkeit der Angebote, die ineinander greifen und aufeinander aufbauen, aber auch einzeln wahrgenommen werden können, besteht der Modellcharakter des Senioren-Centrums der Körber-Stiftung. In dieser Form gibt es in der Bundesrepublik keine vergleichbare Einrichtung. Auch in den Niederlanden und Schweden, wo die offene Altenarbeit weiter entwickelt ist als bei uns, sind derart umfassende Einrichtungen äußerst selten anzutreffen.

Nachdem die von der Stiftung beauftragten Wissenschaftler und Praktiker als unabdingbare Voraussetzung für das neue Senioren-Centrum eine baumbestandene grüne Umgebung, also einen Park, als Standort gefordert hatten, nannte ich das Projekt schlicht und einfach »Haus im Park«. Traditionell hat der Begriff Park etwas Freizeitliches, Besinnliches, Erholsames zum Inhalt. »Haus im Park« macht deutlich, daß es sich hierbei nicht um irgendein bereitgestelltes Asyl für ältere Menschen handelt, sondern ein Versprechen, eine Verpflichtung zu mehr.

Ich habe bereits auf meine unternehmerische Erfahrung hingewiesen, daß die Wahl des richtigen Namens für ein Produkt von großer Bedeutung ist. Ähnlich verhält es sich auch bei gesellschaftlichen »Produkten«, für die die Namensfindung durchaus meinungsbildend und richtungweisend sein kann. Der herkömmlichen Bezeichnung »Altentagesstätte« haftet eben leicht der Beigeschmack von Fürsorge und Almosen an.

Nach dem sichtbaren Erfolg des »Hauses im Park« in Berge-dorf machte ich dem Hamburger Senat das Angebot, mit finan-zieller Unterstützung der Körber-Stiftung weitere »Häuser im Park« in anderen Stadtteilen Hamburgs zu errichten. Dabei leitete mich nicht zuletzt auch die wirtschaftliche Überlegung, daß es auf lange Sicht volkswirtschaftlich »rentabler« ist – abge-sehen von den sozialen und humanitären Aspekten –, die älte-ren Menschen, statt sie in ein teures Altenheim abzuschieben, in ihrer vertrauten Wohnumgebung zu belassen. Der Senat konnte sich jedoch aus kurzfristigen Haushaltsaspekten nicht entschlie-ßen, mein Angebot anzunehmen, da ihn die Folgekosten für den Betrieb solcher Häuser offenkundig abschreckten. Lediglich ein »Bürgerhaus« in Wilhelmsburg, das allen Altersgruppen offensteht und eine Sozialstation integriert hat, ist mit erheb-lichen Zuschüssen der Körber-Stiftung gebaut worden.

Dagegen konnte 1983 in Dettenhausen, einer kleineren Ge-meinde zwischen Stuttgart und Tübingen, ein auf dem länd-lichen Raum abgestimmtes Senioren-Centrum »Haus im Park« mit erheblichen Mitteln meiner Stiftung errichtet werden, das nach dem gleichen inhaltlichen Konzept arbeitet wie unsere Bergedorfer Modelleinrichtung. Dort sind an das Senioren-Centrum zusätzlich Altenwohnungen angeschlossen, die vom Centrum aus mitbetreut werden und älteren Mitbürgern einen Umzug in ein Altenheim fern ihrer gewohnten Umgebung ersparen.

Ich sehe in der Altersproblematik nach wie vor eine lang-fristige Zukunftsaufgabe der Körber-Stiftung angesichts der zunehmenden Lebenserwartung der Menschen in unserer Ge-sellschaft. Man muß sich einmal vor Augen halten, daß noch vor 200 Jahren, zu Zeiten Mozarts, das Durchschnittsalter bei nur 39 Jahren lag, während es bis heute in Europa auf über 70 Jahre angestiegen ist.

Diese an sich erfreuliche Veränderung wird jedoch von ei-ner sehr bedenklichen demographischen Entwicklung begleitet: So wird zum Beispiel in Deutschland bereits in diesem Jahr-zehnt die Anzahl der über 60jährigen die der unter 30jährigen übersteigen. Wenn somit nach Berechnungen der Alterswissenschaftler der Anteil der über 6ojährigen in den nächsten Jahren erheblich ansteigt und dabei wegen des Geburtenrückganges die höheren Altersjahrgänge besonders stark anwachsen, kommen wir aus politischen, wirtschaftlichen, sozialen und rein menschlichen Gründen nicht darum herum, die Potentiale des Alters anders als bisher zu fördern und zu nutzen. Ich meine damit vor allem die ehrenamtliche Tätigkeit, die, wie sich im »Haus im Park« zeigt – aber es gibt auch viele andere Beispiele in dieser Hinsicht –, nicht nur für die betreffenden Institutionen eine unverzichtbare Hilfe darstellt, sondern auch dem einzelnen, der ehrenamtliche Arbeit leistet, entscheidende Impulse für ein sinnerfülltes, tätiges Leben vermittelt.

»Tätig zu sein ist des Menschen erste Bestimmung«, dieser Spruch von Goethe hat seine volle Berechtigung gerade für den älteren Menschen, der sich häufig zu nichts mehr nützlich empfindet und der dann entsprechend auch gesellschaftlich abgewertet wird. Dem Grundsatz des zukunftsorientierten Handelns, den ich für meine Stiftung in Anspruch nehme, entspricht also nicht nur die Förderung junger Menschen, wie beim Programm des Jugendaustausches zur Völkerverständigung und des Schülerwettbewerbs, sondern gerade auch die Mobilisierung und Aktivierung von Senioren.

Förderung des Stiftungswesens in Deutschland
Vorschlag eines Stiftungssenats

Es gibt auch manche Idee im Stiftungsbereich, die ich trotz jahrelanger Bemühungen noch nicht verwirklichen konnte. Seit Anfang der siebziger Jahre bemühe ich mich um die Entwicklung eines Stiftungssenats, um die Stiftertätigkeit in der Bundesrepublik Deutschland anzukurbeln. Im Gegensatz zu den USA oder Frankreich ist bei uns die Stiftungtätigkeit nachgerade unterentwickelt. Aufgaben eines solchen Stiftungssenats wären unter anderem:

- Einrichtung eines Lehrstuhls für das Stiftungswesen, der nationales und internationales Stiftungsrecht, Stiftungsgeschichte lehrt, aber sich auch mit dem Stiftungsalltag der Gegenwart beschäftigen müßte;
- Auslobung eines publizistischen Preises für Stiftungswesen, der solche Arbeiten auszeichnet, welche die Öffentlichkeit in hervorragender Weise über das Stiftungswesen informieren;
- Schaffung einer Stifterauszeichnung zur Verleihung an Persönlichkeiten, die mit ihren Stiftungen der Allgemeinheit große Dienste erwiesen haben.
- Hauptziel eines solchen Stiftungssenats wäre also die Aufgabe, das Stiftungswesen in der Bundesrepublik Deutschland zu stimulieren.

In bezug auf Auszeichnungen ist dies nicht ganz leicht. Die Stiftungsaufsicht hat keine Übersicht über die Spender. Diese sind nur über die Finanzämter zu ermitteln, und dem stehen – was richtig und gut ist – Datenschutz und Steuergeheimnis entgegen. Auch das Stiftungsregister ist wenig aussagefähig, da dort nur Stiftungen, nicht aber die sie tragenden Persönlichkeiten vermerkt sind. Es gibt auch keine Auskunft über die Aktivitäten der Stifter, über die ausgeschütteten Erträgnisse und schon gar nicht über das persönliche Opfer des Stifters in Relation zu seinem Vermögen. Der Datenschutz verbietet außerdem den Beamten, Hinweise auf nach ihrer Einschätzung geeignete Persönlichkeiten zu geben, es sei denn, sie hätten die Personen vorher um Zustimmung gebeten. Aus den gleichen Gründen scheiterte auch ein Bundesstiftungsregister.

Anfänglich müßten also Stifterverband und Bundesverband Deutscher Stiftungen – mit Einverständnis der »Betroffenen« – Namen potenter Stifter und Spender an den Stiftungssenat weitergeben. Die Stiftungsaufsicht in den Bundesländern könnte ebenfalls in Frage kommende Persönlichkeiten nennen, deren Engagement ein persönliches Opfer bedeutet. Der Stiftungssenat könnte dann an diese Personen herantreten, um die Vermutung der Stiftungsaufsicht zu überprüfen.

Zusammengesetzt sein könnte ein Bundesstiftungssenat aus

Vertretern der Länderstiftungsaufsicht, der Bundesverband Deutscher Stiftungen, des Stifterverbandes und des Bundespräsidialamtes. Der Bundespräsident könnte eine solche Auszeichnung zum Beispiel in einem öffentlichkeitswirksamen Festakt in der Frankfurter Paulskirche unter einer den Stifter würdigenden Bezeichnung wie etwa »Engagierter Förderer für das Gemeinwohl« vergeben und damit Impulse für neue Stiftungsaktivitäten setzen.

Ein offener Brief an Boris Becker

In der ARD-Fernsehsendung am 1. Januar 1989 hatte Boris Becker in einem Gespräch mit Prof. Everding seinen Unmut über das Gesellschaftssystem zum Ausdruck gebracht und das fehlende ethische Verantwortungsbewußtsein beanstandet.

Daraufhin habe ich in der Presse am 3. Januar 1989 einen offenen Brief an Boris Becker veröffentlicht. Ich schrieb:

Lieber Boris Becker,

Ihr Gespräch mit Prof. Everding in der Sendung »Das waren die 80er« am Neujahrsabend ließ viele und auch mich aufhorchen.

Sie sagten, unsere Gesellschaft leide darunter, daß wir materielle Werte nicht hinreichend in ethisches Verantwortungsbewußtsein übersetzen. Das ist richtig.

Was wir heute und in der Zukunft noch mehr brauchen, sind Menschen, die sich dem Gemeinwohl verpflichtet wissen, die nicht alles dem Staat überlassen und sich selbst einsetzen.

Der Umbruch in Ost- und Mitteleuropa bietet viel Anlaß, über neue Aktivitäten nachzudenken. Unserer eigenen Gesellschaft tut es gut, mehr als das eigene Wohlergehen zu bedenken. Die Welt ist voll von Aufgaben und Herausforderungen, von Risiken und Gefahren, auf die neue Stiftungen wohlhabender Bürger antworten können und müssen. Das alles braucht Engagement, auch das Ihrige.

Darf ich Ihnen, lieber Boris Becker, aus der Erfahrung des Älteren einen Vorschlag machen? Stecken Sie Ihr Vermögen und was Sie noch dazuverdienen, in eine von Ihnen zu gründende gemeinnützige Stiftung.

Bestimmen Sie – so wie ich –, was an zukunftsorientierten Stiftungsaktivitäten, sei es im Bereich der Ökologie, der Kultur, des Sports oder der von Ihnen bevorzugten Felder, mit Ihrem Geld finanziert werden soll.

Wenn Sie wollen, werde ich Sie gern bei der Gründung Ihrer gemeinnützigen Stiftung mit meinen eigenen Erfahrungen beraten.

Ihnen wünsche ich auch für die Zukunft allen sportlichen Erfolg, hohe Preisgelder und viele Werbeeinnahmen, damit Ihre Stiftung einen beachtlichen Beitrag zur kulturellen Fortentwicklung unserer Gesellschaft leisten kann.

In diesem Sinne grüße ich Sie und bin zuversichtlich, bald von Ihnen zu hören

Ihr Kurt A. Körber

Hamburg-Bergedorf

Leider hat Boris Becker darauf nicht reagiert.

»Träger der Deichtorhallen« als Stifter

Bei einer Besichtigung der Kellerräume unter den Deichtorhallen kam mir die Idee, die renovierten Hallen den Hamburger Bürgern in besonderer Weise schmackhaft zu machen. Der Anblick eines »Waldes« von 170 Stützpfeilern, die den Boden der Halle tragen, stieß bei mir eine gedankliche Assoziation zu dem von Franz Schubert vertonten Zyklus »Die schöne Müllerin« an. Dort heißt es so liebevoll »Ich schnitt es gern in alle Rinden ein«. Ich wollte den Hamburgern Gelegenheit geben, eine persönliche Beziehung zu den Hallen herzustellen, indem sie sich mit ihrem Namen in diese Stützpfeiler »einschnitzen«. Da das auf dem Beton natürlich nicht möglich war, fand sich schnell eine technische Lösung hierfür: Ausstattung der Stützpfeiler mit Kacheln und statt des Schnitzmessers Beschriftung mit Filzstift.

Die Übergabe der Hallen wollte ich ohnehin zum Anlaß nehmen, einen Appell zum freiwilligen gemeinnützigen Engagement an meine Mitbürger zu richten. Unter diesen Umständen beschloß ich, die Idee der Kachelunterschriften mit einem praktischen Beitrag für gesellschaftliches Engagement zu verbinden, und zwar in folgender Form: Die einzelnen Kacheln wurden gegen eine Spende von mindestens fünf D-Mark verkauft. Jedem Käufer einer Kachel wurde in einer Urkunde bestätigt, daß er »Träger der Deichtorhallen« ist; der Erlös geht in einen Fonds. Jedes Jahr darf ein durch Los bestimmter »Träger der Deichtorhallen« über die gemeinnützige Verwendung des Zinsertrages dieses Fonds entscheiden. Auf diese Weise erhält der »glückliche Gewinner« Gelegenheit, selbst die Erfahrung eines Stifters zu machen, nämlich die Qual der Wahl zu haben, was er unterstützen will, aber auch das Erlebnis der Freude, wenn man sich in bürgerschaftlicher Solidarität gegenüber dem Ganzen für das Gemeinwohl engagiert.

Über 15 000 Hamburger machten mit, wurden also durch Unterschrift und Spende zu Trägern der Deichtorhallen. Der Fonds beläuft sich, mit einem Zuschuß von mir, auf insgesamt eine Million D-Mark.

Jährlich wird nun einer aus diesem Kreis durch Los bestimmt und darf sich mit dem Zinsertrag dieses Fonds in Höhe von circa 60 000 D-Mark als Wohltäter betätigen. Die bisherigen Erfahrungen zeigen, wie verantwortungsvoll und zugleich freudig diese Stiftertätigkeit von Hamburger Bürgern ausgeübt wird. Um es noch einmal ganz deutlich zu machen: Der Gewinner kann seinen Gewinn nicht für sich persönlich verwenden, sondern »darf« ihn der Allgemeinheit stiften, und zwar für einen gemeinnützigen Zweck, den er allein selbst bestimmt.

Der Träger der Deichtorhallen 1991 zum Beispiel erforschte zunächst mit großer Sorgfalt die Situation der Alten- und Pflegeheime sowie der Behinderteneinrichtungen im weiteren Umfeld seines Stadtteils. Als Ergebnis entschied er sich für eine Anzahl sehr konkreter Hilfsmaßnahmen, wie die Beschaffung einer hydraulischen Hebevorrichtung, die Körperbehinderten die Benutzung eines Bades gestattet, außerdem die Beschaffung eines Spezialfernsehgerätes für extrem sehbehinderte Heimbewohner. Etwa ein Drittel der Summe ging an ein Dresdner Pflegeheim, das mit dem begünstigten Hamburger Pflegeheim durch eine Partnerschaft verbunden ist.

Ich habe diese Aktion »Träger der Deichtorhallen« initiiert, ohne daß es dafür ein Vorbild gab. Das Risiko eines Mißerfolges nahm ich bewußt in Kauf, nach dem Motto »Wer nicht wagt, der nicht gewinnt«. Um so mehr bin ich erfreut, heute bestätigt zu bekommen, daß Hamburger durch den nur kleinen Akt einer Unterschrift auf einer Kachel und einer Spende von fünf D-Mark sich als Stifter fühlen können und selbst erfahren, daß Geben seliger ist denn Nehmen.

Der Grundgedanke, den ich mit dieser Aktion anstoßen wollte, war und ist jedoch, das Stiftungswesen auf eine breitere Basis zu stellen: Menschen, die von sich aus vermutlich nie auf den Gedanken kämen, sich als Stifter zu betätigen, entdecken, daß Stifter sein bedeutet, nicht nur für andere etwas Gutes zu tun, sondern von solchem Tun gleichzeitig selbst zu »profitieren«, indem sie ihr Selbstwertgefühl steigern.

Wenn ich meinem Buch den Titel »Das Profit-Programm« gegeben habe, dann meine ich damit Nutzen sowohl für den einzelnen als auch für die Gesellschaft. Mit anderen Worten: Es muß sich für das Selbstwertgefühl des einzelnen wirklich lohnen, etwas für die Gesellschaft zu tun. Gemeinnützig tätig sein sollte nach meiner Ansicht nicht der Beschwichtigung eines schlechten Gewissens der Wohlhabenden dienen, sondern hat mit der Erkenntnis zu tun, daß darin Sinn und Lebensfreude für den einzelnen liegen. Dies sind die tatsächlichen ethischen Quellen, die wir wieder zum Fließen bringen müssen, wenn sich unsere Gesellschaft nicht im Verdienen erschöpfen soll. Denn der Nutzen des Lebens ist nicht mit ökonomischer Effizienz gleichzusetzen.

SCHLUSSWORT

Ich hoffe, aus all dem, was ich in diesem Buch niedergeschrieben habe, ist deutlich geworden, daß ich kein Moralist bin, der Sonntagsreden hält und als Wanderprediger mit der Fahne des Stifters durch die Lande zieht. Meine Erfahrung lautet, daß Lebenssinn und Lebensfreude nicht aus dem erwachsen, was man besitzt, sondern weit mehr aus dem, was man tut, insbesondere für andere.

Dieses Buch habe ich geschrieben, um bei meinen Mitbürgern das Bewußtsein zu schärfen und deutlich zu machen, daß es höchste Zeit ist, in unserer Gesellschaft das ethische Pflichtgefühl zur stützenden Säule in der Marktwirtschaft aufzurichten. Andernfalls sehe ich die große Gefahr, daß eine Gesellschaft, die von der Marktwirtschaft getragen wird, sich auf der Suche nach materiellem Wohlstand im bloßen Verdienen erschöpft und damit jene ethischen Quellen versiegen läßt, ohne die ein freies Gemeinwesen keinen Bestand haben wird.

Nur mit dem verstärkten ethischen Pflichtgefühl im Bewußtsein der Menschen, die das freiheitliche System tragen und von ihm getragen werden, sichern wir die Grundlagen für unsere Ordnung und für unseren Wohlstand.

Gefordert ist daher die Bereitschaft aller Bürger, nicht nur der wohlhabenden und nicht nur derjenigen aus der Wirtschaft. Gefordert sind alle, die durch die Marktwirtschaft Wohlstand erworben haben, und zwar aus allen gesellschaftlichen Bereichen, auch die Erben des Nachkriegsreichtums, die Stars der

Unterhaltungsbranche, die Großen des Sports. Sie alle zahlen Steuern, mehr oder weniger. Sie sollten aber freiwillig mehr materielle Erträge für ethisch motivierte Aufgaben zur Verfügung stellen.

Das eben meint »Das Profit-Programm«: das Streben nach Gewinn zum allgemeinen Nutzen der Gesellschaft einzusetzen.

Anhang

BERGEDORFER GESPRÄCHSKREIS SEIT 1961
(THEMEN)

Wenn nicht anders vermerkt, fanden die Gesprächskreise in Bergedorf bzw. in Hamburg statt.

SCHÜLERWETTBEWERBE DEUTSCHE GESCHICHTE UM DEN
PREIS DES BUNDESPRÄSIDENTEN
(THEMEN)

Zum Verständnis deutscher Freiheitsbewegungen

1974	Deutsche Revolution 1848/49
1975	Vom Kaiserreich zur Republik 1918/19
1976	Demokratischer Neubeginn 1945/46

Sozialgeschichte des Alltags

1977	Arbeitswelt und Technik im Wandel
1978	Wohnen im Wandel
1979	Feierabend und Freizeit im Wandel
1980/81	Alltag im Nationalsozialismus. Weimarer Republik bis zum Zweiten Weltkrieg
1982/83	Alltag im Nationalsozialismus. Die Kriegsjahre in Deutschland
1984/85	Vom Zusammenbruch zum Wiederaufbau. Alltag im Nachkriegsdeutschland

Gegenwartsprobleme – Prüfstein historischer Erfahrungen

1986/87	Umwelt hat Geschichte
1988/89	Unser Ort – Heimat für Fremde?
1990/91	Tempo, Tempo . . . Mensch und Verkehr in der Geschichte

FÖRDERPREIS FÜR DIE EUROPÄISCHE WISSENSCHAFT
(PROJEKTE UND FORSCHUNGSGRUPPEN)

Bisher wurden mit dem Förderpreis für die Europäische Wissenschaft folgende zukunftsweisende Projekte gefördert:

1985   Stoßwellenanwendungen in der Medizin (Lithotripsie)
       Gruppe Brendel, Deutschland
       Gegendruck-Gießtechnologie
       Gruppe Balevski, Sofia/Bulgarien

1986   Retrovirus-Forschung (AIDS)
       Gruppe Montagnier, Paris/Frankreich, mit Verbundforschung Holland, England, Ungarn, Deutschland

1987   Elektronenholographie
       Gruppe Lichte, Deutschland
       Ultra-Tieftemperaturen
       Gruppe Lounasmaa, Helsinki/Finnland

1988   Technische Chemie: Erweiterung des Hamburger Pyrolyseverfahrens
       Gruppe Sinn, Deutschland, mit Verbundforschung Belgien, UdSSR

1989   Wirkstoffe pflanzlicher Zellkulturen
       Gruppe Zenk, Deutschland, mit Verbundforschung England, Schweiz, UdSSR

1990   Vorhersage natürlicher Klimaschwankungen
       Gruppe Hasselmann, Deutschland, mit Verbundforschung England, Schweden, Schweiz

1991   Erkennung und Verhütung von Krebserkrankungen durch Umweltchemikalien
       Gruppe Henschler, Deutschland, mit Verbundforschung England, Schweden, Schweiz

Kursivierte Zahlen beziehen sich auf Abbildungen